984

MÉMOIRES

D'UN

JOURNALISTE

TROISIÈME SÉRIE

A TRAVERS LE FIGARO

DU MÊME AUTEUR.

MÉMOIRES D'UN JOURNALISTE

PREMIÈRE SÉRIE

SOUVENIRS DE JEUNESSE.

1 volume grand in-18 Jésus. Prix : 3 francs.

DEUXIÈME SÉRIE

LES HOMMES DE MON TEMPS

1 volume grand in-18 Jésus. Prix : 3 francs

Clichy. — Imp. P. Dupont, rue du Bac-d'Asnières, 12.

MÉMOIRES

D'UN

JOURNALISTE

PAR

H. DE VILLEMESSANT

TROISIÈME SÉRIE

A TRAVERS LE FIGARO

PARIS
E. DENTU, LIBRAIRE-ÉDITEUR
PALAIS-ROYAL 17 ET 19, GALERIE D'ORLÉANS

—

1873

Tous droits réservés

MÉMOIRES
D'UN JOURNALISTE.

A TRAVERS LE FIGARO

I

Pour charmer les loisirs que la justice a bien voulu me faire en m'octroyant un mois d'emprisonnement, j'ai résolu de raconter à mes lecteurs l'histoire du *Figaro*, d'esquisser les portraits des rédacteurs qui s'y sont succédé depuis dix-huit ans, et de choisir dans la collection de mon journal toutes les boutades, les mots d'esprit et les nouvelles à la main qui ont contribué pour une bonne part à son succès.

Me voilà donc en prison, comme je viens de le dire, et je n'ai pas le droit de me plaindre : car, si j'y suis, c'est à peu près parce que je l'ai bien voulu, et que j'ai négligé d'user d'un moyen que je connaissais par expérience, et qui consiste à s'effacer dans les grandes circonstances.

Décidément, Nice ne me porte pas bonheur : ainsi, il y a quelques années, mon ami et collaborateur Jules Richard, qui n'était pas encore bonapartiste (il faut croire que ce sont les quelques mois de prison qu'il a subis sous le règne impérial qui lui ont donné cette conviction politique), Jules Richard, dis-je, ayant publié dans le *Figaro* un article qui était considéré comme une attaque à la dignité de la Chambre, se trouva à la veille d'être appelé à la barre du Corps législatif ; il m'écrivit immédiatement qu'il ne pouvait me dissimuler que, d'après les bruits qui couraient dans l'air, je me trouvais à la veille d'un procès très-dangereux et que j'avais en perspective la suppression de mon journal, avec assaisonnement de un ou deux ans de prison, le tout saupoudré d'une dizaine de mille francs d'amende.

D'autres journaux avaient, il est vrai, reproduit, avec commentaires aggravants, l'article de Jules Richard, mais, voyant qu'il allait être poursuivi, s'étaient empressés de faire les plus humbles courbettes de plume ; en sorte que M. Delesvaux, le célèbre président de la 6e chambre, n'avait plus à se mettre sous la dent, qu'il avait fort aiguë, disait-on, que Jules Richard et moi.

Je répondis à mon collaborateur que nous n'imiterions pas la souplesse exagérée des autres feuilles, que son amende, ainsi que la mienne, seraient payées par le *Figaro* ; quant à la suppression du journal, je le rassurai sur ce point en lui disant que j'en serais quitte pour en fonder un autre : Je cherche déjà le titre, écrivis-je à Jules Richard ; il y en a bien un qui me séduit, celui de mon pauvre *Événement* tué sous moi en plein succès ; mais malheureusement il n'y a sur terre que deux hommes qui n'ont pas le droit de le prendre : M. Dumont et moi, puisque nous l'avons vendu, — titre et clientèle, — à la société du *Figaro* [1].

Restait le chapitre de la prison : je lui fis savoir que nous la subirions ensemble ; que nous en profiterions, moi, pour apprendre une langue, le français par exemple, et lui pour se fortifier sur l'art si difficile de la ponctuation, soit dit sans l'offenser.

Comme en résumé le vrai coupable dans l'affaire était Jules Richard, et que tout mon crime était de n'avoir pas été à Paris lors de l'éclosion de l'article,

---

[1] J'étais loin de me douter alors que l'*Année terrible* me réservait deux douleurs bien imprévues ; celle de me séparer de mon associé M. Auguste Dumont, et celle d'être à la veille de faire un procès pour lui rappeler qu'il était inadmissible, en droit, en équité et en fait, de disposer d'un objet qu'on avait déjà vendu.

je décidai que je laisserais tomber le premier coup de fourchette de l'affamé, M. Delesvaux, sur Richard, et que je ferais défaut.

Ce que j'avais prévu arriva : Richard fut condamné à trois mois de prison, qu'il fit crânement et sans sourciller, et à 6,000 francs d'amende, que le *Figaro* paya. Quant à moi, je ne comparus que deux mois après lui ; je fus quitte de tout moyennant une amende de mille francs.

Il m'eût été bien aisé d'être mieux traité encore dans le procès Trochu : il eût suffi de dire, tout en acceptant la responsabilité de l'article, que j'étais à Nice alors qu'il a paru dans le *Figaro;* on m'eût parfaitement oublié, et les jurés eussent bien certainement admis pour moi le bénéfice des circonstances atténuantes.

Mais il ne me plaisait pas cette fois d'abandonner mon collaborateur. J'aurais eu l'air de toujours me mettre à l'abri au moment du danger, et j'acceptai les conséquences de ce procès, dont les bonapartistes, qui sont malins, ont su tirer grand parti, ce qui a fait dire à Mgr le duc d'Aumale : C'est une représentation donnée au bénéfice de l'Empire sur le dos d'un légitimiste !

Comme je ne suis point égoïste, je vais dévoiler le système bien simple que j'avais employé précédemment pour ne me voir octroyer par le tribunal que des acquittements ou tout au plus le minimum de la peine.

Je le recommande à mes confrères de la presse, tous plus ou moins consommateurs de prison et d'amendes.

Recette : faire le moins de bruit possible autour d'un procès ;

Éviter avec le plus grand soin qu'il y ait une galerie pour vous voir passer devant vos juges ;

Conjurer enfin par tous les moyens possibles l'affluence de monde que convoquait avec tant de soin le vicomte d'Arlincourt.

Préoccupé du jour de son audience comme d'une première représentation, le vicomte (il devait sa vicomté à une erreur de la duchesse de Berry, qui, se méprenant sur une abréviation, lui faisant écrire, avait dicté : à M. le vicomte d'Arlincourt, au lieu de : à M. Victor d'Arlincourt), le vicomte, dis-je, avait coutume de convier tout le faubourg Saint-Germain à ses procès, qui prenaient tout naturellement ainsi l'air d'une petite fête.

Le procureur du roi (du roi! pas du mien, mais c'en était un du moins!), désireux de briller devant une aussi belle assistance, préparait ses phrases les plus sonores, répétait chez lui les principaux passages de son petit discours, notait avec le plus grand soin, et comme s'il se fût agi de l'exécution d'une partition, ses piano, renforzando, ses mouvements de colère, ses sourires de dédain ; sans oublier le mot à effet, toujours indispensable dans un grand procès ; témoin l'épithète de *Moniteur des duels* lancée contre le *Figaro* par un procureur impérial à l'occasion du procès Caderousse.

Le reproche était absolument immérité, puisque mon journal n'avait fait que rapporter ce que les autres journaux avaient dit de leur côté : n'importe, le mot resta ; il était sonore, bien construit, et a valu, je l'espère, des compliments et de l'avancement à son auteur.

Donc, le procureur du roi se mettait en frais d'éloquence pour impressionner une aussi noble assistance. C'était une occasion à ne pas perdre ; son avenir, sa croix en dépendaient peut-être.

D'un autre côté, l'avocat se frottait les mains en disant : « — Quelle chance pour moi d'embêter le roi Louis-Philippe en soulignant les phrases blessantes de *Dieu le veut !* Déjà on se répète dans le faubourg Saint-Germain : c'est Mᵉ X... qui va plaider pour le vicomte. — Il a donc du talent ? — Sans doute ! — Je gagnerai ou je perdrai ma cause, peu importe ; mais je serai invité, reçu dans ces salons où ne vont pas mes confrères ; les hommes me regarderont avec bienveillance ; les femmes, avec admiration : et, qui sait ?

peut-être bien qu'une jeune et riche héritière... » Bref notre avocat faisait de son côté des rêves plus beaux encore que ceux de Perrette, prenait son plus fin rabat, se rejetait les cheveux en arrière pour avoir l'air inspiré, préparait deux ou trois citations latines qui, dites négligemment à un certain endroit de sa plaidoirie, devaient avoir l'air de s'échapper de ses lèvres, et finalement se rendait à l'audience.

Tout le monde était superbe, le procureur du roi, l'avocat, l'accusé. On plaidait merveilleusement, on ripostait victorieusement, et, au bout de plusieurs heures de luttes éloquentes, ce bon et excellent Victor, — pardon! je veux dire ce bon et excellent vicomte d'Arlincourt était invariablement condamné à une forte amende.

Oh! les avocats! Il y en avait un qui répondait au nom de Lassalle, et qui plaidait d'habitude pour Jules Janin contre moi; je vois encore ses yeux ronds en forme de boules de loto, ses transpirations; j'entends encore ses citations latines (qu'il se faisait prêter par Jules Janin), et ses cris, qui étaient bien à lui par exemple.

Je me souviens qu'un jour, après qu'il avait plaidé contre moi, je m'avançai vivement vers lui; il se mit sur la défensive. Je le rassurai bien vite en lui disant :

— Si vous voulez me promettre de plaider toujours

contre le *Figaro*, je m'engage à vous faire dès aujourd'hui douze cents francs de rente.

Et en effet mon opération eût été avantageuse; car j'eusse invariablement gagné tous mes procès, avec un adversaire tel que lui. Je ne me vengeais de ses injures de plaidoiries qu'en lui donnant dans mon journal le nom de maître Lassagne, tant et si bien que ses amis eux-mêmes s'y trompaient, et l'appelaient du nom du célèbre comique des Variétés.

Tout ceci pour dire que, dans l'affaire de Jules Richard, je suivis un procédé en tous points contraire à celui de M. d'Arlincourt et que je m'en trouvai bien.

Ce n'était du reste pas la première fois que j'employais ce moyen : précédemment, quand j'avais quelque affaire en police correctionnelle, j'arrivais sans bruit à *ma* sixième chambre; une double brochette de voleurs, de vagabonds, de mendiants ornait les bancs; l'auditoire était garni de la clientèle de ces citoyens, qui venait là comme on assiste à un cours du Conservatoire; et, comme il est d'usage, on commençait par les filous, puis après eux venait le tour des journalistes, qui, eux, peuvent bien attendre.

Cette galerie de choix, indifférente pour ma cause, se retirait dès que le tribunal avait prononcé, en sorte qu'il ne restait plus dans la salle qu'une pincée des assistants précédents, gourmets raffinés qui ne voulaient pas négliger d'entendre un verdict, si indifférent qu'il leur pût être. Je me souviens que j'arrivai un jour à l'audience juste au moment où l'on appelait ma cause. Bien que mon procès fût réputé très-dangereux, je fus obligé de présenter ma défense moi-même. Voici pourquoi :

J'expliquai au tribunal que j'avais laissé dans une salle voisine M⁰ Lachaud (qui était déjà mon avocat) prononçant un magnifique plaidoyer pour essayer de prouver qu'une domestique qui avait volé ses maîtres, avait au contraire été volée par eux. « Vous y perdrez comme éloquence, dis-je à mes juges ; mais vous y gagnerez du temps, et j'espère qu'en présence d'un aussi maigre orateur que moi M. le procureur impérial ne songera pas à se servir de ses foudres.

« Je sais, ajoutai-je en forme de péroraison, que vous devez croire que je suis poussé, payé peut-être par le parti légitimiste ; » et, me tournant vers l'auditoire, où sommeillaient les quelques voyous dont j'ai parlé tout à l'heure : « Voyez, messieurs, ces nobles fils de preux et de croisés qui m'écoutent, comme ils s'intéressent à ma cause ! »

Les juges, qui ne doivent jamais cesser d'être graves, se penchèrent immédiatement sur leurs bureaux comme pour chercher quelque papier ; mais je voyais bien au mouvement de leurs épaules qu'il s'agissait plutôt pour eux de cacher leur envie de rire que de se procurer une pièce utile au procès.

Au beau milieu de mon plaidoyer, M. Lepelletier d'Aulnay, qui présidait, me fit un signe de la main. Je crus qu'il voulait me faire comprendre que la cause était entendue. Il insista, et je vis que c'était pour me montrer Mᵉ Lachaud qui venait de se placer derrière moi.

Mon avocat prit alors la parole avec sa voix douce et pénétrante ; et, après avoir enveloppé de cet œil que tout le monde connaît l'auditoire et le tribunal, dit, à peu de chose près :

— Vous avez entendu M. de Villemessant : il est convaincu que son éloquence le fera acquitter ; vous allez malheureusement lui prouver dans un instant le contraire, je n'ajouterai rien à sa défense, je ne puis que le recommander à toute votre indulgence.

Quelle plaidoirie ! et comme cela prouve que les homœopathes ont raison : la défense en quantité infinitésimale, c'est là qu'est le salut !

Je ne fus pas acquitté, mais je ne fus condamné qu'à une légère amende.

Encore une fois, je demande pardon à mes lecteurs, non-seulement pour mes digressions passées, mais surtout pour celles à venir, et elles seront fréquentes dans ces Mémoires : rien ne porte aux souvenirs comme l'air que l'on respire en prison, et je me suis promis d'inscrire tous ceux qui me reviendraient à la mémoire.

Je tiendrai ma promesse mieux que si j'étais Breton, catholique et soldat.

Au nombre des présidents de cours que j'ai été à même d'étudier... à mes dépens, il en est un dont je n'oublierai jamais la physionomie et que je désignerai par l'initiale X...

Donc M. le président X... avait un air distingué, doux et affectueux, une sorte d'épanouissement qui contrastait singulièrement avec la rigidité de ses fonctions. Sa bouche petite et naturellement en cœur semblait se préparer constamment à humer un œuf à la coque, à siffloter, ou à répéter comme les coquettes : *P'tit' pomme.*

Apprenez, chères lectrices qui l'ignorez, que cet exercice est destiné aux bouches qui ont quelque intérêt de coquetterie à ne pas rire trop franchement. Vous venez de l'essayer après m'avoir lu ; vous m'avez compris, n'est-ce pas ? Je continue.

Mon président avait donc la bouche que je viens de décrire, l'œil aristocratique à fleur de tête, et un peu humide, comme celui des king's Charles pur sang.

Quand venait le prononcé du jugement, le président X... me regardait avec affabilité ; puis, prenant l'expression de bouche *p'tit' pomme*, il me disait :

— Levez-vous !... monsieur de Villemessant, la cour vous condamne (un sourire) à dix jours de prison (un second sourire), à 3,000 francs d'amende, — à l'insertion dans six journaux — (troisième et dernier sourire), fixe la durée de la contrainte par corps à un an... Vous pouvez vous retirer.

Et se tournant :

— Huissier ! appelez une autre cause.

C'est le même qui, présidant une cour d'assises de province, prononça de ce ton affectueux et paternel le jugement suivant :

— Accusé, la cour vous condamne à la peine de mort ; mais le tribunal, usant d'indulgence, attendu votre grand âge et vos excellents antécédents, ordonne que vous ne serez pas décapité (ici l'avocat se retourne, serre la main de son client) sur la place de votre village... mais sur la grande place de Falaise.

Un mot, et je finis ! comme disent les avocats : il s'agit pour moi, non de donner un avis, mais d'adresser une simple requête à MM. les juges, qui, sans qu'ils paraissent s'en douter, sont scrupuleusement étudiés et surveillés par ceux qu'ils vont condamner ou acquitter.

Pour mon compte, j'ai comparu si souvent devant les tribunaux, qu'il m'a été bien facile d'en rapporter de fidèles observations, que je transcris ici aujourd'hui.

Ne serait-il pas possible à MM. les juges de faire

en sorte que le coupable ne puisse croire qu'ils ne rendent jamais leurs verdicts qu'après être descendus dans les profondeurs de leur conscience, et avoir tout pesé, discuté, de ce qui peut être favorable ou défavorable au sort de l'accusé?

Le contraire, il faut le dire, est ce qui se passe le plus généralement : j'ai souvent constaté par moi-même que le tribunal, dédaignant de se rendre dans la chambre des délibérations, se contentait, la cause entendue, de se retourner vers le mur du fond, en formant un demi-cercle. Bien que ce sans-façon ait pour un inculpé quelque chose de froissant, je ne me plaindrais pas, si tous les juges avaient été admis à la discussion dans ce fameux demi-cercle; loin de là! je voyais un juge retardataire sortir péniblement de son fauteuil en raison du développement de ses formes, s'approcher de ses collègues serrés les uns contre les autres, et ne pouvoir, en se penchant au risque de perdre l'équilibre, glisser parmi eux qu'un coin de l'oreille tout au plus. Immédiatement le président revenait, se rasseyait gravement, et disait, de l'accent solennel et accoutumé : La cour, après en avoir délibéré, etc., etc.

Mais, sapristi! je me disais : ce gros qui n'a trouvé place que pour son oreille, n'a pas délibéré cependant?

Qu'on ne voie pas dans ces observations des récriminations contre la magistrature ; je suis avant tout l'admirateur de la justice et de la loi ; tout le monde sait si j'aime l'ordre, et si désagréable qu'il me soit de passer un mois *à l'ombre,* j'avoue que je prolongerais bien ma captivité de deux ans, si tous les gredins qui encombrent la France depuis les environs du 4 septembre jusqu'à ce jour pouvaient être punis à leur tour.

Ce que je demande avant tout, c'est que la justice, qui est sérieusement rendue, je le reconnais, conserve l'aspect sérieux qu'on attend d'elle, et qu'un accusé ne soit pas exposé à dire, comme ce vieux repris de justice à qui M. le président reprochait de ne pas vouloir répondre : — Non, je ne répondrai pas, monsieur le président, parce que je n'ai jamais été présidé comme cela !

Mon préambule est terminé ; il ne s'agit plus pour moi que d'ouvrir la collection du *Figaro,* dont le premier volume est sous mes yeux. J'avoue que ce n'est pas sans une certaine émotion que je vais remonter dans ce temps passé si rapidement, et qu'en feuilletant ces pages que j'ai déjà presque oubliées, je vais revoir défiler devant moi tout ce mouvement, tous ces procès, tous ces duels, toutes ces suppressions, ces révolutions, ces grandes et petites choses mêlées sans ordre les unes aux autres au gré des événements.

Malgré moi, avant de parcourir la première page,

je fais comme un rapide examen de conscience : je sens bien que parfois, moi et les miens, nous avons eu la plume un peu vive ; mais, quelque bonne volonté que j'y mette, je ne nous trouve pas bien criminels, et, comme je l'ai déjà dit et ne cesserai de le répéter quand l'occasion s'en présentera, je me console en pensant que mes ennemis eux-mêmes ne pourront jamais trouver dans le *Figaro* une attaque à tout ce qui est sacré, à la religion, à la morale, à l'ordre.

Encore une fois, je prie mes lecteurs de ne pas attendre de moi une monographie spéciale du *Figaro*. De même qu'en cherchant un air on se rappelle non-seulement les paroles mais le milieu et l'époque où il a été chanté, de même qu'en entendant la romance de *la Folle, Jeune fille aux yeux noirs, Mire dans mes yeux tes yeux, le Fil de la Vierge, Ma Normandie, Louise, Au revoir*, on se reporte malgré soi aux environs de 1831, aux manches à gigots et aux redingotes *balai*, ainsi, en retrouvant les noms d'hommes d'esprit qui ont marqué leur passage dans mon journal par de grands articles ou de simples quatrains, je dirai tout ce que leurs personnalités réveilleront dans ma mémoire de faits contemporains intéressants.

Singulier assemblage que celui de nos collaborateurs, qui, sans s'en douter, vont poser devant moi pour leurs portraits à la plume : les uns sont maintenant préfets, députés, receveurs, grands médecins, notaires, magistrats ; d'autres sont en exil ou pensionnaires de la Nouvelle-Calédonie ; quelques-uns sont morts de leur belle mort et ne sont peut-être pas les plus à plaindre, tels que Villemot, Duchesne, Louis Lurine, Lambert Thiboust, Jules Viard, Jules Lecomte, Charles Bataille, Baudelaire, Léon Gozlan, Raymond Brucker, Méry, Viennet, Jules de Prémaray, Roger de Beauvoir et tant d'autres, sans compter ce pauvre Mürger, qui disait à mon gendre Jouvin pendant sa dernière maladie :

— Je vais bientôt aller là-haut ; vous ne tarderez pas beaucoup à venir m'y retrouver : nous y ferons un journal. Votre beau-père, qui est coriace, viendra le dernier et... le fera supprimer.

Henri Mürger ! quand j'arriverai à sa part de collaboration dans le journal, quelle Californie d'esprit, de mots, j'y trouverai ! Il lui était impossible de prononcer quatre paroles qui ne fussent marquées au coin de la bonne humeur et de la fantaisie.

— Eh bien ! lui dis-je un jour qu'il était venu me voir dans mon bien-aimé village de Chambon, vous êtes content, mon cher Mürger, je lis votre *Sabot rouge* dans le *Moniteur* : c'est charmant ; vous devez gagner beaucoup d'argent, vous allez vous refaire !

— Oui, fit-il en levant les yeux au ciel ; oui, je gagne de l'argent ; mais, si vous saviez comment je le dépense!... J'arrose mes créanciers!... trop!... ils repoussent!

A ceux qui ne sont plus je ferai succéder quelques-uns de ceux qui sont vivants et qui ont bien droit aussi à être biographiés; mais une crainte me vient : j'ai peur de n'avoir pas assez de mon mois de prison pour tenir les promesses que j'entasse depuis un quart d'heure, et d'être obligé de demander une prolongation; faveur qui me serait certainement refusée, sous le prétexte que j'ai eu encore assez de bonheur en tombant sur un mois de trente et un jours !

Car il ne faut pas s'y tromper, chers confrères de la presse qui y viendrez tous un jour ou l'autre, en prison un mois n'est pas de trente jours ; il est d'une date à une autre date : tant mieux pour ceux qui expient leurs crimes en février !

A propos de prolongation, je gage, et tous les vrais joueurs seront de mon avis, que si l'on condamnait quatre vrais joueurs de bouillotte à un an de prison, avec de l'argent plein leurs poches et des cartes de rechange toutes les demi-heures, il arriverait ceci au moment où l'on viendrait leur annoncer que le temps de leur détention est expiré :

Les gagnants se lèveraient dès que le guichetier aurait prononcé les paroles libératrices; mais il est certain qu'un perdant ne manquerait pas de s'écrier :

— Un quart d'heure encore, messieurs ! — Et si on le lui refusait : — Sapristi ! accordez-moi au moins la tournée du colonel !

Ceci posé, je commence par l'histoire de la naissance du *Figaro*.

Dès que le gouvernement eut décidé que la *Chronique*, que je dirigeais, serait supprimée pour avoir crié trop effrontément : Vive le roi ! je n'eus plus qu'une idée, celle de fonder immédiatement un autre journal.

J'avais à mes côtés mon collaborateur B. Jouvin, qui était alors à peu près inconnu du public, mais dont j'appréciais depuis longtemps le grand talent ; j'étais d'autant plus sûr de lui, que la nature l'a doué, à l'égard de ses intérêts, d'une insouciance absolue, et qu'il n'eût jamais su comment s'y prendre pour se faire ouvrir les portes d'un journal.

Il est vrai que, pour paralyser mes élans, la Providence m'a aussi donné une femme qui, peureuse de toute la force de son affection, était l'ennemie née de la presse et ne considérait un journal que comme prétexte à prison (ce n'est certes pas ici que je puis lui donner tort), en se rappelant les condamnations que m'avait values la *Chronique*.

Jamais je n'oublierai ses transes quand elle me

voyait causer bas avec Jouvin ; elle devinait bien qu'il y avait du journal sous roche et ne pouvait se faire à l'idée que je me retrouverais rédacteur en chef d'une feuille quelle qu'elle fût.

Elle eût mieux aimé, disait-elle, me voir exercer la profession de marchand de cresson que celle de journaliste ; ce que j'eusse bien accepté si, à vendre *la santé du corps*, j'eusse dû faire la fortune d'un de mes amis que j'ai appelé le marquis de la Cressonnière, et dont le marquisat consiste en ces vastes cressonnières qui alimentent la capitale. Que de procès de moins ! que de rentes de plus ! que d'ennuis épargnés !

Mais on ne raisonne pas avec une idée fixe, et je recherchais toutes les occasions de me lancer de nouveau dans la presse.

Un matin je trouvai Léo Lespès sur le boulevard. Lespès était dévoré par la même passion que moi ; quand deux ivrognes se rencontrent et que l'un a envie de boire, on prétend que l'autre a soif.

— Je voudrais, lui dis-je, faire un journal.

— Et moi aussi, fit Lespès, de la voix flûtée que tout le monde lui connaît.

Nous nous trouvions devant le café Véron ; au bout de deux minutes nous étions attablés dans un cabinet de ce restaurant, discutant tout, depuis le *prix de revient* du papier jusqu'aux primes à offrir aux abonnés..... de l'avenir.

Lespès ne voulait entendre parler que d'un journal quotidien; moi, plus prudent, je me contentais d'une feuille hebdomadaire. Mon calcul était bien simple : à cette époque où la vente sur la voie publique n'était pas développée comme aujourd'hui, il était matériellement impossible à un journal d'être connu avant d'avoir vécu pendant une année sur ses propres fonds, je trouvais beaucoup plus aisé, eu égard à la modestie de nos ressources pécuniaires, de ne paraître que quatre fois par mois au lieu de trente; de plus, ajoutai-je comme dernier argument à Lespès, je trouve qu'il est bien plus facile d'avoir de l'esprit une fois que sept par semaine, et j'aime mieux que mes rédacteurs et moi nous puissions, surtout en commençant, avoir le temps de bien faire.

— Mais quel journal voulez-vous donc créer? me demanda Léo Lespès, étonné autant qu'indigné de la petitesse de mes vues.

— Je voudrais faire le *Figaro*.

— Le *Figaro*? s'écria-t-il en haussant les épaules : vous n'y pensez pas, mon cher ami; mais c'est le dernier des titres à prendre! Songez donc que malgré tout l'esprit qu'y a dépensé Roqueplan avant 1830, il est mort d'inanition; songez donc qu'Alphonse Karr, malgré sa verve mordante, son talent incontestable, n'a pu parvenir à le ressusciter ! C'est une mauvaise idée, je vous le répète.

Nous nous séparâmes.

Le discours de Léo Lespès, à propos du *Figaro*, ne m'avait point ébranlé : je sentais qu'il y avait dans ce mot une force d'attraction certaine pour le public ; je savais bien qu'on ne manquerait pas de dire que je prenais un titre ambitieux (ambitieux ! je me disais que j'en serais quitte pour faire la culbute de plus haut). Rien n'y fit : à partir de ce jour, mon idée ne me quitta plus.

Les moyens de publicité pour un journal étaient bien faibles alors ; je voulais qu'avant même d'être connu et au milieu des autres journaux le mien sautât le premier aux yeux. Pour cela, il me fallait faire la dépense d'une vignette qui figurât à la première page.

Je consultai l'état de mes finances.

Tout compte fait, je possédais un capital de quinze cents francs !

Je me rendis chez un dessinateur célèbre alors, chez Valentin ; je lui expliquai le but de ma visite.

— Bravo ! fit l'artiste, je suis enchanté d'avoir à dessiner un Figaro ; j'arrive justement d'Espagne, d'où j'ai rapporté une véritable guitare, non pas la mandoline qu'on prête, à la Comédie-Française, au célèbre barbier, mais celle qu'on voit aux bords du Guadalquivir.

— Et cela me coûtera? lui demandai-je avec un certain intérêt.

— Cela vous coûtera soixante-dix francs; mais comme les artistes ne sont pas riches et que les feuilles passent, vous serez joliment aimable en me les payant d'avance.

Je m'exécutai de grand cœur, tout en constatant à part moi qu'il m'en faudrait probablement faire autant quand il s'agirait de la gravure du bois.

Le dessin fait et gravé, restait pour lui l'examen de la censure. Elle le refusa d'emblée. Pourquoi? Parce que derrière Figaro, au milieu du défilé des victimes de sa plume satirique, on voyait s'enfuir Basile, engouffré sous son énorme chapeau traditionnel.

Je plaidai si bien ma cause que j'obtins grâce, sinon pour don Basile lui-même, dont le profil fut impitoyablement effacé, du moins pour son chapeau, qui fut seul épargné, et que les amateurs de curiosités peuvent encore voir sur les gravures de mon premier *Figaro*.

Il ne me fallait plus que trouver un imprimeur pour mon journal : je me rendis chez M. Chaix, avec qui j'avais été en relations d'affaires, alors que je publiais la *Chronique*.

Je lui expliquai mon projet et lui demandai s'il lui serait possible de ne pas me présenter sa facture tous les samedis, mais de n'en toucher que la moitié du montant pendant les trois premiers mois de l'existence de mon journal.

— Tout à votre aise ! me répondit M. Chaix.

Je rencontrai le même bon vouloir chez le fournisseur du papier.

Enfin je donnai à imprimer mon premier numéro !

Il se composait d'une *Préface* de Jouvin; d'un chapitre de l'*Histoire de l'ancien Figaro*, signé de moi et de Jouvin; d'un article littéraire intitulé : *les Statues de l'avenir*, par Jouvin; d'un article de *Beaux-Arts*, par Louis Énault; de *Nouvelles à la main*, sous ma signature; d'un article de *Modes*, que je signai Almaviva; et d'une *Chronique parisienne*, d'Auguste Villemot.

Ici vient apparaître brusquement un de mes plus anciens et plus assidus collaborateurs, que je n'ai pas encore présenté à mes lecteurs. Il est peu d'affaires bonnes ou mauvaises qui se traitent sans sa participation. Bien des gens qui lui doivent tout, trouvent généralement le compte de leur amour-propre à ne pas le nommer; je ne ferai pas comme eux et je l'appellerai tout simplement par son nom : le hasard.

Donc, pendant que j'étais occupé à corriger mes épreuves, arriva Dollingen, que je connaissais déjà beaucoup à cette époque : il avait fait mes annonces dans les grands journaux pour la publication de la *Sylphide*; il avait entendu parler de l'affaire que je venais d'entreprendre. Au bout de quelques mots échangés, de quelques questions sur le journal qui était à la veille de paraître, il me dit :

— Voulez-vous que je fasse le *Figaro* avec vous en qualité d'administrateur ?

— Je suis, lui répondis-je, mal entendu en tout ce qui concerne les chiffres et les comptes ; je ne vous demanderai qu'une chose : combien apporterez-vous dans la caisse du journal ?

— Combien avez-vous vous-même ? demanda Dollingen.

— Quinze cents francs.

— J'en mets autant : cela vous fera trois mille ; et de plus je vous apporte ma surveillance pour toute la partie matérielle du journal, mon bureau tout outillé de la rue Vivienne et une clientèle d'annonces.

Je réfléchis un quart de minute, et je lui dis : J'accepte.

— Maintenant, ajouta celui qui était mon associé

si fraîche date, voici mon ordonnance : Vous allez
anger le format de votre journal, et, tirant un
nomètre de sa poche pour mesurer les formes qui
ient devant lui : Faites composer vos annonces sur
justification des autres journaux ; ils les mettent
r sept colonnes, mais vous ne les mettrez que sur
iq, parce qu'il est évident que les annonces que
us pouvez espérer seront des annonces de fantai-
 avec clichés, dessins, tels que croix d'honneur,
blèmes, etc., etc., et les clients tiennent énormé-
nt à leurs clichés.

Je me gardai bien de repousser aucune des pro-
sitions de mon associé, dont je connaissais l'expé-
nce et qui m'apportait une apparence d'existence,
st-à-dire des annonces. Je fixai le prix de mon
irnal à 16 francs par an, à 40 centimes par numéro ;
iscrivis sur ses *manchettes* la mention suivante :

H. DE VILLEMESSANT ET B. JOUVIN

RÉDACTEURS EN CHEF

DOLLINGEN

DIRECTEUR

Le dimanche 2 avril 1854 paraissait enfin le pre-
ier numéro du *Figaro*.

Sentant bien que le plus difficile n'est pas encore de produire le premier numéro d'un petit journal parisien, mais d'arriver à forcer les établissements publics à connaître son existence, à écraser tous les obstacles qui peuvent l'étouffer dans son œuf, je lançai des courtiers dans les cafés, cercles, hôtels, restaurants, les bains, les crèmeries, chez les dentistes, les sages-femmes, etc. ; ils étaient munis d'un petit bulletin d'engagement ainsi conçu :

« Je déclare m'abonner pour un an au *Figaro*, moyennant la somme de six francs, que je payerai seulement à la fin de l'année.

« *Date..... signature..... adresse.....* »

Ceux dont on sollicitait la souscription, naturellement séduits par cette idée que si ce journal, marqué 16 francs, sombrait au bout de quelques mois, ils n'auraient rien à débourser, et que, d'un autre côté, s'il leur était servi pendant une année, c'est qu'il aurait eu assez d'esprit pour vivre et que dans ce cas c'était une minime dépense que 6 francs, acceptèrent sans difficulté ma combinaison.

Je faisais une remise de deux francs à mes courtiers, qui m'apportaient, signés, les bons d'abonnements, que je serrais aussi précieusement dans ma caisse que j'eusse fait de lettres de change.

J'atteignis ainsi mon but, mieux qu'en envoyant

gratuitement le *Figaro* aux cafés, qui dans ce cas l'eussent fait disparaître, et qui, ayant six francs à payer en perspective, se considéraient comme abonnés et l'admettaient aux honneurs de la planchette.

L'idée était bonne alors pour un commençant, et je la garantis encore excellente aujourd'hui.

Le journal prit tout de suite son essor; il réussit si bien qu'au bout de quelques numéros nous avions un bon petit procès; quoi que je fisse pour m'effacer et ne tenir que juste ma place, Dollingen prit peur un beau jour. L'amour-propre se mit de la partie; en effet, comme je possédais déjà beaucoup de relations dans la presse, comme la *Sylphide* et la *Chronique* m'avaient fait connaître personnellement dans le monde parisien, dès qu'on avait affaire au *Figaro* et qu'on me voyait dans les bureaux on s'adressait plus volontiers à moi qu'à tout autre. Je comprenais bien les susceptibilités de Dollingen, mais, quoi que je fisse, il m'était bien difficile d'éviter les causes qui les faisaient naître.

Peut-être bien aussi que Dollingen, né homme d'affaires, confiant en l'avenir du *Figaro*, avait fait ses réflexions; toujours est-il qu'un beau matin, pendant que je causais sur notre balcon avec M. Souché, un de nos amis communs, ce dernier vint à moi et me proposa de la façon la plus inattendue la séparation complète de nos intérêts.

Nous avions alors dépensé 1,500 francs, la moitié de notre capital social, et je devais forcément me trouver pour ma part assez à court d'argent à ce moment-là.

— Que l'un de nous, me dit-il, conserve le journal ; nous ferons une liquidation, et celui qui gardera le *Figaro* remboursera l'autre.

— Soit ! lui dis-je un peu étonné ; et, puisque vous me paraissez si pressé d'en finir, jouons à pile ou face à qui gardera le journal.

— J'accepte, fit Dollingen un peu surpris à son tour.

— Seulement, ajoutai-je, je crains fort, si c'est vous qui gagnez la partie, de vous faire un mauvais cadeau. J'ai idée qu'il vous sera bien difficile de conduire un journal à succès avec la peur que vous avez des procès.

Naturellement, ma prédiction toucha peu Dollingen ; notre ami Souché tira une pièce de sa poche et se prépara à la faire sauter.

— Un instant ! fit Dollingen en le retenant par le bras et avec le ton solennel dont Gaveston dit dans la *Dame Blanche* :

Monsieur, lisez-lui la loi;

je tiens, par exemple, à ce que le gagnant s'exécute à l'instant même.

A tout autre moment, cette clause du traité m'eût, je l'avoue, quelque peu embarrassé ; mais, par un hasard heureux, mon excellent ami René de Rovigo, à qui j'avais vendu depuis un an la *Chronique de France*, venait de me payer juste un quart d'heure avant qu'il fût question de la cession du *Figaro* : je n'avais pas eu le temps de parler de cette rentrée à Dollingen.

— Volontiers ! le gagnant remboursera comptant ! répondis-je à sa proposition.

Souché fit sauter la pièce en disant :

— Demandez !

— Pile ! cria Dollingen.

Nous nous précipitâmes sur la pièce : elle était face !

C'en était fait ! j'étais seul et unique propriétaire du *Figaro*. Immédiatement nous descendîmes au bureau, où je demandai au caissier de régler mon compte.

Alors Dollingen, plus contrarié du résultat qu'il ne voulait le laisser paraître, me dit :

— Ce n'est pas tout, mon cher ami ; malheureusement vous allez avoir un procès et, comme nos intérêts sont désormais séparés, j'aimerais mieux, je vous avoue, que les bureaux de votre journal ne restassent pas établis ici.

Je lui répondis : — Traduction libre, vous flanquez le *Figaro* à la porte, et je sortis décidé à trouver immédiatement un autre local.

A peine étais-je dehors, que juste en face du numéro 48 de la rue Vivienne, j'aperçus à la porte de la maison du numéro 55 un écriteau annonçant un rez-de-chaussée à louer.

Je demandai à le visiter ; il était alors occupé par madame Brillat-Savarin, qu'on me dit être la veuve du célèbre auteur de la *Physiologie du goût*. Naturellement je ne lui demandai point à voir son contrat de mariage.

De ma vie je n'oublierai l'aspect de malpropreté repoussante du logement qui me fut ouvert.

Au milieu du parquet du salon, enduit de taches de graisse, de poussière, calciné dans divers endroits, on voyait un fourneau portatif entouré de fauteuils empire, couverts de satin jonquille. Madame Brillat-Savarin, décolletée outre mesure, était accroupie près de ce fourneau, tenant un livre d'une main, remuant son feu de l'autre ; une horrible casserole qu'elle venait de retirer du feu était posée sur un de ces fauteuils, où les ronds de graisse se mariaient harmonieusement aux couronnes de laurier qui y étaient brodées.

Sous un meuble, dans un coin de cette pièce, je distinguai un saladier et des poteries qui me firent espérer que ce local me porterait bonheur. En effet, avec la meilleure volonté du monde, il m'eût été impossible de me croire dans une boutique de parfumeur.

N'oublions pas un détail bien caractéristique : aux clefs de toutes les serrures des portes étaient attachés de petits linges dont j'eusse ignoré l'usage, si je n'avais vu la maîtresse de la maison s'y frotter vivement le nez en m'offrant une chaise, ce qui était pour elle une double économie de temps et de mouchoirs.

J'ai su depuis que, mettant en pratique cet axiome de feu l'homme d'esprit qui était son mari : *Il n'y a qu'un potager assorti et économique au monde, la Halle*, madame Brillat-Savarin allait faire son marché elle-même, munie d'un vaste manchon en chinchilla atteint d'une forte calvitie, dans lequel elle rapportait légumes, poisson, un rond de beurre, gras-double, salade, une grappe de raisin, enfin tout ce que les ménagères vulgaires ont coutume de mettre dans leurs paniers.

Ce croquis terminé, disons que madame Brillat-Savarin était, à part le travers que je viens de signaler, la femme d'esprit la plus charmante qu'on puisse rencontrer.

J'indemnisai immédiatement cette dame du déplacement précipité que je lui occasionnais; elle me fit une très-gracieuse révérence en se penchant vers moi; un léger frisson parcourut tout mon être, et malgré moi je pensai au vers de Tartufe :

Cachez ce sein que je ne saurais voir...

Le lendemain je livrai son appartement aux peintres et aux menuisiers, et, à force d'ingéniosité et de travail, j'y installai mes bureaux pour plusieurs années.

Ainsi mon association avec Dollingen avait duré treize numéros du *Figaro*.

Nous nous quittâmes sans acrimonie, et je fis paraître dans le quatorzième numéro une petite note d'adieux que j'ai sous les yeux et qui se terminait ainsi :

« Sur ce, nous donnons une franche et cordiale poignée de main à notre ancien associé, qui demeure notre ami. »

Pauvre Dollingen ! il ne se doutait guère à ce moment, ni moi non plus, je l'avoue, qu'en quittant le *Figaro* pour céder à une question d'amour-propre, c'était la fortune qu'il laissait glisser entre ses mains !

Ce que j'avais surtout voulu faire en fondant le *Figaro*, c'était créer un journal nouveau, essentiellement parisien, bien vivant, dans lequel serait accueillie toute nouvelle, toute polémique propre à lui infuser le mouvement qui manquait aux autres.

Mon avis, pour arriver à cette innovation, était qu'il fallait donner une grande extension à la correspondance. Dès qu'une personne se présentait pour adresser une réclamation, je l'engageais à l'écrire si elle était capable d'exprimer sa pensée ; je la faisais rédiger si elle ne le pouvait pas. Je dois reconnaître que jamais mes correspondants n'ont réclamé quand mes rédacteurs se sont permis d'ajouter un mot spirituel à leur prose.

Pour qu'il fût bien connu de tous que le *Figaro* était une tribune où chacun avait le droit de venir exposer ses griefs, je fis avec Jouvin l'entrefilet suivant, dont chaque mot était pesé, et que je lis dans le cinquième numéro :

« A partir de ce jour, le *Figaro* ouvre donc une colonne chaque semaine aux justiciables du feuilleton parisien — l'auteur, le directeur et même le comédien. — Il ne met à cela qu'une condition facile à remplir pour les gens bien élevés : c'est qu'en accordant à ceux-ci un lendemain — non pour maudire leurs juges — mais pour relever des jugements ignorants, précipités ou iniques, ils sauront respecter le caractère de l'homme, tout en contestant en pleine liberté l'autorité ou le savoir de l'écrivain. *Toute vérité sera bonne à dire* contre la critique, — et surtout à commencer par celle que fera le *Figaro*, — à la condition d'être formulée avec courtoisie et loyauté. Notre intention n'est pas d'ouvrir une arène aux scandales de la polémique, mais un salon dans lequel on discutera poliment, — en donnant des raisons et non pas en disant des injures.

« Une dernière observation : la mauvaise humeur, si légitime qu'elle soit, est toujours prolixe, et l'hospitalité du *Figaro* ne peut être accordée qu'à la condition que chacun s'engage d'avance à n'en pas abuser. »

Remarquez que depuis dix-huit ans il n'a rien été changé à ce programme de mon journal.

Naturellement on applaudit à cette innovation : chacun y trouvait plus ou moins l'occasion de parler de soi-même ; et, comme ce n'est généralement pas par la modestie que brille l'espèce humaine, et que, pour employer l'argot dont nous nous servons quand il s'agit de réclame, tout le monde *aime assez la confiture*, je voyais chaque jour arriver quelque affamé de publicité, muni d'une lettre petite ou longue, bien travaillée, bien ciselée et toute prête à être imprimée. J'ai sous les yeux un numéro du *Figaro* qui contient cinq lettres de ce genre, écrites par des personnes appartenant à différentes classes de la société. Je suis convaincu que cette facilité d'accès et de correspondance a été pour beaucoup dans les premiers succès du *Figaro*.

Une des promesses que je me fis, en créant le *Figaro*, fut de n'y admettre que le moins possible d'élucubrations poétiques. J'étais dès alors l'ennemi né des vers pour un journal, et je ne voulais pas sacrifier à la manie de l'époque, qui exigeait que toute revue; toute feuille périodique, toute gazette, eût son poëte assermenté.

Mon avis était et est toujours le même : c'est qu'un journal comme le *Figaro* ne doit, en fait de vers, insérer que des satires, un sonnet, un triolet; enfin, ce qui pour moi est l'équivalent du couplet de vaudeville.

Je me rappelle qu'un jour, la porte de mon bureau s'ouvrit brusquement et qu'un grand garçon me demanda, avec l'accent du plus pur marseillais : Prend-on des *verses* ici?

Je réfléchis quelques instants pour comprendre au juste ce qu'il voulait dire, et ayant deviné qu'il me proposait de la poésie, je parcourus son manuscrit avec quelques signes d'admiration, et je lui tins à peu près ce langage :

— Mon Dieu! monsieur, je regrette bien vivement que mon journal ne soit pas assez littéraire pour accueillir d'aussi importantes productions que celles que vous voulez bien m'apporter; mais il existe un recueil où la poésie est en grande estime : c'est la *Revue des Deux-Mondes*; prenez donc la peine de passer rue Saint-Benoît, vous y verrez une boîte des plus hospitalières; jetez-y votre œuvre magistrale, — je suis certain que M. Buloz en sera enchanté.

Le Marseillais sortit très-satisfait : je l'étais plus que lui.

.⁂.

Ceux qui ont lu mon ancien *Figaro* savent si j'y encourageais volontiers les tendances littéraires ; les temps sont bien changés, hélas ! et les lecteurs d'aujourd'hui sont plus sensibles à un discours du général Chanzy ou de M. d'Audiffret-Pasquier qu'à une pièce de vers ou à un beau morceau de littérature.

Dès que le *Figaro* fut créé dans mon esprit, ma première préoccupation fut de chercher des cadres ; en effet, on verra que, dès les premiers numéros, de même que je donne aujourd'hui des notices biographiques de nos préfets et sous-préfets, je fis en collaboration avec Jouvin une collection de portraits à la plume de nos artistes dramatiques. Nous procédions pour ce travail de la manière suivante :

Plus actif que Jouvin, dont j'utilisais surtout le talent d'écrivain, je partais par la ville comme une ménagère qui va chercher au marché des provisions pour le cuisinier. Alors, comme aujourd'hui, je connaissais un peu tout le monde dans Paris, et il n'était pas de théâtre où je ne connusse un acteur, qui était enchanté de devenir mon confident. Afin de mieux dissimuler, nous en étions quittes pour être presque aussi sévères pour lui que pour les autres artistes ; ce qui faisait que la critique n'y perdait rien de ses droits.

J'avais formé pour chacun un dossier, où tous les jours je venais déposer ma récolte.

Pour vingt lignes intéressantes je courais au bout de Paris; je me procurais par tous les moyens possibles ces deux choses toujours tenues si discrètes : l'âge et le chiffre des appointements des comédiens ou des chanteurs. De là des réclamations continuelles des acteurs et des actrices qui découvraient que leurs camarades étaient payés plus cher qu'eux, ou qui étaient furieux de penser que le public savait au juste à quel prix était côté leur talent.

Quand tous mes renseignements étaient enfin recueillis, je les réunissais un peu au hasard de la plume; le mot venait comme il voulait, souvent pittoresque, toujours gai; et quand ma besogne était terminée, je la portais à Jouvin, pour lui demander ce qu'il en pensait.

Paresseux par vocation, celui-ci ne manquait pas de me répondre invariablement : Très bien ! Tout au plus parlait-il de faire dans ma copie quelques corrections insignifiantes. Cela n'était pas mon compte. Alors, comme à présent, je faisais bon marché de ma prose, que je tenais en très-mince estime; et je suis convaincu que c'est à mon maître Jouvin que je dois de pouvoir, plus ou moins bien, aligner quelques phrases. Il faut, lui disais-je, que tout soit écrit de votre main; je ne l'accepte pas autrement.

Bon gré, mal gré, monsieur mon gendre se mettait à l'œuvre, la perfectionnait, lui donnait un aspect plus littéraire, et cela avec tant d'habileté, que ceux qui me connaissaient retrouvaient dans ces articles la forme et l'allure que j'ai dans la conversation, et que moi-même je croyais presque qu'il n'y avait rien changé.

C'était surtout pour les biographies musicales que Jouvin était précieux au *Figaro* ; il les faisait à merveille et valut une suite de succès au journal. Heureux temps, je le répète, où il suffisait d'une notice biographique pour intéresser le public!

Combien de visites d'artistes m'ont attirées ces biographies! C'était à qui me prierait d'ajouter ceci, de retrancher cela, et surtout de retrancher quand il s'agissait d'années.

Je me rappelle que la pauvre Émilie Dubois, du Théâtre-Français, vint un jour chez moi, avec sa mère, pour me supplier de lui retirer un an.

— Mais vous êtes si jeune! lui dis-je en riant : qu'est-ce que cela peut vous faire d'avoir un an de plus ou de moins?

— Oh! ce n'est pas pour maintenant, monsieur de Villemessant, me dit-elle très-sérieusement; c'est pour plus tard!

Je retirai une année et l'ingénue partit enchantée.

La rédaction du *Figaro* coûtait à cette époque 80 à 90 francs environ par numéro, celle d'aujourd'hui varie de 600 à 800 francs.

Bien des gens m'ont reproché d'avoir haussé les prix de rédaction : c'est un reproche dont je suis fier; et bien que je sois convaincu que celui qui me succédera fera une économie de moitié sur le chiffre que je viens de produire, je tiens à honneur de le maintenir.

Outre que tous mes rédacteurs sont mes amis et que je me trouverais fort embarrassé de leur faire une confidence aussi désagréable que celle d'une réduction, je suis persuadé que ce n'est qu'en rétribuant largement qu'on est bien secondé.

Voici une image que je ne cesse d'employer : c'est que s'il existait un homme qui m'apportât régulièrement, chaque matin, deux ou vingt lignes absolument spirituelles, une nouvelle à la main que tout le monde colporterait, ou une information *primeur* pour mon journal, je lui donnerais cent francs par jour, soit trente-six mille francs par an, et remarquez que je serais encore son obligé.

Faire une revue qui puisse être lue depuis la première ligne jusqu'à la dernière : telle a été la pensée qui a présidé, pour moi, à la création du *Figaro*, et que plus tard j'ai développée dans la préface de mon journal quotidien l'*Événement*.

J'ai dit plus haut que mon premier soin, quand j'eus fondé mon journal, fut de le diviser par cadres. Je rêvai pour cela quelque chose d'aussi clair, d'aussi simple comme organisation que ce que je voyais dans le commerce, dans les grands magasins.

Qu'on me permette de développer ma comparaison.

Lorsque vous entrez dans une grande maison, comme celle du Louvre, par exemple, vous êtes reçu aussitôt par un directeur ou sous-directeur, qui vous demande quel est le genre d'article que vous désirez voir ; il vous renseigne ainsi : velours et soieries au fond de la galerie en face ; — article Paris ici, à côté ; — confections et cachemires, à gauche et première galerie à droite ; — tapis et étoffes de tentures, monter au premier, etc., etc.

Donc, nulle peine pour le client, qui sait d'avance où on lui donnera ce qu'il désire.

De même pour un journal : il est indispensable que le lecteur sache où il trouvera la Causerie, les Echos de Paris, ceux de la Chambre, les articles Variétés, les Tribunaux, le rayon des Faits divers, celui des Théâtres, etc., etc., et ne soit pas obligé d'errer à la pêche de tel ou tel article, comme cela arrive dans maints journaux, qui jettent pêle-mêle toutes les nouvelles importantes dans leur première page et n'ont plus rien à mettre dans les trois autres.

L'ordre est aussi nécessaire dans un journal que sur une table : il faut que le couvert y soit bien mis, et que l'abonné puisse trouver aussi facilement l'article qu'il veut lire que le consommateur trouve le poivre ou le sel sur la table à laquelle il vient de s'asseoir.

Il y avait sans doute quelque chose de bon dans cette façon d'envisager le côté matériel d'un journal : car on remarquera que, depuis que j'ai adopté ce système, il est peu de journaux qui n'aient servilement copié le *Figaro* depuis les annonces jusqu'aux manchettes, c'est-à-dire de la fin au commencement.

Certes, je ne veux pas exagérer le mérite de mon invention ; mais enfin il m'est permis de constater que personne ne l'avait eue avant moi, et je défie qu'on me montre un journal qui m'ait servi de modèle.

Abordons une autre question très-délicate, qui a trait à de petites nouvelles à la main plus ou moins gaies ou un peu légères ; je dirai qu'elles sont utiles et même indispensables pour conserver au *Figaro* sa spécialité de journal fantaisiste ; elles aident à faire lire et faire pardonner de bons articles sérieux. C'est comme qui dirait des capucines autour de la salade.

Rien ne serait plus dangereux que de placer des

articles de même genre à côté les uns des autres, fussent-ils des chefs-d'œuvre signés des noms les plus accrédités. Ils se tueront entre eux ; et je garantis que si jamais je m'avisais de faire un numéro composé des meilleurs articles de MM. Veuillot, Sarcey, Hervé, Weiss et Wolff, il est certain que je rencontrerais un lecteur qui me dirait : — Hé ! hé ! notre *Figaro* d'aujourd'hui... est un peu pâlot ! — Les mêmes articles lus séparément obtiendraient un grand succès.

C'est en raison du caractère d'éclectisme que je voulais donner au *Figaro*, qui doit représenter toutes les opinions sans en imposer une seule à ses lecteurs, que les difficultés se sont multipliées devant moi dès que je me suis mis à l'œuvre.

Contrairement à ce qui arrive à tout directeur de journal, je ne puis pas connaître mon public d'une façon absolue ; je m'explique.

Si le *Figaro* était un journal exclusivement légitimiste et religieux, il me serait bien facile de me borner à traiter tous les jours de la question de la Papauté; de saisir annuellement au passage les anniversaires importants, comme ceux de la mort de Louis XVI, de Marie-Antoinette, de l'entrée d'Henri IV, de la mort du duc de Berry, de la naissance d'Henri V; je ne laisserais pas mourir un légitimiste sans m'emparer de sa biographie et de son article nécrologique, ce qui m'assurerait toujours la continuation des abonnements dans sa famille; je n'oublierais pas d'annoncer les prédicateurs du carême et les déplacements de tous les représentants de l'aristocratie française, et ma gazette serait faite.

Au contraire de cela, il me faut, tout en restant vrai et informé, donner leur pâture aux uns en me faisant pardonner de la donner aussi aux autres.

Il faut que je plaise aux gens sérieux ; il faut aussi que je sois agréable à ceux qui sont plus légers ou qui veulent reposer un instant leur esprit.

Quand vous avez des vendangeurs, vous leur servez une grasse soupe aux choux, épaissie de pommes de terre et de légumes ; vous leur donnez un haricot de mouton, avec force navets et carottes, des viandes solides, arrosées d'un bon gros vin, et vous terminez le repas par un morceau de fromage, une tasse de café des plus forts, escortée de rincettes et de sur-rincettes, composées de fil-en-quatre ou de trois-six à emporter la bouche.

Mais, si vous recevez quelques raffinés de la ville, vous inventez les potages les plus légers, les poissons, les viandes, les primeurs, les vins les plus recherchés : votre café, d'un mélange étudié, sera pris chez Corcelet, et ce n'est que la fine champagne qui aura l'honneur de dire le dernier mot de votre repas.

Tout cela est parfait ; mais, si vous devez traiter à la fois et vos vendangeurs et vos raffinés de la ville, que ferez-vous ? Vous serez embarrassés. C'est justement ce qui m'arrive chaque jour : il faut bon gré mal gré que je donne à chacun de mes hôtes ce qui convient à son palais et à son estomac, et, pour revenir à ma comparaison du magasin de nouveautés, que je multiplie mes rayons, pour que tout le monde puisse y trouver l'étoffe dont il a besoin.

J'espère que mes lecteurs voudront bien me pardonner cette petite conférence, en pensant qu'elle est faite sans prétention, et surtout qu'elle va être bientôt finie.

J'aborde mon dernier paragraphe et ma dernière comparaison.

Un grand comédien me disait un jour :
— C'est une grave erreur de croire que nous jouons pour une salle entière : une salle est pour nous une chose morte, une solitude ; quand je veux produire un effet, croire à mon personnage, je choisis un spectateur, n'importe lequel, et je me dis : « Je veux faire pleurer ou rire ce monsieur ou cette dame qui est là-bas, au coin de la galerie ou au milieu des

fauteuils d'orchestre. Là est toute mon ambition. »

Un grand orateur, Berryer, me disait :
— Quand je parle à la Chambre et que je veux savoir au juste ce que valent mes arguments, je ne m'occupe en aucune façon de mes honorables collègues ; je choisis, dans les tribunes du public, une tête, la moins intelligente ; je regarde si elle me comprend, et j'insiste jusqu'à ce que je la voie émue : alors seulement je suis content de moi.

De même que le comédien, que l'orateur, un journaliste doit avoir aussi toujours en perspective son monsieur ou sa dame de la galerie ou de l'orchestre, sa tête de la tribune.

C'est persuadé de cette vérité que j'accorde la plus grande confiance aux avis :
1° D'un de mes amis de province, homme fort instruit, grand amateur de revues, de bons livres, gourmet littéraire en un mot ;
2° D'un ex-viveur de Paris, toujours à l'affût d'un cancan, d'un petit scandale, d'une nouvelle à la main ;
3° D'une brave fermière de mon pays, à qui j'adresse mon journal gratis ;
4° D'un curé.

Quand je demande à ma fermière ce qu'elle pense

du *Figaro*, elle me dit avec la plus grande naïveté que le journal lui plaît ou ne lui plaît pas.

— Le feuilleton est bon, le procès est intéressant ; le notaire a trouvé bien ceci, le curé cela ; je trouve ennuyeuse telle ou telle chose. Il est possible que cela plaise à vos Parisiens, mais cela ne signifie rien chez nous.

Remarquez que, pour la plupart du temps, l'article blâmé a presque toujours obtenu un certain succès à Paris.

Je prends note de tous ces avis avec autant de soin que s'ils me venaient d'un académicien, et j'y attache tant d'importance, que, bien que je connaisse mon *Figaro*, puisque je l'ai vu composer le soir, je le lis le lendemain matin à nouveau compte, en me disant à certains passages : — Ah ! mon savant sera content ; voilà pour mon curé, pour la mère B..., pour le viveur, pour le lettré. Et je me trompe rarement.

Je me résume :

Le premier me dit : — Quelle excellente causerie de X...! mais quelle nouvelle à la main de mauvais goût ! Il est vrai que mon ancien viveur m'écrit : — Quelle jolie nouvelle à la main vous venez de publier ! Je me suis bien gardé, par exemple, de lire votre grand article de pâte ferme.

La fermière m'écrit : — Vous ne mettez pas assez du feuilleton ; les tribunaux sont bien écourtés ; donnez donc plus de faits divers et moins de vos petites choses de théâtre. Quant au prêtre, il me dit : — Quelle franchise, quelle loyauté dans les articles de M. Saint-Genest ! Je voudrais bien connaître cet homme-là.

Eh bien ! chers lecteurs, voulez-vous que ceci soit convenu entre nous ? C'est que, quand vous lirez le *Figaro*, vous vous direz à vous-mêmes que l'article qui ne vous convient pas a été fait pour faire passer celui qui vous plaît, et que c'est par ce moyen que mon journal tire à plus de cinquante mille, et que j'ai l'orgueil de croire qu'il rend quelques services à la cause des honnêtes gens.

Revenons cette fois, et pour tout de bon (il est grand temps, je crois, de ne plus ennuyer le lecteur de mes digressions), revenons au *Figaro* d'il y a dix-huit ans.

J'ai dit que Jouvin était l'homme bibliothèque qui savait tout, qui prenait les renseignements que moi, ministre des affaires étrangères, je lui rapportais du dehors, et qui me les rendait sous forme d'articles.

Le premier petit bruit que fit le journal fut à l'occasion de la publication des Mémoires de *Mogador*, attribués, fort à tort, à M⁰ Desmarets, avocat.

Sous ce titre : *Une dénonciation de Figaro*, je signalais au public l'apparition d'un livre immoral, qu'on eût pu surnommer le *Manuel de la fille* et je terminais par ces mots : « De deux fous armés, l'un d'une hache, l'autre d'un livre, c'est ce dernier qui est le plus dangereux. »

Le scandale fut si grand, du reste, que le livre fut saisi, je crois.

Pour prouver que l'ouvrage était d'autant plus dangereux qu'il était écrit avec talent, j'en publiai un extrait, une lettre que je recopie en la faisant précéder des quelques lignes qui l'accompagnaient.

« Il n'est pas de sentier impur où ne puisse tomber une pièce d'or. Dans le troisième volume des *Mémoires*, on lit la lettre d'une pauvre fille qui, ayant vendu tout, excepté l'amour qu'elle garde au fond de son cœur, ne rougit plus que devant l'homme qui est à lui seul la considération qu'elle a perdue. Sur le point d'être conduite à la préfecture de police pour avoir, en dansant au bal de l'Opéra, effarouché la pudeur de l'autorité dans la personne d'un garde municipal, elle demande à monter chez elle, afin d'échanger contre un vêtement plus convenable son déguisement de débardeur. Elle laisse ses gardiens dans la pièce d'entrée, passe dans sa chambre à coucher, y trace, au courant de la plume, un mot d'a-

-mour et d'adieu à son amant, et se jette par la fenêtre. Voici cette lettre, empreinte de la plus touchante éloquence du cœur : »

Mon pauvre ami,

Je vais faire un saut bien pénible à mon âge ; je n'ai pas vingt ans ! Ce n'est pas la vie que je regrette, c'est toi. Ce n'est pas de la mort que j'ai peur, c'est de me défigurer sans me tuer : tu ne m'aimerais plus.

Fais-moi enterrer ; si ma tête n'est pas mutilée, embrasse-moi. Je suis *fille inscrite* ; depuis deux ans que je suis avec toi, je te l'ai caché ; j'avais si peur de te déplaire ! Je me suis soustraite aux règlements. J'ai été prise hier ; j'aurai payé tout à la fois.

J'aime mieux rendre mon corps à la terre que d'aller quelques mois à Saint-Lazare. Tu me plaindras ; tu m'aurais méprisée. Ne me regrette pas plus que je ne vaux, mais ne m'oublie pas trop vite.

Adieu !

Marie.

En citant ce passage choisi parmi les plus convenables du livre, j'avais voulu prouver à mes lecteurs que ce n'était pas à tort que j'avais poussé un cri d'alarme lors de son apparition, mais j'étais bien aise, je l'avoue, de reproduire par la même occasion cette touchante lettre. Il n'était pas encore de mode de prendre des extraits qui vous tentaient dans un journal *qu'on ne nomme pas*, comme disent les *Rappels* et autres feuilles de la radicaille, et de les publier, en les blâmant, pour se procurer de bonne copie à bon marché.

Je continue ma revue.

Je ne parlerai pas de Villemot, le charmant et regretté chroniqueur : j'ai déjà dit dans mes Mémoires tout le bien que j'en pensais.

Louis Énault arrive sous ma plume ; je commencerai par lui.

LOUIS ÉNAULT.

Il avait fait ses débuts de journaliste avec moi à la *Chronique de Paris* et y avait écrit sur le Salon une suite d'articles pleins de chaleur et de vie ; il obtint immédiatement un grand succès très-mérité.

***

Je me souviens entre autres descriptions de tableaux, de celle d'un certain cheval violet dû à je ne sais quel peintre et qui a fait le tour de Paris.

Louis Énault, né d'une bonne famille de Normandie, avocat, était venu à Paris, en obéissant à sa nature artistique et productive. Comme je lui avais fait faire ses premières armes, je ne manquai point de l'appeler au *Figaro;* il y écrivit avec succès des portraits à la plume, entre autres celui de Pradier, le statuaire. Sa forme est délicate, fine, presque féminine. Comme Charles de Bernard, comme Jules Sandeau, c'est par le charme qu'il a réussi. Louis Énault, à l'exemple de ces deux écrivains, s'est concilié ainsi le public le plus enviable, celui des lectrices, puisque invariablement les hommes finissent toujours par lire le roman que leurs femmes trouvent bon.

Pour donner idée de son talent à cette époque, je ne puis faire mieux que citer quelques passages d'un numéro du *Figaro* qu'il écrivit complétement, et qui résumait les observations qu'il avait faites pendant son séjour en Turquie; ce numéro était intitulé : l'*Orient*.

*
* *

Dans le feuilleton, consacré à la description de la femme en Turquie, voici comme il dépeint les odalisques des harems :

« Elle est belle, la femme d'Orient, Hajdée, Gulnare ou Médorah, belle comme le rêve d'un poëte.

Voyez plutôt : c'est le soir; elle est descendue dans les jardins du harem; elle traverse lentement les longues allées ou s'arrête un instant sous les citronniers et les jasmins en fleurs; elle vient de regarder le ciel.

« Quelles flammes humides dans son grand œil noir mélancolique, brillant et doux comme l'œil des gazelles de son pays!

« Maintenant elle ne craint plus les regards indiscrets; elle laisse aux mains des odalisques l'*iasmak* blanc qui voile son front et le *féredjé* qui dérobe sa taille sous de vastes plis.

« Sa veste, aux larges manches relevées ; sa veste, brochée de fleurs d'argent, s'entr'ouvre au corsage et laisse voir une chemise de gaze, insaisissable, étincelante, — un rayon et un souffle tissés ensemble.

« Le *chalwar*, flottant, descend jusqu'à ses pieds, dont la pointe se cache dans des *teslicks* semés de perles ; des anneaux d'argent sonnent à ses chevilles nues; son bras, sculpté dans un marbre vivant, s'abandonne aux morsures d'un serpent de saphir à tête de rubis ; ses doigts sont chargés de bagues, sur lesquelles l'artiste savant a gravé les surates qui font aimer; deux longues tresses noires, entremêlées de sequins d'or, s'échappent du *tarbousch* écarlate et parfument l'air qui les caresse.

« On devine qu'elle n'a qu'à vouloir pour être obéie et qu'elle entraînerait le monde avec un cheveu de son cou, — *unâ crine colli sui*, — comme dit si bien l'Écriture. »

        *_**

Bien que le talent de Louis Énault soit essentiellement descriptif, il traduit en véritable français, mieux, en Parisien, l'impression que lui cause la polygamie turque ; abordant le chapitre de la polygamie, il ajoute :

« A Constantinople, tout ce qui occupe un rang élevé dans la hiérarchie sociale n'a qu'une seule femme ; il en est de même dans la plupart des provinces. Il est vrai, comme on dit vulgairement, qu'on se rattrape sur les esclaves. J'ai connu certain pacha de Syrie qui avait quinze jeunes filles dans son harem ; j'ajouterai que ce moushir — c'était un moushir — avait soixante-cinq ans. On s'ennuyait dans son harem. »

        *_**

Louis Énault ajoute que le vendredi, les femmes, en Turquie, font des cimetières leurs promenades favorites ; ne croirait-on pas voir, dans la description suivante, une de ces figures mélancoliques si admirablement dessinées par Bida :

« Les femmes turques sont doucement familières avec la mort ; elles ne la craignent point, elles ne s'en détournent point ; au contraire, elles la coudoient à chaque instant et vivent avec elle ; elles vont s'asseoir sur la pierre à demi brisée d'une tombe, s'appuient sur quelque stèle coiffées d'un turban ou du tarbousch, et là, calmes, à l'ombre d'un cyprès séculaire; à demi penchées, elles parlent tout bas du cher défunt qu'elles regrettent, — ou de la dernière mode.. »

*
* *

Mais les cimetières ne suffisent pas, paraît-il, à les distraire : le théâtre a aussi pénétré dans les mœurs ottomanes ; mais quel théâtre !

« Dans les grandes occasions, — lors d'un mariage, au retour d'un anniversaire que l'on veut fêter, — on fait venir les comédiens à domicile... Les acteurs ne sont pas compromettants : le *Bressant* est en carton, et le *Mélingue* n'est qu'une ombre chinoise. On se contente de ce que l'on a, et les dames turques prennent grand plaisir à ce divertissement. »

. . . .

*
* *

D'une collection de tableaux des plus intéressants de la vie turque, j'extrais les études suivantes, qui sont pleines de lumière et de vérité : je ne sais rien de plus admirablement décrit que ce mouvement circulaire des derviches qui se termine par une sorte de ronde infernale faite pour tenter un compositeur coloriste :

« Les principales sectes de derviches sont les *rouges*, les *blancs*, les *masqués*, les *intimes*; mais deux surtout sont connues en Europe : les *derviches tourneurs* de Constantinople, et les *derviches hurleurs* de Scutari. Nous avons eu la bonne fortune, pendant notre voyage en Orient, d'assister aux diverses cérémonies de ce culte étrange. »

On appelle *tekkès* les monastères des derviches.
Le tekké des *derviches tourneurs* est situé dans le faubourg européen de Constantinople qu'on appelle Péra, sur une petite place encombrée de tombeaux en assez mauvais état.

« Les derviches arrivent en procession, lentement, deux par deux; gilet blanc, veste blanche, jupe blanche, caleçon blanc fermant aux chevilles.

« La musique prélude. Ce sont de petites flûtes jouant à l'unisson, avec un accompagnement de tarboukas marquant le rhythme. Cette musique, à la fois suave et bizarre, vous saisit peu à peu et finit par vous pénétrer comme d'un charme étrange.

« D'abord les derviches écoutent, immobiles au milieu de l'enceinte; puis un d'eux ouvre ses bras, les étend horizontalement et commence à tourner sur lui-même lentement, et déplaçant peu à peu et sans bruit ses pieds nus; puis, le mouvement s'accélère, la valse se précipite, l'homme devient tourbillon. Toute la bande suit.

« C'était un curieux spectacle de voir tous ces hommes vêtus de blanc, les bras étendus en croix, la tête penchée sur une épaule, les yeux à demi fermés, la bouche entr'ouverte par le sourire divin de l'extase.

« Le mouvement de cette valse avait je ne sais quoi de souple, d'onduleux et de doux, qui vous emportait dans le vertige de sa rotation.

« Le chef se promenait à travers les groupes, frappant dans ses mains, pressant ou ralentissant le rhythme.

« Après un temps d'arrêt et une seconde procession, couple par couple, la valse recommença plus ardente cette fois, plus entraînante et plus éperdue.

« Il m'eût été impossible de compter le nombre de tours accomplis dans une minute. Légèrement, et comme des ailes d'oiseaux, les bras s'élevaient ou s'abaissaient; une écume légère venait de temps en temps tremper et blanchir la lèvre rouge; tantôt la tête se renversait en arrière, la paupière battait des ailes, la prunelle retournée se noyait dans l'infini, et l'on ne voyait plus que la nacre vitreuse et troublée du cristallin; tantôt, au contraire, elle retombait sur la poitrine, comme accablée du poids d'une volupté surhumaine.

« Quand l'épuisement, survenant au milieu du rêve mystique, jetait le valseur dans une prostration invincible, il se laissait tomber sur ses genoux, puis s'étendait la face contre terre, et de jeunes servants le recouvraient d'un manteau bariolé ; puis le chef s'approchait, murmurant tout bas quelques paroles de son rituel. La musique ne cessa que lorsque tous furent ainsi terrassés par la fatigue des muscles et le ravissement de l'âme. »

Puis, voici un portrait du sultan Abdul-Medjid, tracé avec la délicatesse et le charme d'un grand coloriste :

« Le sultan allait au pas au milieu d'un cortége peu nombreux. Il me sembla fort bien en selle. Il montait un cheval persan aux membres fins et délicats, à la tête fière, à l'œil ardent, et dont la robe claire et pâle se glaçait de tons lilas, comme on en voit dans quelques tableaux de M. Delacroix, que jusqu'ici je m'étais contenté de croire impossibles.

« Il s'avançait lentement, avec une souplesse moelleuse, onduleux comme un cou de cygne, frissonnant sous sa longue crinière, et secouant son mors blanc d'écume. Il était magnifiquement enharnaché : selle de velours rouge brodée d'arabesques en or, le frontal ruisselant de perles, un soleil de rubis étincelant sur le poitrail. »

✱
✱ ✱

Plus loin il aborde le chapitre de la toilette turque; voici le tableau qu'il en fait, on sent qu'il est peint d'après nature :

« Les femmes turques, aujourd'hui, se peignent presque autant que les Françaises. Elles allongent leurs sourcils avec l'encre de Chine, brunissent leurs paupières avec le surmeck, avivent la flamme de la prunelle en teignant de khol le dedans de leur œil, fardent leurs joues avec le suc rouge du henné, et blanchissent leurs épaules et leurs bras avec des pâtes d'amande et des crèmes de jasmin.

« A cela près, — ce sont bien les femmes les plus naturelles du monde.

« Ces créatures délicates ont, en général, assez bon appétit. On peut même dire qu'elles mangent beaucoup : non pas qu'elles engloutissent gloutonnement de gros morceaux, comme font quelquefois nos Anglaises blondes et sentimentales ; — mais elles grignotent toute la journée, tantôt un fruit, tantôt un gâteau ; à défaut d'autres choses, elles croquent agréablement, et d'une dent fine et blanche, des bonbons et des sucreries. »

✱
✱ ✱

Doué d'une rare activité et d'une prodigieuse facilité de travail, Louis Énault est l'un des écrivains contemporains qui ont le plus produit. Le seul reproche à lui faire peut-être pourrait justement être d'avoir trop livré à la publicité; si, au lieu d'écrire dans tous les journaux qui lui demandaient son concours, Louis Énault avait su ne donner sa prose que par petites gorgées, il serait, je n'en doute pas, arrivé à un rang encore plus élevé dans la littérature que celui qu'il occupe, et qui est cependant fort enviable.

Je tourne quelques pages de ma première année du *Figaro*.

Dès les premiers numéros je rencontre de petits quatrains d'Eugène Wœstyn. Je parlerai plus tard de ce garçon d'une nature bien originale ; je prends une note que je compléterai, chemin faisant, à mesure que son nom se présentera sous mes yeux.

Malgré moi, à mesure que j'avance dans cette collection, je sens que, peu à peu, les inimitiés se forment autour de moi, et que beaucoup de gens que je considérais comme d'anciens amis semblent me devenir hostiles. Je devine bien pourquoi.

Quand je rédigeais un petit journal comme la *Sylphide*, il suffisait qu'on me témoignât le désir d'y avoir une réclame, pour que j'y misse les compliments les plus élogieux : aussi que de mains tendues partout sur mon passage! que de remerciments! que de promesses de reconnaissance !

Hélas! je l'ai pu constater bien souvent, et tous ceux qui sont journalistes le reconnaîtront avec moi, c'est surtout quand un journal ne bat que d'une aile qu'il a de nombreux amis ; à partir du jour où, désireux de prendre une place sérieuse dans la presse, il veut commencer à dire la vérité, qui, on le sait, n'est pas toujours aimable, les amis, voyant diminuer leur portion d'encens accoutumée, deviennent froids, prennent des airs blessés, jusqu'au jour où ils se transforment définitivement en véritables ennemis.

C'est bien douloureux à constater ; mais on finit par se consoler de leur défection en se disant qu'ils n'étaient si prodigues de poignées de mains et de démonstrations que parce que vous leur donniez des éloges. Triste chose dans un journal que la camaraderie en matière de presse ! Les louanges imméritées qu'on distribue sont rarement du goût du lecteur et n'ont jamais fait plaisir qu'à ceux qui les sollicitaient : demandez plutôt à MM. Lelogé père et fils, qui ont le plus joli doigté de réclame qu'on puisse rêver.

Convaincus de ces vérités, nous nous mîmes, Jouvin et moi, à faire un peu de véritable critique dans le *Figaro* : nous y perdîmes du même coup un ami que nous affectionnions beaucoup, et un procès. Le procès nous importait peu ; mais l'ami, c'était Jules Janin ! et tout cela parce que Jouvin, en belle humeur, avait fait une douce critique du livre de Janin, dont Roqueplan, par une innocente gaminerie, avait embrouillé les titres en disant : *la Religieuse champêtre* et *les Gaîtés de Toulouse!*

Jules Janin se fâcha tout rouge. Étonnés autant que froissés de ce résultat, nous ne voulûmes pas renoncer à nos piqûres d'épingles ; et, chaque jour, Jules Viard (un vrai représentant de l'école du petit journalisme) lui décochait un quatrain plus ou moins acéré.

La gaîté fit oublier l'amitié et les tribunaux achevèrent de nous désunir. Tout naturellement je ne pouvais guère lutter contre la notoriété de Jules Janin, qui, ayant ses grandes et petites entrées partout, descendait crânement à l'audience par la porte des juges (l'entrée des artistes), pendant que moi je venais piteusement par celle des criminels.

Une fois lancé dans la critique, théâtrale surtout, mes ennemis se multiplièrent à l'infini. Au lieu de rencontrer dans les foyers, aux jours des premières représentations, ces *quarterons* de mains qu'on me tendait autrefois, je ne vis plus guère que des écrivains qui m'évitaient : celui-ci parce que j'avais hasardé que son livre ne serait peut-être pas tiré à cent mille exemplaires ; celui-là parce que j'avais avancé que sa comédie ne rappelait pas Molière, sans cependant le faire oublier.

Malheureusement pour tout le monde, dès qu'un homme de talent est parvenu à la célébrité, il se croit infaillible et ne veut plus admettre que le public qui l'a fait ce qu'il est ait le droit d'examiner et de discuter ses productions.

M. Scribe lui-même n'avait jamais pu pardonner à Alphonse Karr (un des premiers, sinon le premier qui ait donné l'exemple de la véritable critique) d'avoir écrit ces quelques lignes :

« Maintenant que M. Scribe est devenu académicien, qu'il a fait fortune et qu'il refait pour le Théâtre-Français les pièces qu'il a faites autrefois pour le Gymnase, il vient de s'ouvrir pour lui une nouvelle carrière : c'est de mettre en français tout ce qu'il a écrit jusqu'ici. »

Bien que ces commencements ne fussent pas précisément encourageants, nous résolûmes de ne pas céder et de faire quand même et jusqu'au bout le métier de critiques littéraires. C'en était assez pour ameuter contre nous tout ce qui écrivait.

Bien que tous les articles fussent signés par mes rédacteurs, on ne voulait connaître que moi, et j'en étais arrivé à dire, comme Aurélien Scholl parlant de ses ennemis : Quand j'en aurai cent mille, je me mettrai à leur tête et j'irai délivrer la Pologne !

La critique alors était peu à peu descendue jusqu'au

dernier échelon de sa dignité, c'est-à-dire qu'elle n'existait pour ainsi dire plus.

Ainsi, autrefois, quand un auteur avait écrit un livre et qu'il désirait que la presse s'en occupât, il s'habillait de son mieux, et allait le recommander lui-même au critique dont il voulait l'opinion.

Peu à peu cette rigueur de formes se détendit, on se contenta de lui porter son livre avec sa carte — enchanté de ne pas le trouver quand il était sorti ; cette visite même parut de trop et un beau jour on lui envoya le livre accompagné d'une lettre demandant carrément un article.

Le progrès aidant, on fit cette réflexion que les critiques, par paresse ou autrement, pensaient à bien autre chose qu'à couper, pour les lire, les volumes qu'on leur adressait : aussitôt on fit tout simplement imprimer quelques lignes de réclame, et aux jours de premières représentations on abordait de la manière suivante les critiques qui se promenaient au foyer.

— Bonsoir !.. Cela va bien ?.. Ah ! dites-moi, je viens de faire un livre : vous seriez joliment aimable d'en glisser un mot dans un coin de votre spirituel journal ?

— Sans doute, répondait sans grande conviction le critique.

— En ce cas, voulez-vous me permettre de vous donner ces quelques lignes, qui ont été écrites par un de mes amis ? C'est mille fois trop élogieux ; prenez-en ce que vous voudrez, mais parlez-en... A bientôt !

Et l'on se quittait en se donnant de vigoureuses poignées de main.

Ce manége, exécuté auprès des douze ou quinze feuilletonistes ou directeurs de journaux qui étaient venus au théâtre, suffisait pour donner à un livre toute la notoriété désirable.

Ce n'était encore rien que cet adorable sans-gêne à l'égard de la critique ; il existait, en outre, une confrérie, une camaraderie à laquelle nous avions donné le surnom de *Société d'admiration mutuelle.* Dès qu'un de ses membres arrivait à tenir une place quelconque, il était forcé de lui faire la courte-échelle en déclarant que tous les autres étaient des génies, à charge par ceux-ci de proclamer que ce critique était le plus fort qu'on ait jamais vu.

On comprend que, dans ce concert de louanges à jet continu, une critique devait produire un bruit désagréable et discordant, quelque chose comme la trompette d'un marchand de robinets au milieu d'une symphonie de Beethoven. De là des marques de sympathie qu'on peut deviner.

Je me souviens, entre autre moyens pour porter le trouble dans cette société d'admiration, d'avoir employé celui-ci : j'avais ouvert chez moi un livre en partie double, avec doit et avoir, tout comme un négociant de la rue Saint-Denis.

Amédée Achard, par exemple, venait-il à dire, à propos de Jules Janin : « Voilà que le prince de la critique, plus jeune, plus pimpant que jamais, couronné de roses comme Anacréon, vient de nous écrire de sa plume érudite et fine un roman qui, etc., etc. » Bien vite j'inscrivais sur mon livre : — Doit Jules Janin à Amédée Achard, pour article avec encens double, un excellent compte rendu pour son prochain livre. Sera payé un jour ou l'autre.

Le *Sergent Bellerose* paraissait. Jules Janin écrivait :

« Enfin un nouveau jour a lui et, bien que Virgile ait dit (pour ne pas interrompre mon imitation, permettez-moi de vous parler un latin à moi, qui, n'ayant jamais servi, est encore tout neuf) *ventus soufflat* dans les *arbores*, je me permettrai d'écrire qu'il n'est pas toujours juste d'avancer que la vie doive se passer à *respirare parfumos rosarum* (de rosa, la rose), et que nous qui aimons tout particulièrement le charme, la grâce, les étoffes soyeuses, les parfums

4.

des fleurs, les lilas et les *promenadas* dans les *foretas*, etc., etc. » (Bienheureux s'il n'oubliait pas à force de citations de parler du livre et de l'auteur.)

Le soir même, j'écrivais sur mon registre : « Aujourd'hui Jules Janin a remboursé à A. Achard l'article de tel jour. » Et quand la réponse tardait un peu, je ne manquais pas d'y porter cette mention : « X... se fait bien attendre ; espérons qu'il n'y a là qu'un simple oubli, et que cette petite dette, dette d'honneur, sera bientôt acquittée. »

On juge aisément de l'embarras du critique qui devait réellement un service de ce genre à un homme de lettres et qui n'osait plus le lui rendre.

J'avais imaginé pour les auteurs dramatiques un autre système que voici.

Non content de l'invention de ce registre, j'avais aussi inauguré une nouvelle sorte de compte rendu des pièces trop mauvaises pour qu'on pût se permettre d'ennuyer le public avec la lecture de leur analyse : j'annonçais seulement leurs enterrements dans divers cimetières.

Je disais, par exemple : Telle pièce vient d'être inhumée avec un service de première classe au cimetière du Père-Lachaise ; telle autre n'a pu obtenir qu'une deuxième classe et a été transportée à Clamart ; celle-ci n'a été jugée digne que de la troisième classe et a été enfouie à Montfaucon.

Cette innovation avait paru si dangereuse aux auteurs, que je reçus un jour la lettre suivante d'un charmant garçon dont la pièce n'avait pas réussi :

« Enfin, mon cher ami, enterrez-moi aussi modestement que vous voudrez ; donnez-moi, si cela vous fait plaisir, la dernière classe, le convoi du pauvre ; mais ne m'envoyez pas à Montfaucon. »

On riait bien un peu de ces plaisanteries ; mais, au fond, on me vouait des haines mortelles, ou plutôt immortelles, dont plusieurs se sont transmises de père en fils.

Comme on peut le voir, je n'avais pas précisément fait du *Figaro* un journal de réclames à bureau ouvert ; de son côté, Jouvin était d'une grande sévérité dans ses critiques et n'eût, tout le monde le sait, jamais su comment s'y prendre pour écrire autre chose que sa pensée.

C'est justement cette indépendance qui fit le succès du *Figaro*, et qui donna une valeur réelle aux éloges que sa justice distribuait aussi quelquefois.

N'oublions pas de dire que toute mon ambition alors était de tirer un journal à 12 ou 1,500 exemplaires ; j'eusse crié au miracle si j'avais pu penser que je pouvais arriver à 3,000. Ce sentiment n'était pas seulement le mien, car je me rappelle qu'après quelques mois d'existence, Villemot, m'ayant entendu dire que le tirage du *Figaro* était de 1,100, ne voulut pas y croire, alla vérifier à l'imprimerie, et dit en revenant avec l'accent de la joie la plus sincère :

« Mon Dieu ! que c'est donc agréable d'être lu tant que cela ! »

En commençant, je ne fis paraître le *Figaro* qu'une fois par semaine. Il fut tout de suite en faveur. Pendant six jours je ne faisais que le lire et le relire. Il ne contenait que des articles littéraires ou des nouvelles à la main ; de politique, il n'en était pas question. Le malheur est que, me sachant légitimiste dans l'âme, le ministère voulait par tous les moyens possibles arriver à me prendre en faute. En cherchant bien, on finissait toujours par me prouver que j'avais fait de l'économie politique. Je protestais régulièrement, on me condamnait de même. Quand l'économie politique ne donnait pas, on épluchait mes nouvelles à la main ; on en trouvait toujours bien une dont la lecture n'eût pas été précisément permise dans un pensionnat de jeunes filles, et l'on me condamnait pour outrage à la morale.

Quand il était impossible de me traduire devant les tribunaux, on se contentait de m'appeler au ministère, où j'ai fait connaissance avec MM. Delangle et Billault, hommes bien élevés et de beaucoup d'esprit, que je finissais toujours par dérider.

Maintenant que ces heureux temps sont passés, il m'est impossible de me rappeler sans frémir l'océan de récifs dans lequel la législation impériale m'a fait naviguer.

Deux condamnations pour quelque délit que ce fût suffisaient à faire supprimer un journal, une propriété importante comme le *Siècle* ou les *Débats* (quelle adorable loi!). Je me rappelle qu'un jour un marchand de clysos m'intenta un procès pour je ne sais quelle raison ; il le perdit. S'il l'avait gagné, si j'avais été condamné seulement à 16 francs d'amende, le *Figaro* était supprimé de plein droit.

Aussi c'était à qui, sous la menace d'un procès, se faisait faire réclames sur réclames dans les pauvres journaux qui n'en pouvaient mais !

Si j'insiste sur ce point, c'est que je suis convaincu que personne ne pourrait croire à cette législation, qui me mettait, moi, directeur d'un journal, dans la situation d'un voyageur forcé de se promener entre les rails d'un chemin de fer et cherchant à éviter les coups de tampon de droite et de gauche.

Un beau matin, par exemple, je crus bien que, malgré mon extrême prudence, c'en était fini de mon pauvre *Figaro*. Heureusement j'eus l'idée d'écrire avec Villemot une lettre au prince impérial, qui était âgé d'un jour, et à qui je disais : « Nous pouvons bien causer de cela entre hommes, pendant que les petites filles sont couchées. »

La lettre plut : le journal continua de vivre.

A cette époque, on croyait généralement que je faisais une grande fortune. On verra ce que ce bruit avait d'exagéré en songeant à la nature de mon journal, qui ne pouvait, avec tout son succès, me produire plus de 15 à 20,000 francs par an.

C'est que déjà alors je commençais à payer ma rédaction plus cher qu'on ne faisait ailleurs ; en un mot, que j'élevais les prix de la *copie*, initiative que ne me refuseront jamais ceux-là mêmes qui envient le plus mon succès.

En effet, consultez les gens de lettres d'il y a vingt ans : ils vous diront qu'Eugène Guinot (Pierre Durand), une des colonnes du *Siècle*, avait 300 francs par mois, et le vicomte de Launay (Mᵉ de Girardin), 500 francs par mois, appointements enviés par tous les écrivains d'alors.

Bon gré, mal gré, les autres journaux furent bien forcés de suivre mon exemple ; et quand Millaud voulut m'enlever Rochefort, pour qu'il écrivît au journal *le Soleil*, il lui fit non-seulement signer un traité précédé d'un pot-de-vin, avant qu'il ait pu me prévenir, mais il fut encore obligé de porter à 24,000 francs ses appointements, qui étaient de 18,000 francs chez moi.

Bien des gens ont pensé que la fortune du *Figaro* lui était venue aussi d'heureuses opérations financières toutes faites, de lancements d'affaires, comme il arrive dans beaucoup de journaux. A cette opinion je n'ai que ceci à répondre : c'est que je me suis toujours exclusivement occupé de mon journal, qui est ma vie, que j'y pense sans cesse, et que je suis si peu au courant de ce qu'on appelle les affaires, qu'à mon âge, quand on me dit : La rente est à 65, je fais : « Eh ! eh ! » de l'air d'un connaisseur, sans y rien comprendre, et que je suis tout fier de n'avoir jamais rien pu déchiffrer au cours de la Bourse.

Tout ceci posé, je continue le défilé de mes rédacteurs par un de ceux que j'ai nommés plus haut, et que tout le monde connaît bien, par :

LÉO LESPÈS
DIT
LE COMMANDEUR LÉO LESPÈS.

En créant le *Figaro*, j'avais compté sur le concours de tous les gens de talent, bien convaincu que l'appel d'un journal jeune et hardi serait entendu par tous ceux qui savaient tenir une plume.

Aussi ne tardai-je pas à voir accourir le *commandeur Léo Lespès*, car c'est ainsi que le Timothée Trimm d'aujourd'hui signait dans plusieurs journaux, de 1842 à 1848, et notamment dans un journal dont il était rédacteur en chef, le *Dimanche*, qu'il publiait avec M. Boiste, le créateur de la Société des annonces. Le journal dont il s'agit était fait en imitation des journaux à gravures anglais ; dès qu'il se passait un événement important pouvant servir de prétexte à gravure, on était certain de le trouver le dimanche dans le journal illustré de ce nom.

Léo Lespès avait, comme je l'ai dit plus haut, assisté aux premières douleurs de mon enfantement; il prit rang parmi mes rédacteurs en me donnant une série de *physionomies parisiennes* qui réussirent grandement.

J'ajouterai que Lespès, très-soigneux pour tout ce qu'il écrivait, ne négligeait aucun moyen de le mettre en valeur ; aussi, quand il devait donner un article au *Figaro*, il me demandait de l'annoncer par de petites affiches, de petits prospectus de couleur que les marchands de journaux attachaient à leurs kiosques et que je me serais bien gardé de lui refuser.

Parmi les nombreux rédacteurs qui ont été attachés à mon journal, je n'en ai pas connu de plus con-

sciencieux dans leur travail que n'était Léo Lespès ;
son unique crainte, quand il avait un article en tête,
était de ne pas le réussir ; quand il s'agit de faire une
physionomie des tables d'hôtes, il s'y prit deux mois
à l'avance. Dès qu'il avait recueilli quelques notes il
venait me les lire, ainsi que le plan de son article. Si,
pendant sa lecture je restais silencieux, il s'interrompait pour me demander de sa voix flûtée :

— Ce n'est pas bien ? — Ou : Est-ce ennuyeux ?
Cela ne vous amuse pas ? Faut-il déchirer ?

De cette honnêteté littéraire, de ce scrupule, naissaient d'excellentes pages, et, entre autres, les physiologies que j'ai publiées à la satisfaction de mes lecteurs.

*
* *

Les années, qui changent tant de choses, ne paraissent pas avoir beaucoup pesé sur Léo Lespès ;
celui qui l'a vu il y a vingt ans le retrouve à peu près
tel aujourd'hui ; c'était bien le même bon gros garçon
à la mine riante, à l'épaisse chevelure, à la forte
moustache hérissée, qu'on voit à toute heure du jour
passer en voiture découverte sur le boulevard ; car la
voiture est une nécessité de sa vie, et je me rappelle
avec quel étonnement mêlé de doute nous apprîmes
un jour qu'on venait de l'apercevoir à pied... dans

le passage de l'Opéra. Le chemin de fer lui-même n'a pas trouvé grâce à ses yeux : il lui occasionne au moins une aussi grande répugnance que celle qu'il causait à Rossini.

— Comment écouter de la musique après qu'on a eu les tympans percés par le sifflet de la locomotive ? demandait l'auteur de *Guillaume Tell* avec indignation ; on est condamné à ne plus pouvoir entendre que du Meyerbeer pour le restant de sa vie !

C'est que Léo Lespès est un sybarite dans toute la force du terme, et que, comme Rossini, il veut que tout soit doux, charmant, harmonieux autour de lui.

Voyez-le à table ; il n'aime que les primeurs, le gibier fin, les fruits les plus rares et les mieux choisis, mais choisis par lui. Signalons à ce propos à la reconnaissance des gourmets le service immense qu'il leur a rendu en imposant aux grands restaurateurs la coutume de n'offrir le fruit qu'en panier, et de laisser ainsi aux clients de troisième catégorie la pêche ou la poire tachées, que le garçon vous apportait de préférence pour votre dessert.

Constamment à la recherche du mieux, Léo Lespès est de tout Paris l'homme qui a le plus déménagé sans avoir pris quelquefois la peine d'emménager.

De même que Millaud ne pouvait pas voir un rez-de-chaussée à louer sans y installer une armée de menuisiers et de peintres, qui le transformaient en quelques jours en comptoir, en bureau de recouvrement en y créant des guichets, des grilles, en écrivant sur les portes : *caisse, administration, économat*, et jusque sur les fausses portes : *le public n'entre pas ici*, de même Léo Lespès ne pouvait pas visiter un logement vacant sans le retenir immédiatement; on peut voir encore, boulevard des Italiens, à côté de Disdéri, une terrasse immense sur laquelle on a installé une tonnelle ; c'est le commandeur qui l'a organisée comme il en a organisé bien d'autres dans Paris.

A une certaine époque, il était impossible de trouver aux environs de la Bourse un local vacant, décoré de tentures éclatantes encadrées dans des baguettes d'or, sans que les concierges répondissent invariablement aux visiteurs qui s'informaient du précédent locataire :

— C'est M. Léo Lespès qui a gardé cet appartement pendant quinze jours !

Et cet amour de l'arrangement, du clinquant, de tout ce qui miroite, change et papillotte, le poursuivait jusque dans sa toilette d'alors qui vaut bien la peine d'être décrite.

En voici le signalement exact :

Jaquette ou petit paletot sac en velours; chapeau de forme étrange couvrant une tête ébouriffée de longs cheveux flottant sur les épaules; le cou plus qu'à l'aise dans une chemise échancrée et pourvue d'un grand col rabattu, était orné d'une cravate de foulard groseille, rouge-cerise ou solférino ; la chemise, où brillaient des boutons de dimensions inaccoutumées, dans lesquels étaient encadrés des photographies, des portraits, des marines et des paysages, était pourvue d'énormes manchettes plissées, pendantes ou retroussées comme celles d'un escamoteur qui dit : Rien dans les mains, rien dans les poches ! une grande chaîne chevalière grosse comme le doigt serpentait sur un gilet fermé jusqu'au col et orné de boutons grelots, comme ceux d'un officier de spahis en bourgeois.

***

Deux souvenirs à propos de cette singulière toilette :

Léo Lespès professait une telle admiration pour les grosses chaînes d'or qu'un beau soir il tomba en arrêt devant celle qui faisait deux fois le tour du corps d'un marchand de billets de l'Opéra, et qui répondait au nom de M...; chaque fois qu'il le rencontrait il sentait dans sa poitrine un battement de cœur significatif, en un mot elle *lui tirait l'œil*.

Enfin, lassé de son amour platonique, il se décida

un soir à aborder M...., à lui dire qu'il avait vu sa chaîne, qu'il l'aimait et qu'il lui demandait de la lui accorder... à prix d'or.

Vendre des contremarques ou des chaînes, c'est toujours du commerce, se dit tout bas M..., et on se rendit chez un bijoutier pour peser la chaîne.

Elle était lourde de quatre cents francs.

Lespès se trouvait en fonds ce jour-là ; l'affaire fut conclue et le lendemain on le voyait passer sur le boulevard avec une chaîne que lui eussent enviée tous les arracheurs de dents ambulants.

Mais, hélas ! rien n'est durable ici-bas ! quelques jours après cette acquisition, le prévoyant Lespès se rendait chez un fabricant de bijoux faux pour lui commander une chaîne exactement semblable à celle qu'il venait d'acheter. C'est qu'en homme qui sait où vont toutes choses, le commandeur avait compris que les caprices de la fortune ne lui permettraient pas de conserver bien longtemps une chaîne qui commençait à *loucher du côté de sa tante!*

Second souvenir.

* * *

Un matin que M. Boulé était assis devant un bureau sur lequel il écrivait, Léo Lespès vint à lui et lui tendit la main pour lui souhaiter le bonjour ; aussitôt un tintement se fit entendre et M. Boulé stupéfait lui dit en lui montrant les boutons du gilet que je viens de dépeindre :

— Comment ! mon cher Lespès, vous portez des grelots maintenant ?

C'était tout simplement un petit chien que possédait Lespès, qui, en secouant son collier, avait occasionné la méprise.

*
* *

Finissons notre description en disant que sa toilette était invariablement terminée par un pantalon bleu de ciel, trop large, dit à la Jocko ou à la hussarde, dont il écartait les poches en y introduisant ses pouces, et dont les jambes tombaient sur un pied microscopique dont elles ne laissaient voir juste que l'extrémité.

J'ajouterai que sa mise d'alors était, à bien peu de chose près, sa tenue d'aujourd'hui ; tenue qu'il prisait assez haut comme on en peut juger par le mot suivant :

Il y eut, voilà quelques années, parmi les gens de lettres qui n'étaient rien moins que millionnaires, une fureur de lansquenet à Paris; c'était tantôt chez Vitu, Balathier, tantôt chez Mirecourt, Lefranc, etc., que se donnaient ces petites soirées.

Dès que le jeu était commencé, chacun plaçait devant soi toute la monnaie qu'il avait dans ses poches ; et ce premier argent épuisé, on jouait philosophiquement avec des haricots, dont un litre était placé devant le banquier ; les haricots, qui représentaient une certaine somme, servaient, comme on dit entre joueurs, de pavillons.

Le commandeur n'avait garde de manquer à ces réunions où il apportait, il faut le dire, le plus de numéraire.

Un jour, ou plutôt un soir, Lespès arrive au moment où le banquier criait : Il y a cent dix francs ! qui fait le banquo ?

— Moi ! cria Lespès.

— Perdu ! lui répondit-on presque aussitôt.

Immédiatement il sortit de son porte-monnaie un billet de deux cents francs qu'il jeta sur la table et tendit la main pour recevoir sa monnaie.

On lui rendit quatre-vingt dix francs de haricots !

Je ne sais si c'était de ces haricots de qualité supérieure tant préconisés par Aymès sous le nom de haricots des princes, sans murmures ni reproches ! peu importe, Lespès fut bien forcé de les empocher.

Nadar, qui se trouvait à cette soirée, émerveillé de la toilette de Lespès, se mit à le plaisanter, comme on fait entre camarades.

Malheureusement Lespès, qui probablement n'avait pu digérer ses haricots, prit, malgré la douceur habituelle de son caractère, un petit air froissé ; Nadar insista.

En sortant, le commandeur lui dit d'un air narquois et suffisant qui signifiait : Ne te fais pas illusion, ne bâtis pas de châteaux en Espagne :

— Adieu, mon cher Nadar, je te souhaite de t'habiller comme moi !

Et il se retira lentement et majestueusement.

Causeur facile, Léo Lespès raconte, de sa voix semblable à celle d'un chanteur de la chapelle Sixtine auquel on n'aurait pas rendu son cautionnement, des historiettes et des anecdotes charmantes ; en voici une que je tiens de lui :

A l'époque où il faisait des articles à son journal le *Dimanche* sous le nom de marquise de Vieuxbois, il se rencontrait dans l'escalier de la maison de ce journal avec un tailleur en renom qui portait ses paquets en ville, et il se demandait comment il pourrait entrer en relations sérieuses avec cet élégant tailleur.

Enfin, un jour prenant, comme on dit, son courage à deux mains, il monta chez lui et lui dit :

— Je suis un homme de lettres des plus influents, et je pourrais, contre un costume complet, vous donner vos entrées dans le théâtre qui vous conviendra le mieux.

— Vous allez au-devant de mes désirs, fit le tailleur. J'ai toujours rêvé d'avoir mes entrées quelque part.

— Choisissez vous-même votre théâtre, fit Lespès, qui tremblait de peur que son futur fournisseur ne se prononçât pour l'Académie impériale de musique.

— Eh bien ! fit celui-ci, je choisis... le bal Mabille.

Le jour même il recevait une carte d'entrée de journaliste.

Au bout d'une année, Lespès retourne chez son fournisseur et lui demande s'il veut continuer à l'habiller aux mêmes conditions.

— Volontiers, fit le tailleur qui était l'homme le plus accommodant du monde.

Bien vite Lespès court chez Mabille afin de demander sa carte comme pour un de ses rédacteurs.

— Impossible ! répond Mabille, nous avons remarqué l'an dernier que les cartes se prêtent et passent dans trop de mains ; je n'en délivre plus ; donnez-moi le nom de votre rédacteur, il n'aura qu'à se faire connaître de mon contrôle.

Lespès partit très-satisfait et vint annoncer à son soi-disant collaborateur que son nom était inscrit chez Mabille.

— Je ne puis accepter cette modification à nos conventions, fit celui-ci ; vous m'avez dit que cette année, comme l'année dernière, j'aurais ma carte d'entrée.

— Mais le résultat est le même, répliqua Lespès désappointé.

— Non, monsieur, repondit-il en insistant, ce n'est pas la même chose; je me sers de ma carte pour prouver à mes nombreux clients qui se trouvent par là que je ne suis pas le premier venu; jamais je ne consentirais à demander devant eux à un contrôleur :

— Monsieur, me reconnaissez-vous?

Dans l'impossibilité de faire entendre raison à un tailleur doué d'un amour-propre aussi résistant, Lespès alla trouver Mabille.

— Il n'y a qu'un moyen, fit ce dernier, il me reste une carte d'agent des mœurs; ces cartes-là n'ont pas de marque distinctive, donnez-la à votre rédacteur.

— Volontiers, dit Lespès enchanté.

Et il porta sa carte au tailleur.

Au bout de quelque temps, notre homme rencontra Lespès et lui dit :

— Voyez-vous, mon cher monsieur, cela m'a fait un bien énorme d'avoir mes entrées là-bas; j'attends qu'il y ait beaucoup de monde à la porte; je m'avance lentement en tenant ma carte en l'air, et je suis tellement connu maintenant, que tous les sergents de ville se découvrent devant moi.

Les grands succès de Léo Lespès remontent déjà loin ; il donna, quand il y écrivit, une grande notoriété au journal l'*Audience*, de Millaud, créé pour faire concurrence à la *Gazette des Tribunaux* et au *Droit*. Pour allécher le public, Millaud avait eu soin de mettre en tête de son journal : « *L'Audience*, seul journal des tribunaux paraissant le lundi. » Ajoutons qu'il ne paraissait que ce jour-là.

A l'époque où il travaillait à ce journal, ni Lespès ni son directeur n'avaient précisément dévalisé le Pactole, ce qui ne les empêchait pas d'adorer la musique. Or, je me souviens qu'un soir que j'étais à l'Opéra, je les vis arriver tout deux aux fauteuils d'orchestre : Millaud, tout de noir habillé ; Lespès, toujours bariolé.

Ils s'assirent l'un auprès de l'autre, Lespès tira d'abord son éventail avec lequel il se mit à jouer avec la facilité et la nonchalance d'une Italienne ou d'une Espagnole ; au bout d'un instant, à cet endroit du premier acte des *Huguenots* où Nevers dit : « A table, à table ! » je le vis baisser la tête vers son chapeau qu'il tenait entre ses genoux, puis comme s'il se fût trouvé à table sous les frais ombrages de Chenonceaux, en tirer un petit pain dans lequel il mordit paisiblement tout en croquant délicatement d'énormes groseilles à maquereau barbues comme la pauvre madame Thierret, continuant ainsi dans la salle l'orgie dont le signal venait d'être donné sur le théâtre.

Lespès avait à cette époque pris la spécialité des histoires noires, et rien que les titres de ses romans suffiraient pour procurer des cauchemars aux personnes les moins nerveuses : *Une larme de guillotiné, le Crapaud incestueux, les Yeux verts de la Morgue, Historiettes de cimetières, M. de Paris, Entre quatre planches ou Souvenirs d'un déterré, la Jeune fille aux yeux verts, Sarah la mangeuse d'hommes, les Mémoires du couteau de la guillotine*, etc., etc.

Beaucoup de ces romans eurent une grande vogue, et Lespès serait riche maintenant si l'argent ne lui avait pas toujours glissé entre les doigts. En effet, il lui a toujours été plus facile de prêter 500 francs que d'en rendre cinq.

Ce travers est, du reste, celui de beaucoup de ceux qui ont vécu de la vie parisienne et dont Alexandre Dumas était un des plus remarquables spécimens.

Une anecdote à l'appui de ce que je viens de dire.

Tout le monde a connu comme moi, à Paris, Pernot de Colombey, homme charmant, écrivain sérieux et joueur intrépide ; risquant toujours sans sourciller des sommes considérables sur les tapis verts des cercles, et ne voulant pas se résoudre à rendre un louis quand on le lui prêtait ou qu'il jouait sur parole. En vain amassait-il des monceaux d'or devant lui ; il lui était impossible d'en détacher une parcelle pour s'acquitter de la somme la plus mince.

Tel était son cas à mon égard ; si bien que je résolus, un jour que je vis qu'il me fuyait dans la rue, de l'aborder carrément en lui disant : « Voyons, je vous propose une affaire ; vous êtes mon ami. Vous me devez 500 francs ; vous avez toujours de l'argent dans vos poches, vous me fuyez quand vous me voyez : rendez-moi mon argent, ou rendez-moi mon ami, car il m'est bien désagréable de perdre tous les deux à la fois. »

Mon débiteur sourit, nous causâmes quelques instants et j'imaginai ce moyen qu'il accepta et que je transmets aux créanciers malheureux, c'est que, puisqu'il était si mauvaise paye, toutes les fois qu'il me rencontrerait ailleurs qu'au cercle, — considéré comme lieu de refuge, — il me donnerait deux louis, et cela jusqu'à parfait payement de nos 500 francs.

Nous allâmes déjeuner ensemble et nous nous quittâmes les meilleurs amis du monde.

A partir de ce jour, j'inventai toutes sortes de ruses pour le rencontrer le plus souvent possible.

Tantôt j'envoyais une loge de spectacle à sa femme ; il allait la chercher au théâtre ; et à la sortie je l'abordais avec l'air le plus étonné du monde, en lui disant : Tiens ! c'est vous, quel drôle de hasard ; puis je lui glissais tout bas : mes quarante francs !

Et il me remettait scrupuleusement les deux louis convenus.

Un jour, comme il était quelque peu galantin, je lui écrivis au cercle une lettre échevelée que je signai d'un nom de femme et dans laquelle je lui donnai un rendez-vous à la terrasse des Feuillants.

Je le vis arriver de loin, en tenue de conquête, ganté de frais, le chapeau brillant et penché sur le coin de l'oreille ; au bout d'un tour ou deux, il regarda à droite et à gauche ; tout à coup je sortis de derrière un arbre, et, le saluant très-poliment, je lui dis : *Coucou !* c'est deux louis, monsieur Lovelace !

Une autre fois je le faisais inviter à dîner chez un ami commun ; dès qu'il m'avait vu il connaissait son dessert ; c'était deux louis. Je me souviens de lui avoir envoyé, je ne sais de quelle part, pendant le carême, deux places pour aller entendre prêcher M. de Ravignan ; au moment où il descendait les marches de Notre-Dame, il me trouva droit devant lui, comme le spectre de Banquo, et lui demandant la somme convenue. Je lui faisais aussi adresser des billets de concert par les pianistes, avides d'annonces, les Lelogé de l'époque, en leur affirmant que Pernot était un journaliste très-influent qui ne manquerait pas de leur faire d'importantes réclames.

Le total de ces petites fêtes était invariablement pour lui une dépense de quarante francs.

Peu à peu j'avais épuisé tous les moyens de rencontre, et j'avais tant fait que mon débiteur, se tenant sur une remarquable défensive, flairait tous mes pièges et avait déclaré en riant que jamais je ne verrais mes derniers soixante francs.

Un beau matin, il reçut une lettre par laquelle le commissaire de police l'invitait à passer à son cabinet pour y répondre d'une inculpation mal définie.

Arrivé dans le bureau, il y attendit quelques minutes, en compagnie de sergents de ville qui paraissaient examiner avec une certaine attention un client aussi bien vêtu; enfin, on vint le prier d'entrer dans le cabinet du commissaire, M. Trouëssart, qui, le recevant avec toute la politesse imaginable, lui dit :

— Monsieur, M. de Villemessant, ici présent, qui est de mes amis, m'a prié de vous appeler pour une petite affaire qui vous divise. J'espère bien être assez heureux pour tout concilier. Parlez, monsieur de Villemessant.

— Monsieur le commissaire, dis-je, toutes les fois que j'ai le plaisir de me rencontrer avec monsieur, il me donne gracieusement deux louis, et je suis convaincu qu'aujourd'hui qu'il a l'honneur d'être dans votre cabinet, il s'exécutera d'un louis de plus, ce qui fait que nous serons parfaitement quittes ; j'ajoute même que je l'emmène déjeuner avec moi.

C'est ainsi que j'eus raison de mon mauvais payeur.

Je demande pardon au lecteur pour ce déraillement, et je reviens à mon *commandeur*.

Je voudrais bien pouvoir reproduire ici quelques-uns des charmants articles de Lespès quand il entra au *Figaro*, mais l'espace me manque, et je me contenterai de donner quelques courts extraits des physiologies dont j'ai parlé plus haut.

Les tables d'hôtes devaient fournir bien des notes à un esprit aussi observateur que le sien.

Je me rappelle entre autres anecdotes qu'il racontait avec une grâce parfaite, celle d'un vieux colonel, qui, disant à sa voisine : — Ces côtelettes sont bien tendres ! s'entendait répondre par elle d'une voix profondément émue et en levant les yeux au ciel : — Elles n'en sont que plus à plaindre, colonel !

*
* *

Au nombre des physiologies que m'a données Léo Lespès, celle du créancier et du débiteur ont pris une belle place que son expérience en pareille matière leur assignait forcément.

Examinant avec le soin d'un anatomiste, la précision d'un mathématicien, ces deux pôles de la civilisation actuelle, ceux qui doivent et ceux à qui l'on doit, il formule tout d'abord la vérité suivante :

« Il est un axiome philosophique incontestable.
« C'est celui-ci :
« Il est plus difficile d'être débiteur que créancier. »

Passant d'abord aux débiteurs (à tout seigneur tout honneur), il les divise en quatre catégories, quatre variétés aussi distinctes que des familles de plantes dans l'herbier desséché d'un herboriste.

Exemple :

« Il y a, dit-il, quatre manières d'être débiteur et de payer, d'après l'argot des huissiers de Paris.

« *On paye à présentation.*

« *On paye le lendemain.*

« *On payotte.*

« *On arrose.*

« Le débiteur qui paie à présentation est celui devant le nom duquel la Banque de France n'a mis aucun signe néfaste et dont les écus sont prêts la veille de toute échéance.

« C'est un *solide*.

~~~

« Le débiteur qui paie le lendemain, est celui qui porte ses écus à la Banque, et qui court après sa signature, comme cet homme des contes d'Hoffman courait après son ombre.

« *C'est un douteux.*

~~~

« Le débiteur qui payotte est celui qui a des intermittences d'insolvabilité, comme on a des intermittences de fièvre ardente ; — sa caisse est variable comme le thermomètre, son crédit est suspendu au périlleux trapèze de la confiance publique.

« C'est un *verreux*.

~~~

« Enfin, le débiteur qui arrose est celui qui porte des à-compte chez les huissiers, chargés de le poursuivre et dépositaires de ses autographes commerciaux. Victor Hugo a fait critiquer cette façon de s'acquitter par son don César, auquel il a fait dire dans *Ruy-Blas* :

A quoi bon arroser ces vilaines fleurs-là !

« L'homme qui arrose n'est ni un *solide*, ni un *douteux*, ni un *verreux*, c'est un *mauvais*. »

~~~

Et comme il faut que toute vérité soit appuyée d'un exemple, Lespès ouvre immédiatement un registre, où il a collectionné des anecdotes sur le débiteur.

En voici deux ou trois que je détache :

* * *

« Le débiteur a trouvé tout récemment un argument qui semblerait établir sa supériorité sur le créancier ; malgré les préjugés de la foule, et, nous devons le dire à la louange des hommes d'imagination, c'est un homme de lettres qui l'a inventé.

« — Monsieur, disait-il à son tailleur, qui réclamait énergiquement un arriéré de compte, parlez-moi poliment, comme à un homme auquel on doit des obligations.

« — Des obligations ! et pourquoi ?

« — Parce que je vous ai fait travailler.

« — C'est vrai.

« — M'avez-vous fait travailler, vous?

« — Non, répondit le tailleur décontenancé.

« — Pendant que je vous commandais un habit-veste, un pantalon à gravures continues, un gilet à boutons d'os blancs, m'avez-vous commandé un drame en cinq actes, une élégie ou un article de genre?

« — Non, en effet, répondit encore le Humann contrit.

« — Eh bien! jusqu'à ce que vous me fassiez travailler je suis votre supérieur, vous êtes mon obligé et vous me devez la plus entière considération. »

. . . .

J'ajouterai, pour ne rien cacher à nos lecteurs, que l'homme de lettres d'une logique si serrée que Lespès vient de mettre en scène n'était autre que lui-même, ainsi qu'il me l'a confié un jour d'expansion.

Autre exemple :

*
* *

« Les artistes passent à tort pour être de mauvais débiteurs.

« Shéridan, le grand Shéridan, était le débiteur le plus négligent des Trois-Royaumes.

« Un jour, son ami et son protecteur, le prince de

Galles, le rencontre dans les rues de Londres et demeure tout ébahi.

« — Comment! dit l'Altesse royale, vous, Shéridan, vous avez des bottes neuves?

« — Oui, monseigneur; et vous ne devineriez jamais comment je me les suis procurées.

« — Vous les avez empruntées?

« — Non.

« — Vous les avez trouvées?

« — Pas davantage.

« — On vous les a données?

« — Rien de tout cela.

« — Eh bien! dit gaiement le prince de Galles, vous les avez... volées?

« — Encore moins.

« — Alors, s'écrie l'Altesse aux abois, je donne ma langue aux chiens; par quel moyen vous les êtes-vous procurées?

« — Je les ai payées, répliqua froidement Shéridan.

« — Ma foi, dit le prince, je n'aurais jamais deviné celui-là. »

. . . .

Tout entier à l'étude des débiteurs, Léo Lespès nous donne, dans un autre chapitre, au risque de troubler la sécurité de cette intelligente corporation, des exemples de leurs ruses et de leurs précautions.

« C'est un débiteur (M. le duc d'Abr...) qui a inventé *les rues où l'on pave.* Un jour, sa mère, la spirituelle chroniqueuse, voulait passer avec lui dans la rue Richelieu.

« — Non, dit-il, faisons le tour : *on pave.*

« La duchesse se soumit à cette nécessité dont elle n'avait pas vérifié l'exactitude.

« Le soir, chez madame de Girardin, en voyant entrer son fils, elle lui dit pourtant :

« — Léon, je suis passée, il y a une heure, rue Richelieu : on n'y pavait pas du tout!

« — Je le sais, ma bonne mère, répondit le jeune homme, on pave pour moi. »

Une rue où l'on pave, est celle où on ne peut pas passer sans rencontrer une facture vivante.

« On prête à un débiteur une façon assez originale de se débarrasser de son créancier. Notre homme savait habilement fuir l'approche de tout fâcheux ayant à lui faire quelques réclamations. Un jour, pourtant, il fut atteint par un créancier inévitable ; il était à cheval.

« — Monsieur, lui dit celui-ci, vous ne m'éviterez

plus, je l'espère, car j'ai le pas sur vous, quatre pas au lieu de deux.

« Le débiteur ne répondait pas. Il regardait stoïquement la monture de son adversaire.

« — Quand me payez-vous, s'il vous plaît ?

« Le débiteur restait dans le même mutisme ; seulement il examinait les jarrets du cheval.

« — A quoi pensez-vous donc ? exclama le créancier impatienté.

« — Je pense, dit enfin le débiteur, que si le cheval était un trotteur, j'ai un membre du parlement, de mes amis, qui l'achèterait bien 4,000 francs.

« — Un trotteur, s'écria le cavalier, en doutez-vous ?

« — Dame ! c'est une bête fine, délicate, mignonne ; elle galoperait bien, peut-être qu'elle pourrait être moins bonne trotteuse.

« — Ne pas trotter ! ma Betty ne pas trotter !... Voyez ! plutôt...

« Et, piquant des deux, le créancier traversa comme une flèche toute la ligne du boulevard.

« Pendant ce temps, et sans regarder en arrière, le débiteur s'en fut tranquillement du côté opposé, heureux d'avoir pu échapper à cette fâcheuse rencontre. »

. . . .

* *
*

Ici vient se placer sous ma plume un petit épisode à ajouter à la notice sur les débiteurs, et dont le commandeur fut lui-même le héros.

Depuis longtemps Lespès avait fait ses preuves chez un tailleur assez renommé de la capitale; il ne se passait pas de semaine sans que ce dernier lui envoyât quelque ambassadeur pour l'amener à acquitter sa facture.

Lespès, qui avait ses raisons pour cela, se tenait ferme comme un roc.

Un beau matin, pourtant, il se présenta chez lui un envoyé qui avait l'aspect plus expérimenté, la tournure plus délurée que les autres. Rien qu'en le voyant, le débiteur comprit que son créancier lui avait adressé là un commis dont il n'aurait pas aussi bon marché que des précédents.

— Monsieur, lui dit-il en lui présentant un papier avec la plus grande politesse, je viens, de la part de M. L..., pour vous demander de vouloir bien acquitter cette petite facture.

— Mon Dieu! monsieur, répondit Lespès, je suis bien désolé de ce contre-temps, mais je n'ai pas d'argent en ce moment.

— Ne vous serait-il pas possible de me donner seulement un à-compte?

— Un à-compte! vous l'auriez déjà si j'avais pu vous en offrir.

— En ce cas, monsieur, vous m'excuserez, mais j'ai, à mon grand regret, reçu l'ordre de mon patron de ne pas sortir d'ici sans être payé.

— Vous voulez rester?

— Oui, monsieur.

— En ce cas, comme je prévois que la séance sera longue et que j'ai à travailler, permettez-moi de vous offrir ce fauteuil et un journal.

Le commis s'inclina et s'installa dans le fauteuil.

Lespès se remit devant sa table, et un instant après on n'entendait plus que le bruit de sa plume qui courait sur le papier.

Une demi-heure environ se passa ainsi.

Lespès appuya sa main sur un timbre au son duquel apparut un domestique; il lui dit un mot bas à l'oreille; le domestique sortit, mais pour revenir un instant après porteur d'un paquet, très-bien ficelé, et d'une boîte de papier à lettre.

Alors Lespès, lui parlant à demi-voix, murmura :

— Va-t'en, mon pauvre garçon; je te donne congé pour la journée. Dis au concierge que je n'y suis pour personne.

Le domestique sortit.

Lespès tira de sa boîte du papier bordé de noir, et se remettant devant son bureau, commença à écrire, en marmottant, les mots suivants : Ceci est mon testament, etc., etc...

Le commis resta impassible.

Lespès, du reste, ne s'en occupait pas plus que s'il n'avait jamais existé.

Quand il eut écrit environ une page, il ouvrit le paquet et en tira des lisières de drap.

— C'est du Louviers! dit le commis du tailleur, qui éprouvait le besoin de rentrer dans la conversation.

Lespès ne répondit rien; dans le bas d'une armoire, il prit un marteau et des petites pointes de Paris, et cloua la lisière autour des portes et des croisées, après avoir toutefois accroché au dehors une petite cage où gazouillaient deux chardonnerets.

Ce travail opéré, il retira la clef de la serrure, y colla un morceau de papier avec des pains à cacheter, fit de même pour toutes les issues, et finalement installa au milieu de la chambre un petit fourneau chargé de charbon de bois.

— Si vous croyez que vous me faites peur! hasarda le commis un peu agacé par ce manége.

Lespès sourit tristement, alluma une bougie, prit une feuille de papier, l'enflamma et la mit sous le charbon qui commença à crépiter.

— Ah ça ! dit-il, avec inquiétude cette fois, j'espère que vous allez bientôt finir cette plaisanterie.

Lespès s'approcha de son bureau, prit une grande feuille de papier écolier, y traça quelques lignes en gros caractères et la colla avec quatre pains à cacheter sur le mur faisant face à la porte.
Le commis y lut avec une certaine émotion les lignes suivantes :

> *N'accusez personne de notre mort ; c'est volontairement que nous sortons tous deux de la vie, qui n'est plus pour nous qu'un lourd fardeau.*

— Mais, monsieur, dit le tailleur qui sentait déjà une certaine lourdeur dans ses paupières...
— Oh! mon ami, fit Lespès avec la douleur d'un martyr, faites-moi le plaisir de me laisser mourir tranquillement ; et il s'étendit en fermant les yeux dans son fauteuil.

Instantanément, le commis, épouvanté, avait arraché les lisières de la porte et courait de toutes ses forces annoncer à son patron qu'il ne se chargeait plus des recouvrements chez les gens de lettres.

Quant à Lespès, il avait éteint son feu, rappelé son domestique, rentré son chardonneret, et s'était remis à écrire le roman les *Mystères de la Morgue* que le commis avait interrompu.

*
* *

En continuant à feuilleter le *Figaro* de 1850, je trouve à la fin d'un chapitre de Léo Lespès, touchant les hommes de lettres, les lignes suivantes sur un faux républicain, un homme d'un grand talent, un homme d'infiniment d'esprit, qui écrivit ce merveilleux roman qui s'appelle *Mathilde* :

« Eugène Suë, lorsqu'il habitait son palais des Bordes, invita un jour tous ses fermiers à dîner. Le repas était splendide.

« La vaisselle étincelait ; les plats fins, envoyés par Chevet, enivraient ces gourmets rustiques ; mais un plat restait intact, couvert hermétiquement de son surtout ciselé par Fratin.

« — Quel est ce plat ? demandaient les paysans.

« — C'est le dernier plat du dessert, répondait l'auteur du *Juif errant*, c'est un plat de ma façon, il viendra en son temps.

« Les conjectures allaient leur train; les uns pariaient pour une glace immense expédiée par Tortoni. D'autres affirmaient que ce ne pouvait être qu'un gigantesque gâteau fait dans les fours du château d'après les recettes de Carême.

« A la fin, le couvercle fut levé par l'amphitryon ; un cri de surprise s'échappa de toutes les bouches, quelque fatiguées qu'elles fussent par la mastication : le plat était plein de louis d'or !!!

« Le maître, à l'aide d'une cuiller à potage, en mit une dizaine sur chaque assiette, avec un coup d'œil et une régularité qui excluaient tout motif de jalousie ; et quand, par l'effet d'un faux mouvement, un convive n'avait pas son compte :

« — Encore un peu de sauce ! disait-il, en ajoutant ce qui manquait au dîneur émerveillé.

« Allez aux Bordes ! Bien que Suë soit en Savoie, on vous parlera encore du plat de dessert de sa façon. »

**

A propos d'Eugène Suë, je me rappelle l'anecdote suivante que lui-même racontait fort plaisamment :

Au nombre de ses amis intimes était Romieu, dont les anecdotes, les bons mots ont longtemps défrayé les cercles de Paris.

6.

Un jour qu'ils avaient été dîner plus copieusement encore que de coutume, l'un d'eux se sentant fort alourdi par la digestion eut le désir de s'en aller en voiture. Rien de plus facile à Paris ; les deux intimes se dirigent vers une place, et Romieu ayant jeté son dévolu sur un coupé s'empresse d'en prendre possession ; malheureusement pour lui son pied s'engage dans la boucle du marchepied, et il se fait une blessure assez importante à la jambe.

Si vive qu'ait été la douleur, elle ne dégrisa pas Romieu, qui monta dans le véhicule.

Eugène Suë, à travers les vapeurs des vins choisis et variés, se souvint qu'il avait été chirurgien de marine, et il amena chez lui son ami qu'il ne voulait pas laisser exposé aux soins du premier médecin venu.

Arrivé à destination, bien vite il fait coucher son malade, procède au pansement et lui place lui-même un appareil que n'eût pas désavoué Dupuytren.

Puis il va se coucher.

Le lendemain matin, comme on le pense, Eugène Suë n'eut rien de plus pressé que d'aller voir comment se portait son blessé.

— Voyons, dit-il, si l'appareil ne s'est pas dérangé.

Il allait procéder à un premier desserrement quand il s'arrêta tout à coup, stupéfait ; l'appareil n'avait pas bougé, seulement, aussi *ému* que son blessé, il s'était trompé de jambe en le posant !

⁎⁎

J'arrête ici mes citations en m'apercevant que si je m'écoutais je transcrirais tout ce qu'a donné au *Figaro* l'esprit charmant de Léo Lespès : esprit actif et vivace s'il en fut jamais, qui ne se contentait pas de se prodiguer alors comme aujourd'hui en articles, en romans, mais qui cherchait aussi la fortune dans l'exploitation industrielle des lettres.

Sans compter le *Dimanche*, dont j'ai parlé plus haut, Lespès a créé une foule de journaux, dont pas un, malheureusement pour lui, n'a pu réussir, et cela parce qu'homme de lettres distingué, il n'a jamais pu être administrateur. Ce n'était certes pas faute de bonne volonté ni d'inventions pour captiver l'attention du lecteur. Un beau jour il imagina un journal qui donnait droit, pour tout acheteur ou pour tout souscripteur, à un certain nombre de billets de loterie.

Le succès fut tel qu'il réunit ainsi en très-peu de temps une somme de 200,000 francs; dans l'ivresse du triomphe, il les changea en billets de banque et les mit un soir sous son oreiller pour pouvoir dire qu'il avait dormi sur 200,000 francs !

Sommeil et bank-notes furent bientôt évanouis ; un

autre journal succéda à celui-là, puis un autre, puis une foule d'autres. Un surtout m'a frappé dans le nombre; était-il politique, commercial, ou littéraire, je n'en sais plus rien, toujours est-il qu'il donnait à ses abonnés des patrons de couturières, des meubles, des couvre-pieds, de tout enfin, jusqu'à des sachets d'odeur suivant le goût de chacun; les abonnés avaient le droit de choisir leurs parfums; celui-ci un sachet au benjoin, à l'héliotrope, à la violette, à l'œillet, etc., etc. J'ai lu, de mes yeux lu, la lettre d'un officier supérieur en retraite qui écrivait sérieusement : « Je le préfère à la rose ! »

Se figure-t-on la comptabilité du caissier préposé aux odeurs ?

Inutile de dire qu'il n'y avait en tout qu'un seul et unique parfum, et que ceux qui ne recevaient pas le sachet demandé mettaient cet accident prévu sur le compte d'une erreur.

Tous ces journaux sombrèrent à qui mieux mieux, ce qui n'empêcha pas leur fondateur de continuer brillamment sa carrière littéraire, jusqu'au jour où Millaud, créant le *Petit Journal*, y fit entrer Léo Lespès comme chroniqueur, sous le pseudonyme devenu célèbre de Timothée Trimm.

Le succès qu'il y obtint fut sans précédent; il est certain que c'est lui et Ponson du Terrail, par leur prodigieuse fécondité, qui contribuèrent le plus puissamment à faire prendre son essor au *Petit Journal.*

Chaque jour Timothée Trimm devait écrire environ trois colonnes de chronique; jamais il n'y manquait. On comprend qu'à ce métier il ne pouvait consacrer que fort peu de temps au choix de ses sujets, et que bien des fois il a dû commencer son article sans savoir au juste ce qu'il y dirait; dans ce cas, il prenait tout simplement sur le calendrier du jour le nom du saint et laissait aller sa plume.

Il y conquit une immense notoriété; il devint l'écrivain du petit bourgeois, qui le considérait comme un être quelque peu surnaturel.

On eût dû penser que lorsque Timothée Trimm quitterait ce journal, dont il avait si longtemps été, non pas le premier, mais l'unique ténor, il emporterait sa clientèle avec lui; il n'en fut rien, et il suffit à Millaud, lorsqu'il passa au *Petit Moniteur,* d'inventer un nom qui ressemblât au sien, pour continuer, avec Thomas Grimm, le succès étonnant que le *Petit Journal* avait obtenu avec Timothée Trimm.

Arrachons ici une illusion aux populations en leur apprenant que Thomas Grimm n'est pas le nom d'un personnage vivant, mais la raison sociale d'un certain nombre d'hommes de lettres qui, moyennant une somme de 50 francs, rarement plus, ajoutent chaque jour un fleuron à la couronne de ce pseudonyme. On retient tel sujet, tel jour, tel anniversaire auprès du directeur, qui se charge, en relisant l'article, de lui donner la forme *bonhomme* qui sied au genre inventé par Léo Lespès.

COMMENT ON MANGE A PARIS.

I

J'ai dit, dans la dernière partie de mes Mémoires, que Léo Lespès était un gourmet, qu'il avait introduit d'utiles et agréables innovations dans les restaurants où il dînait. Comme le restaurant est une des étapes les plus importantes de la vie parisienne, rien qu'à son nom commence dans ma cervelle le défilé de tous les restaurants que j'ai vus de près ou de loin à Paris, je crois que les remarques que j'ai faites sur ce sujet peuvent être de quelque intérêt pour mes lecteurs : bien vite je les aligne sur le papier.

Espérons que je me tirerai convenablement de ce

sujet délicat; en tous cas, je suis certain qu'il n'occasionnera aucune algarade au *Figaro*, et que, quoi que je dise en parlant cuisine, je n'aurai rien à redouter des rigueurs de Trouville où siége en ce moment le gouvernement.

*
* *

Tout d'abord je poserai ce principe en axiome :
« Jamais on ne dîne mieux que chez soi. »

Si le hasard ou plutôt la Providence vous a donné une bonne cuisinière, faites tout au monde pour la garder ; vous êtes familiarisé avec son caractère, avec sa façon de comprendre *la danse de l'anse du panier* et vous ne savez pas ce qu'un autre cordon bleu peut vous apporter de nouveaux défauts.

De plus, vous vous économiserez l'ennui de vous entendre poser par les candidates à l'honneur d'écumer votre pot des questions dans le genre de celles-ci :

— Madame, fait-on *le chien* chez vous ?

Faire le chien, dans le dialecte des bonnes, c'est suivre sa maîtresse quand elle va elle-même au marché.

Ou bien :

— Madame donne-t-elle de grands dîners ?

Si vous répondez non, ne croyez pas faire plaisir à votre cuisinière : elle aura en un instant envisagé qu'il lui faut renoncer aux bénéfices résultant du désarroi que mettent ces grands repas dans une maison, sans compter les remises faites par les fournisseurs, etc., etc.

Bienheureux encore quand les questions ne vont pas plus loin. J'ai dernièrement entendu une bonne demander sérieusement à la maîtresse de la maison chez qui elle devait entrer, s'il fallait lui servir sa tasse de café au lait ou de chocolat le matin.

— Vous comprenez, Madame, ajoutait-elle, que c'est là le service d'une femme de chambre, et que les attributions d'une cuisinière sont tout autres.

Il en est qui demandent :
— Qui rince les verres ?
— Qui nettoie les couteaux ?
— Quel boucher vous fournit ?

J'ai entendu moi-même un jour le dialogue suivant entre une bonne qui se proposait et une dame qui lui expliquait les habitudes de la maison :

— Ma fille, disait la dame, je vous laisserai tous les dimanches le temps nécessaire pour aller entendre la messe.

— Madame est bigote ? demanda la future domestique avec un demi-sourire ; puis elle ajouta avec condescendance :

— Au fait, ça m'est égal, toutes les opinions sont libres !

Je m'arrête, la liste du questionnaire employé par les domestiques à l'égard de leurs maîtres serait trop longue pour être enregistrée ici.

Il est vrai de dire que s'il y a de bien singuliers personnages dans le camp de ceux qui servent, il y en a aussi de bien curieux dans celui de ceux qui sont servis.

Un parvenu qui cherchait un valet de chambre reçoit un matin la visite d'un brave garçon, qui lui est recommandé par un de ses amis, comme réunissant toutes les qualités qu'on peut demander à un bon domestique.

Cette fois, c'était le maître qui posait des questions, et sa façon de s'informer de la probité de son futur valet de chambre lui parut si blessante que celui-ci lui répondit froidement et avec hauteur :

— Pardon, Monsieur, je vois que nous ne pourrons jamais nous arranger ensemble ; j'ai toujours eu des maîtres, moi, et vous n'avez pas toujours eu des domestiques !

*
* *

Je reviens à mon sujet, et pour prouver la vérité de l'axiome : On ne dîne jamais mieux que chez soi, il me suffira de citer le patriarcal pot-au-feu, que nul restaurateur ne vous donnera escorté des légumes et des choux auxquels la nature l'a si étroitement lié.

Puisque nous parlons pot-au-feu, il me paraît utile d'indiquer à mes lecteurs, ou plutôt à mes lectrices, comment on obtient ce plat, qui est la pierre angulaire même de la cuisine française.

Tout d'abord, je déclare qu'un bouillon pâle, fût-il le meilleur du monde, ne trouvera jamais grâce devant moi. Est-ce parce que dans mon enfance on y mettait invariablement de l'oignon brûlé ? Je n'en sais rien ; mais ce qui prouve que la coloration est une qualité indispensable au bouillon, c'est que partout où le pot-au-feu est bien conduit, on y ajoute toujours quelque ingrédient destiné à donner une nuance foncée à l'eau dans lequel il doit bouillir.

Déjà convaincues de ce principe, les ménagères d'autrefois avaient l'habitude de prendre des carottes, de les fendre dans leur longueur et de les mettre par deux fois sécher au four sur des claies ; quand venait l'hiver, on prenait une de ces carottes, qui, mise dans le pot-au-feu, rendait le même service qu'un oignon brûlé dont le goût ne convient pas à tout le monde.

Mais il ne suffit pas de carottes desséchées ni d'oignons brûlés pour donner au pot-au-feu toutes les qualités qu'il ne peut puiser seulement dans le morceau de viande qui en est la base.

Je suis, je l'avoue sans modestie, de première force

dans tout ce qui concerne la confection de ce produit éminemment national, et c'est pourquoi je me permets de réunir ici quelques-uns des grands principes qui ont concilié toutes mes sympathies au pot-au-feu.

D'abord (je ne le dis que pour mémoire), il est bien entendu, n'est-ce pas, que tous les os qu'on possède dans son office, os de gigot, etc., etc., appartiennent de droit à la marmite; j'ajouterai qu'il est indispensable, quand on doit manger un lapin, d'en faire cuire la tête dans le pot-au-feu; on obtiendra ainsi un bouillon que je déclare incomparable.

Ne vous en tenez pas là, et quand arrive la saison où l'épi du blé de Turquie commence à se former, coupez-en un, débarrassez-le de sa carapace et de ses filaments et mettez-le aussi dans votre marmite; mettez-y de même à une autre époque une tomate, en ayant préalablement bien soin de l'entourer d'une résille de ficelle qui empêche les pépins de se répandre dans le bouillon. Celui qui ne sera pas sensible au parfum que ces ingrédients ajoutent au consommé, sera certainement un homme à plaindre.

Je terminerai en disant que ceux qui aiment véritablement manger un bon potage gras devront, s'ils ont une vieille poule dans leur basse-cour, la joindre à leur pot-au-feu. Que les ménagères ne disent pas que c'est là une volaille perdue ; servez-la accompagnée d'une sauce *pauvre homme*, faite de vinaigre et de cerfeuil haché menu, et les hommes de cœur sauront lui faire honneur.

N'oubliez pas non plus, quand on mange le potage, d'avoir, comme on fait en Normandie, un petit plat d'oseille cuite sur votre table ; une cuillerée par assiette ajoutée à votre soupe lui donne un excellent relief.

Puisque j'ai commencé à dévoiler des recettes culinaires, je ne m'arrêterai pas en si beau chemin sans indiquer la manière de manger le meilleur potage au potiron qui existe. Ce sont les frères Lyonnet qui me l'ont révélée à Chambon, et c'est à eux que la postérité en devra être reconnaissante.

Ils m'ont donné eux-mêmes leur secret, que je livre aujourd'hui à mes lecteurs.

⁂

Faire revenir dans du beurre bien frais des tomates coupées en quatre (autant de tomates que de convives), y joindre des oignons coupés par morceaux, puis un bouquet de persil, thym, laurier ; ajouter une gousse d'ail.

Couper, par morceaux du potiron, en enlever l'écorce ; faire bouillir. Faire cuire des haricots blancs, flageolets ou de Soissons.

Quand le potiron est bouilli, quand les tomates sont cuites, enlever le bouquet et la gousse d'ail, piler le potiron et les tomates dans une passoire, verser le tout avec les haricots, laisser bouillir encore un peu, mettre sel et poivre et verser sur le pain taillé.

Si l'on a un peu de bouillon à ajouter, la soupe n'en est que meilleure.

Une de mes parentes, remarquable *gourmette*, a encore perfectionné ce potage en y ajoutant un léger coulis d'écrevisses.

Essayez et dites-moi ce que vous pensez du potage Lyonnet.

Il est bien évident que beaucoup de mes abonnés vont s'empresser de faire faire par leurs cuisinières le potage que je viens d'indiquer; la seule récompense que je leur demande, c'est de m'inviter à dîner avec eux ce jour-là; j'accepterai sans façon, convaincu qu'il n'y a pas de démocrates parmi eux.

Seulement, je dois prévenir de ceci que, comme madame Mélanie Waldor, qui disait, quand on l'invitait à un bal : — « Je ne viens pas sans mes valseurs » —(ils étaient quatorze!) je n'accepterai aucune invitation sans ma rédaction qui se compose de dix-huit personnes.

Peut-être bien que cette dernière condition fera

réfléchir mes futurs amphitryons, mais je devais au moins les prévenir avant de leur amener un nombre aussi considérable de convives.

Autre recette, moins compliquée, qui me revient à la mémoire.

Quand vous mangez une sole frite, demandez qu'elle vous soit servie sur un réchaud. Ayez soin d'ouvrir votre sole en deux, enlevez complétement l'arête, détachez délicatement les quatre filets et mettez sur chacun d'eux un petit morceau de beurre; la chaleur le fera fondre immédiatement, salez un peu, poivrez beaucoup, exprimez un jus de citron entier ; remettez vos filets l'un sur l'autre comme ils se trouvaient avant le désossement; pressez-les légèrement, arrosez votre sole avec le jus qui en sort; mangez et dites-moi, si vous le voulez bien, ce que vous pensez de mon procédé.

Évidemment les esprits jaloux et chagrins m'accuseront d'ambitionner ici la réputation d'Alexandre Dumas et de Brillat-Savarin ; à ceux-là je répondrai que depuis que je me connais j'ai toujours analysé ce qui m'était offert, et qu'en ce qui concerne la cuisine, je redoute peu le jugement de mes contemporains; que ceux de mes lecteurs qui ne croient pas à mes talents culinaires veuillent bien m'apporter un beau panier de champignons, je me charge de les accommoder et de les leur faire manger à déjeuner ; peut-être bien trouveront-ils que je n'ai pas assez ménagé le beurre, mais la question n'est pas là ; ils auront goûté d'un plat que peu de cuisiniers seraient capables de leur confectionner aussi bien que votre serviteur.

Car, il faut que je l'avoue, moi aussi j'ai rêvé de fonder un restaurant ; mais quel restaurant !

C'était avec Roger ; oui, Roger le ténor, que nous devions créer, dans le local occupé aujourd'hui par Renard, le tailleur, au coin du boulevard des Italiens, un immense buffet qui se serait appelé le *Buffet de Paris*, et que nous aurions fait gérer par une célébrité de la partie.

J'avais imaginé quelque chose dans le genre des grands buffets des gares de chemins de fer ; de luxe, il n'en était pas question ; je ne voulais ni clinquant ni dorures, mais d'immenses salons, bien aérés, et où l'on ne vît que du marbre et du chêne.

Je voulais faire de cet établissement le marchand de vin des gens comme il faut.

Tout devait y être grand et confortable. Ainsi, pour la cheminée, j'avais déjà fait prendre le modèle de celle de la salle des gardes du château de Blois ; en hiver, on y eût brûlé d'énormes bûches, presque des arbres ; ses dimensions étaient telles, que devant ces immenses flambées on se serait trouvé immédiatement réchauffé des pieds à la tête.

Des huissiers, la chaîne au cou, étaient chargés de recevoir les consommateurs, de leur indiquer la partie du buffet où ils devaient trouver ce qu'ils désiraient.

De plus, une rangée de jeunes chasseurs — semblables à ceux qu'on voit au chemin de fer de l'Ouest et au Grand-Hôtel, — serait restée en permanence pour faire les courses des clients.

Et comme les frais de loyer d'un tel emplacement devaient être considérables, j'avais avisé aux moyens de m'en débarrasser de la manière suivante :

Je plaçais contre les murs, aux endroits les plus apparents du buffet, de vastes plaques de marbre sur lesquelles on aurait lu en lettres d'or, les noms et les adresses des principaux commerçants de Paris ; tout naturellement, en raison de l'énorme affluence du monde, une telle publicité fût devenue une affaire des plus lucratives.

Mon public devait se composer surtout des Parisiens qui vont de bonne heure à leurs affaires, et qui, avant de déjeuner substantiellement, prennent soit une demi-tasse de chocolat, soit un sandwich et un verre de vin de Madère, un tasse d'excellent bouillon chaud ou froid.

Je voulais aussi avoir la clientèle des gens de Bourse qui, épuisés, fatigués, salis par les cris, les conversations, les poignées de main, auraient trouvé au *Buffet Parisien* des cabinets de toilette avec lavabos, et se seraient remis en état d'aller faire un tour de boulevard ou de bois avant l'heure du dîner.

Ajoutons qu'ils eussent pu se procurer là, non-seulement de quoi écrire, mais un télégraphe, une boite à lettres, etc., etc.; il est bien évident que de la sorte, le *Buffet Parisien* serait devenu un centre où l'on aurait pris l'habitude de se donner rendez-vous.

Mais pour moi le public le plus précieux devait être celui qui sort vers minuit des théâtres.

En effet, il est arrivé à tous ceux qui vont au spectacle de se presser pour dîner, dans la crainte de ne pas partir à temps; les dames, les jeunes filles, toutes à leurs toilettes, au plaisir de voir la pièce nouvelle, n'ont que peu ou point mangé; et, pour comble de malheur, trouvent la plupart du temps des comédies dans lesquelles la *scène* dite *de la table* vient invariablement leur rappeler que leurs estomacs sont quelque peu creux.

Pour moi, je dois avouer que toutes les fois que j'ai vu un acteur attaquer d'un air affamé un pâté, un poulet ou un homard de carton, feindre de dévorer d'excellentes choses et de savourer des vins de choix, j'ai toujours éprouvé de vifs tiraillements d'estomac, et j'ai remarqué aussi que mes voisins (au *Duc Job*, par exemple) se regardaient et semblaient se dire : « Mais moi aussi je prendrais bien un verre de sauterne. »

C'est là qu'était l'idée capitale de mon buffet.

Tout ce public, plus ou moins affamé, se trouve à minuit sur le pavé de Paris; il voudrait bien ne pas faire un grand repas, mais il serait ravi de se mettre quelque chose sous la dent.

Impossible d'entrer chez les restaurateurs qui restent ouverts la nuit; une bonne famille de bourgeois, composée du père, de la mère, d'un ou deux enfants, ne consentira jamais à s'attabler dans un cabinet et à dépenser cinq louis pour manger un perdreau et quelques crevettes. Elle rentrera chez elle et soupera tant bien que mal, à moitié endormie, des restes du dîner.

Mon buffet étant créé, j'avais bien soin de faire insérer chaque jour dans le programme des théâtres, juste à côté des noms des acteurs, le menu du jour.

Par exemple, à l'époque du carnaval, on eût lu : Ce soir, crêpes et beignets au Buffet Parisien; un autre jour, tel ou tel potage queue de bœuf, tortue, etc., etc.;

un soir, c'eût été la *salade Meyerbeer*, dont Roger a donné la recette dans son Carnet d'un ténor; le lendemain, c'eût été un arrivage de tel ou tel comestible; enfin, je n'eusse rien négligé pour tenir mon public en éveil sur tout ce qu'aurait fait le Buffet Parisien.

Vous comprenez que la famille dont j'ai parlé plus haut, ayant discuté son menu pendant les entr'actes, ne pouvait manquer de venir le manger à la sortie du spectacle. Elle se tenait debout si cela lui plaisait, assise dans de petits boxes devant une table de marbre blanc si elle le préférait; elle se faisait servir soit une tranche de pâté de foie gras, soit quelque viande froide, filet et jambon, soit des écrevisses, une truite, des fruits, de la pâtisserie exquise et toujours fraîche, ou quelque autre comestible. Ajoutez que, si l'idée venait de prendre du champagne frappé, on n'était pas obligé de demander une bouteille entière et qu'on devait en donner un verre ou deux, suivant le désir du consommateur.

Voilà pour les soupers, et Dieu sait si les restaurateurs de nuit eussent trouvé là une redoutable concurrence!

Dans la journée, surtout en été, j'aurais voulu avoir un assortiment permanent de toutes les boissons imaginables : les bières anglaises, allemandes, belges, américaines; les sorbets à la neige, à la glace, le refino de Cataluna, les horchata de Chufas, les barquillos des Espagnols, le gingerbeer, le half-and-half, l'Irish-Wisky-grog, l'Old Tom des Anglais, le Sherry-Cobler des Américains, la limonade de tamarins, le mabbie d'ananas, le kwass des Russes, les boissons des Italiens, des Brésiliens, qu'elles se prennent au verre, à la cuillère ou à la paille, enfin tout ce qui peut désaltérer. Non-seulement chaque consommateur serait venu y demander son breuvage national, mais les Parisiens aussi eussent été ravis de s'initier ainsi à peu de frais aux habitudes étrangères.

Ajoutez que j'aurais eu un étalage immense, une montre derrière laquelle on eût vu courir comme dans des aquariums des homards vivants, des poissons monstrueux, sans compter les légumes, les fruits de choix, et tout ce qui fait la fortune des vitrines des restaurateurs du Palais-Royal.

On serait entré acheter au *Buffet Parisien* des comestibles à emporter, tout comme on le fait chez Chevet, et grâce au débit énorme de mes marchandises on se fût toujours plus avantageusement approvisionné chez moi qu'autre part.

Quelque bonne qu'ait été cette idée, le hasard voulut que je n'y donnasse pas suite. Peut-être sera-t-elle reprise par un autre. En tout cas, j'indique à cet autre l'emplacement des *Villes de France*, donnant accès par la rue Richelieu et la rue Vivienne, comme le meilleur qui se puisse trouver maintenant à Paris.

Il est bien évident que si j'eusse mis ce projet à exécution, au lieu de fonder le *Figaro*, je n'aurais que des amis à Paris, d'autant plus que pour donner plus de solennité à l'ouverture du *Buffet Parisien* j'aurais, de même que les théâtres font des *services de premières*, offert pendant trois jours des entrées gratuites à tout ce qui a un nom à Paris, arts, finances, presse, etc., etc.

L'idée est toujours excellente ; je la soumets aux industriels d'aujourd'hui.

En tout cas, qu'elle soit prise ou non, il est certain, je le répète, que si je l'avais réalisée moi-même, je n'aurais pas un seul des ennemis que le gouvernement m'a procurés en me jetant dans la politique, le jour où il a supprimé mon *Figaro* littéraire.

Peut-être bien aussi que j'eusse fait fortune et que je serais aujourd'hui tranquillement retiré et vivant de mes rentes.

Il est vrai que mes amis eux-mêmes, ceux qui se vantent de me connaître le mieux, affirment que je suis fait pour travailler, que je ne saurais pas me reposer, et que si j'abandonnais mon journal, ce serait pour en fonder un autre huit jours après.

Rien à répondre à cela.

C'est exactement comme si l'on soutenait à une personne atteinte de la gale qu'elle ne saurait s'en passer, et que si elle en guérissait, elle mourrait de l'ennui de ne plus pouvoir se gratter.

Eh bien ! qu'on ne croie pas que je ne saurais pas utiliser mes loisirs.

Voici comment je réglerais ma vie :

Je passerais à Nice les mois de décembre, de janvier, de février et de mars ; à Paris les mois d'avril et de mai ; à Enghien les mois de juin et de juillet; au bord de la mer, août et septembre ; à Enghien le mois d'octobre, et à Paris le mois de novembre.

Je m'engage, à partir du jour où je pourrai mener cette vie-là, à ne plus connaître le *Figaro*, et de plus, à ne lire aucun journal.

Mais, hélas ! comme Ixion, il faut que je tourne toujours ma roue.

Revenons au pot-au-feu, que nous avons laissé bien loin !

Si par hasard le bœuf bouilli existe en dehors des cuisines particulières, ce n'est que dans les cercles qu'il est possible de le trouver.

Là, par exemple, vous le rencontrerez dans toute sa splendeur ; j'ajouterai qu'il y a même meilleure apparence que celui qu'on obtient chez soi, où il est invariablement trop cuit; impossible à découper, puisqu'il tombe en haillons.

Les chefs des Cercles, et particulièrement celui du Cercle des Chasseurs (cercle Bigi), usent, pour le conserver ferme et savoureux, du procédé suivant :

Quand il s'agit de faire un excellent bouillon, ils mettent dans leur marmite un morceau de bœuf qui jamais ne paraît sur la table; on le laisse livré à lui-même; on ne lui demande que de produire de bon potage, et on en tire toute la partie nutritive, *l'osmazôme*, comme disait Brillat-Savarin.

Quant au morceau de choix qui est énorme et qui doit être servi aux convives, il est, avant d'être plongé dans l'eau, soigneusement enveloppé et ficelé dans un linge très-fin; n'oublions pas de dire que ce morceau doit être entouré d'une certaine épaisseur de graisse, afin que tous les convives en aient une part à peu près égale; on le laisse mijoter juste le temps nécessaire à la cuisson, et quand il arrive sur la table, il présente non-seulement la plus belle apparence aux lames qui le coupent comme des tranches de pâté, mais il est encore pourvu de toute la partie nutritive, qu'il aurait perdue si on l'eût laissé s'épuiser à produire du bouillon.

J'ajouterai qu'il est indispensable de servir en même temps un plat de choux cuits avec le bœuf et escortés d'un pot de moutarde de Dijon, pour que les hommes dignes de ce nom n'aient plus rien à désirer.

Ceux qui me connaissent éprouveront certainement autant d'étonnement à me voir parler cuisine que j'en ai moi-même à penser qu'après ce préambule je vais passer pour un gourmet.

Gourmet, je ne le suis point, mais j'ai le sentiment du bon, et quoiqu'on me plaisante sur ma facilité à accepter sans murmurer toute espèce de *fricot*, comme on dit au village, j'ai toujours su au juste ce que valaient, au point de vue de l'art, les aliments qu'on mettait sur ma table.

Et maintenant, parlons sérieusement d'un plat qui en vaut la peine.

Les véritables Blaisois peuvent seuls apprécier les regrets que les haricots rouges ont laissé dans mon cœur ; au lieu de ces haricots rouges trop cuits qui n'apparaissent à Paris que sous forme de mortier ou de ciment, on ne nous servait là-bas, le vendredi, que des haricots qui avaient conservé leur forme, cuits qu'ils étaient à l'étuvée sur la cendre chaude et imprégnés du goût d'un beau morceau de lard et de vin rouge, leurs compagnons indispensables. Notre vieille bonne Toinon se relevait la nuit pour les surveiller. On en faisait toujours assez pour qu'il en restât le lendemain ; nous les mangions réchauffés. Car, quoique Boileau ait avancé :

> Qu'un dîner réchauffé ne valut jamais rien,

je soutiendrai contre lui qu'il est des mets, au contraire, qui ne prennent leur valeur qu'après avoir vu le feu pour la seconde fois, témoins les haricots rouges, la matelotte, le civet de lièvre, les épinards, les choux, le bœuf à la mode, etc.

Pour en finir avec les haricots, on n'oubliait pas, en les servant, de les saupoudrer d'une assez forte poignée de poivre. Le progrès aidant, ce pauvre Hoffmann, des Variétés, avant de manger ses haricots rouges, les assaisonnait non pas d'un peu, mais de trop de poivre, auquel il ajoutait une cuillerée à bouche d'huile d'olive ; faites-en autant et vous vous en trouverez bien ; car vous remarquerez qu'en le traitant ainsi on fait perdre au haricot le goût de savon qu'il est toujours tenté d'avoir ; on lui donne un parfum de noisette, et on le rend léger aux estomacs les plus paresseux.

Voilà ce qu'était le haricot de mon pays, si cher à mes compatriotes, que, si une ménagère de Blois créait un restaurant comme celui de la mère Morel, où elle ne vendrait que des haricots rouges, des rillons, des rillettes, des andouilles de Blois, du boudin blanc, des matelottes de lamproie, de la crème de Saint-Gervais dans les petits pots de grés recouverts d'une feuille de vigne, mes compatriotes y viendraient tous : ce serait une véritable souricière à Blaisois.

***

LES RESTAURANTS.

Pour celui qui n'examine que superficiellement les ressources culinaires de la capitale, il semble qu'elles soient immenses et qu'il n'y ait que l'embarras du choix pour trouver un bon dîner.

Erreur grave. On compte tout au plus une douzaine de maisons dans Paris où l'on puisse bien se nourrir, et encore ne faut-il pas leur demander indifféremment tous les mets.

Il me serait impossible d'énumérer les restaurants où l'on peut dîner convenablement sans avoir prévenu ; mais je puis citer les maisons où l'on est certain de trouver un bon repas en le commandant d'avance.

Non-seulement aucun restaurant n'est semblable à un autre, mais encore il n'est pas rare de trouver des différences sensibles dans le service d'une même maison.

Ainsi, chez Paul Brébant, la cuisine qui est faite pour le rez-de-chaussée est tout autre que celles des salons du premier et des cabinets ; au rez-de-chaussée abondent les Parisiens pur sang, les littérateurs, les boursiers, etc., tous gens pour qui déjeuner au restaurant n'est pas un extra.

Pour ceux-là il faut une cuisine simple, presque bourgeoise ; le plat à succès est le navarin agrémenté de petits pois, suivant la saison, qui s'était déjà concilié autrefois des sympathies sous le nom plus modeste de « haricot de mouton. » L'écueil de ce mets qui paraît bien facile à accommoder est dans les morceaux trop gras qui sont trop nombreux chez la plupart des restaurateurs ; viennent ensuite les chateaubriands qui ont remplacé le classique bifteck et ont le double d'épaisseur.

Disons, en passant, que le nom de l'auteur du *Génie du Christianisme* a été donné à ce genre de biftecks parce que lorsqu'il était ambassadeur à

Londres, son cuisinier, homme des plus remarquables, avait imaginé une nouvelle façon de cuire les pommes de terre qui accompagnent le morceau de filet dont il avait doublé l'épaisseur.

Qui sait si le nom de Chateaubriand ne sera pas plus connu de la postérité, à cause des biftecks dont je parle, que par son bagage littéraire?

Et puisque j'ai commencé à dire à mes lecteurs l'origine du chateaubriand, il faut que je leur apprenne la généalogie de quelques plats célèbres.

Par exemple :

La sole normande, si remarquable, qu'on mange chez Philippe, a été inventée par Borel, le maître de l'ancien *Rocher de Cancale.*

L'écrevisse bordelaise est tout à fait étrangère à la Gironde. C'est Deffieux, le restaurateur célèbre du boulevard du Temple, qui l'a mise au jour et baptisée.

Le tournedos doit son nom à Véron, qui, fatigué au café de Paris de voir servir tous les jours un filet de bœuf à la table à laquelle il prenait ses repas avec quelques amis, demanda au garçon d'inventer autre chose. Le chef eut l'idée de le couper par petits morceaux; le plat ne fut plus présenté sur la table, on le fit circuler tout de suite derrière les convives, et c'est ce qui lui valut le nom de tournedos.

Quant au homard sauté, le homard à l'américaine à qui vingt restaurateurs se vantent d'avoir donné le jour, comme les villes grecques se disputaient l'honneur d'avoir été chacune le berceau d'Homère, on le doit à Malleval qui tenait près du Jardin des Plantes un établissement existant encore aujourd'hui, et dont l'enseigne est : *Au feu éternel de la vestale.*

Pour moi, les principales maisons de Paris sont, aujourd'hui :

Le café Anglais,
Bignon,
Le café Riche,.
La Maison-Dorée,
Brébant,
Champeaux,
Le restaurant Gaillon,
Philippe,
Le café d'Orsay,
Ledoyen,
et la Cascade du bois de Boulogne.

Sans compter les maisons à spécialités qui ont le monopole soit des pieds de mouton, comme le restaurant séculaire Didier, rue de Vauvilliers, soit des tripes à la mode de Caen comme Jouanne, de la matelotte comme les Marronniers de Bercy, du gras-double comme l'établissement de la rue de la Poterie. Notons en passant que la véritable matelotte, la classique matelotte, se compose invariablement d'anguille, de tanche, de carpe et de — ne vous étonnez pas! — et de quelques cuisses et ailes de poulet!

Comme on le pense bien, toutes les maisons ne se recommandent pas par les mêmes qualités; la cuisine y est plus ou moins bonne, le service plus ou moins soigné; ou bien c'est par leurs vins que certains restaurants ont fait leur réputation.

Les caves du café Anglais, par exemple, avaient une réputation européenne; outre qu'elles sont merveilleusement approvisionnées, elles sont assez spacieuses pour qu'on ait maintes fois pu y donner de grands repas.

Il est certain que le Palais-Royal a beaucoup perdu de la célébrité dont il a joui autrefois; quelques grandes maisons ont disparu et les autres sont moins fréquentées, malgré les étonnants étalages de légumes, de poissons, de fruits monstrueux qui sont accumulés derrière leurs vitres.

La faute en est bien aux négociants qui, en demandant la suppression de tout ce qui faisait la vie du Palais-Royal : les jeux, etc., en ont à tout jamais banni les étrangers qui arrivaient des quatre coins de l'Europe.

Au Palais-Royal, comme autre part, il faut commander d'avance pour faire un véritable déjeuner ou dîner.

Encore est-il nécessaire de savoir au juste ce qu'il faut demander dans certaines maisons; chacune a sa spécialité, et le véritable gourmet parisien sait bien où il doit aller pour manger tel ou tel plat.

Exemple. (Pardon, je vais encore parler de haricots.)

Il est bien évident que si je veux manger des *haricots bretonne* chez Véfour, le garçon ne saura même pas ce que je lui demande et me donnera des haricots comme partout; mais, pour les avoir comme on ne les donne nulle part, j'irai de préférence chez Brébant; c'est à lui aussi que je m'adresserai quand il me plaira de manger une belle carpe du Rhin à la Chambord, farcie, desossée, entourée de laitances et de ces mille ingrédients dont il a le secret; c'est encore à lui que je demanderai des moules marinière convenablement apprêtées; au lieu de ce maigre petit bol de ruolz qui renferme plus que votre compte de coquilles (vérifiez, vous verrez si je dis vrai), on vous servira une grande quantité d'énormes moules sur un plat long, où vous n'aurez que la peine de les choisir, et où vous trouverez une sauce irréprochable.

Voulez-vous un succulent filet braisé aux tomates et aux champignons farcis, roux dessus, saignant dedans, avec un véritable coulis de truffes, allez vite à la Maison-Dorée, commandez-le la veille et ayez bien soin par exemple en le mangeant de ne pas vous préoccuper du prix.

Désirez-vous faire un excellent dîner? Allez chez Bignon, au coin de la rue de la Chaussée-d'Antin : tout y est bon, mais fort cher; c'est là que vous mangerez les plus beaux œufs de Paris.

Pour les avoir tous d'une grosseur peu commune, le préposé aux œufs rejette impitoyablement tout œuf qui passe dans un anneau, une sorte de rond de serviette qui est le calibre des œufs de la maison.

A Champeaux, je demanderai des plats sérieux; c'est là une vieille réputation qui attire encore aujourd'hui la vogue de la province; le Parisien y vient relativement peu et le traite comme il faisait autrefois du théâtre du Vaudeville.

Appelé toute la journée par ses affaires sur la

place de la Bourse, il n'a pas le courage d'y revenir le soir et cherche au contraire un centre qui lui permette d'oublier un instant son travail.

C'est un tort, car tout y est bon, et les académiciens qui s'y réunissent périodiquement le savent bien.

Autrefois, on y dînait dans une cour ombragée d'arbres; mais le vent, la pluie, la poussière, tous ces inconvénients du plein air, ont donné au maître de l'établissement l'idée d'enfermer son jardin sous un immense vitrage où l'on dîne à merveille.

Voilà certes une belle réclame bien gratuite pour le restaurant Champeaux; mais la vérité me force à reconnaître que, lorsque j'y ai mené dîner quelques amis, les poulets chasseur, les aubergines farcies au gratin et les pieds de mouton leur ont paru incomparables.

Je dirai aussi à mes lecteurs avides d'une orgie de saumon qu'ils doivent aller sans hésiter chez Ledoyen, aux Champs-Elysées, où, tous les soirs, on voit s'avancer deux garçons dont l'un porte sur ses bras un poisson gros comme un enfant de cinq ans, dont il vous sert une large tranche rosée, et l'autre soutient une grande urne d'argent d'où il vous verse plusieurs cuillerées d'une sauce verte, dont le secret est inconnu des autres restaurateurs.

Au café Riche appartiennent les potages à la Reine,

les tapiocas Crécy, et surtout la sauce Riche, faite d'un beurre extra superfin, mêlé à des jaunes d'œufs et sans le plus petit atome de farine.

Pour celui qui sait ce que vaut le beurre superfin à Paris, il est évident que le café Riche ne peut pas gagner sur cette sauce-là.

Chose singulière, une maison, en se déplaçant, est obligée parfois de perdre une spécialité ; c'est vainement qu'on chercherait aujourd'hui chez le Brébant du boulevard Poissonnière la fameuse timbale, le gigot de chevreuil aux confitures qu'on trouvait chez lui, alors qu'il était établi rue Neuve-Saint-Eustache.

En revanche, il a toujours la spécialité des cailles sous la cendre, qui étaient fort appréciées aux Tuileries.

Comme tous les autres arts, l'art de dîner chez le restaurateur exige de longues et dispendieuses études.

Une des premières conditions pour faire un bon repas au restaurant, c'est de n'y demander que les mets qu'on ne peut pas avoir chez soi.

Mettez en première ligne les gratins et les fritures; jamais, quelque talent qu'ait votre cuisinier ou votre cuisinière, vous n'obtiendrez de ces merveilleuses fritures qu'on ne peut faire que dans d'énormes poêles, où la graisse brûlante noie dans ses flots les pommes de terre ou les poissons que vous y jetez.

Si bien monté que soit votre laboratoire culinaire, vous qui me faites l'honneur de me lire, possédez-vous seulement dans votre office un pot de graisse pour la friture du poisson, un pour les marinades (volailles, artichauts) et un autre pour la friture des entremets sucrés? Avez-vous jamais vu sur votre table ces belles pommes de terre soufflées autour desquelles la friture s'attache et se gonfle en coques légères et appétissantes?

Je vous dirai bien que, pour obtenir un si beau résultat, il suffit de laisser mijoter une première fois la pomme de terre dans la graisse, de l'égoutter, de la remettre ensuite dans la friture bouillante; votre cuisinière fera certainement de son mieux, mais ce mieux sera bien peu de chose si vous comparez vos produits à ceux qui sortent des cuisines des restaurateurs.

C'est que la friture y est toujours abondante et portée à la température nécessaire, deux conditions bien difficiles sinon impossibles à réaliser dans une cuisine ordinaire; il est vrai que pour s'assurer du degré de cette température de la graisse, le chef ne craint pas d'y faire petiller de temps en temps un atome imperceptible de salive. Mais comme on le sait, le feu purifie tout et il n'est pas de bonheur ni de plaisir qui résistent à l'analyse.

N'espérez pas lutter avec les cuisines particulières contre les poulets chasseur, les homards à l'américaine, les écrevisses à la bordelaise du premier restaurant en renom venu. Là tout est réussi, parce que les moyens d'exécution abondent, tandis que nos cuisines ont tout au plus le nécessaire.

Il est juste, par contre, de dire, comme je l'ai établi au commencement de ce chapitre, qu'il est des mets de famille avec lesquels les restaurateurs ne peuvent rivaliser, et dont on ne peut trouver l'équivalent que dans certains cercles.

Les bons rôtis, par exemple, ne peuvent être obtenus que dans les cuisines bourgeoises ; car, il faut bien le dire, la broche, le gril ont disparu depuis longtemps de chez la plupart des restaurateurs.

Le fourneau économique, inventé vers 1832, a porté un coup terrible à la cuisine française, et j'aurais voulu pour ma part voir griller en plein Champ de Mars l'inventeur qui l'a produit.

Faites donc, autrement qu'en la rôtissant, la merveilleuse côtelette Louis XVIII, dont Chevet, alors employé dans ses cuisines, a donné le secret !

On plaçait une première côtelette sur le gril ; celle-là était destinée à recevoir le premier feu, à être brûlée par la graisse qui tombe sur les charbons ; une seconde côtelette couchée sur elle, protégée par elle, recevait une cuisson plus modérée ; sur cette côtelette on en plaçait une autre ; quand un côté paraissait suffisamment cuit, on retournait le tout, en sorte que lorsque la côtelette arrivait devant le roi elle n'avait ni goût de fumée, ni coup de feu, et avait profité du jus des deux autres.

J'ai dit qu'il n'y avait que ceux qui avaient l'habitude de prendre leur repas au restaurant qui pouvaient être certains d'y bien déjeuner ou dîner.

Quand je vois un monsieur entrer chez un restaurateur, prendre et lire avec soin la carte des mets (je ne parle pas de celle des vins), c'est pour moi un homme *toisé*, il ne sait pas ce qu'il va manger ; il est à la merci des grands mots, du pudding à la chipolata, du garçon, qui lui écoulera les produits d'un placement douteux.

En hiver, regardez un consommateur entrer dans le cabinet qu'il a retenu ; si tout d'abord il fait éteindre le gaz et allumer des bougies, soyez certain que vous avez affaire à un habitué ; les garçons ne s'y tromperont pas et n'essayeront pas sur lui les tentatives qu'ils feront sur celui qui s'asseoira émerveillé sous les becs de gaz, où il va laisser fondre sa cervelle.

8.

Ajoutons que c'est du reste pour celui-là qu'un restaurateur intelligent doit réserver ses meilleurs sourires, car c'est lui, c'est cet innocent, cet ignorant, qui lui fait faire sa fortune.

En effet, bien des gens se figurent qu'en prenant un repas chez tel ou tel traiteur, ils contribuent plus ou moins à sa fortune, et que, si mince que soit le gain que produit leur consommation, leur dîner apporte une pierre à son bien-être futur.

Erreur grave! Si tout le monde dînait avec une demi-douzaine d'huîtres, un bifteck, une bouteille de vin ordinaire et une demi-tasse de café, les restaurateurs auraient bientôt mis leurs clefs sous la porte.

Cette assertion s'explique, du reste, quand on pense que les maîtres des grandes maisons sont obligés de prendre, pour servir à leurs clients, le meilleur morceau de viandes de choix, desquelles on a retranché les nerfs, les tendons, etc., etc.

Regardez le bifteck qu'on vient de vous servir : il couvre entièrement votre assiette, et bien qu'il soit débarrassé de toutes les parties qui ne se mangent pas facilement, vous en coupez encore les deux bouts pour n'offrir que le cœur à votre invité.

Si vous le payez 1 fr. 50 c., vous vous extasiez sur les bénéfices que vous faites encaisser; vous coûtez au contraire au restaurateur, comme je l'expliquerai tout à l'heure. Qu'il vous suffise de savoir que rien qu'en entrant dans une bonne maison, en déployant votre serviette, vous représentez déjà une dépense de près de 30 sous pour le loyer, le linge, le blanchissage, le gaz, le matériel, l'entretien, etc., etc.

Je vous raconterai plus tard à ce sujet une histoire de bifteck qui me revient en mémoire ; mais ce que je veux prouver pour l'instant, c'est que les frais de l'un des grands restaurants de Paris sont bien au-dessus de ce qu'on peut imaginer.

Afin d'être bien renseigné à cet égard, j'ai voulu juger par moi-même de la dépense que fait en un seul jour une de ces maisons. Pour arriver à ce but, j'ai prié l'un des premiers restaurateurs de Paris de me faire vivre de sa vie pendant une journée.

— Rien ne vous sera plus facile, m'a-t-il répondu ; venez demain matin, je vous emmènerai à la Halle ; vous me verrez faire mes achats, et vous en saurez bien plus long en un jour que je ne pourrais vous en apprendre de vive voix en un mois.

— Mais vous allez me forcer à me lever à trois heures du matin !

— Pourquoi trois heures du matin ?

— Pour me trouver là avec vous au moment de la criée, pour voir le café Anglais, Brébant, le café

Riche, Champeaux, etc., surenchérir et s'arracher à prix d'or de magnifiques poissons, des fruits merveilleux, etc., etc.

— Quelle imagination vous avez ! me fit mon futur cicerone. Venez tranquillement demain samedi me prendre à huit heures précises du matin, nous serons à la Halle à huit heures et demie, et ce sera bien assez tôt !

Je rentrai chez moi un peu désillusionné sur l'activité que je croyais aux restaurateurs parisiens ; en effet, je me figurais qu'athlètes infatigables, il leur suffisait de deux ou trois heures de repos, et qu'après s'être couchés passé minuit, on les retrouvait debout à trois heures du matin, prêts à s'élancer dans ces immenses halles, si bien décrites par Maxime Du Camp dans *Paris, ses organes, ses fonctions et sa vie*.

Il me fallut renoncer à voir arriver ces maraîchers enveloppés dans leurs grosses limousines à raies blanches et noires, à demi endormis, conduisant au pas leur cheval paisible, à voir les environs des halles se peupler de marchandes de légumes, de marchands coquetiers, à voir courir les facteurs à leurs postes, à voir vendre le cresson, ce cresson si nécessaire aux Parisiens, qu'ils en consomment 10,887,912 bottes par an.

Sans compter le poisson qui, d'après les relevés

donnés par M. Maxime Du Camp, est apporté sur le marché dans des proportions effroyables. Je reproduis à titre de curiosité les chiffres suivants qu'il donne d'après des documents officiels :

En 1868, il a été vendu aux Halles, 19,649,522 kilogrammes de marée, et 1,938,097 kilogrammes de poissons d'eau douce ; les premiers ont été adjugés au prix de 15,308,135 fr. 50 c., et les seconds au prix de 2,138,956 francs !

La consommation des huîtres à Paris a été, l'année dernière, de 25,496,752 huîtres.

La vente du beurre en 1868 a été de 11,268,132 kilogrammes, qui ont rapporté 31,836,265 fr. 58 c.; les fromages ont produit le chiffre de 2,454,612 fr. 37 c. Les œufs, vendus au nombre de 228,997,515, ont produit 17,045,013 fr. 14 c. Pendant la même année, 12,506,744 pièces de volaille, ont été vendues et ont produit 27,785,622 fr. 41 c.

J'arrête là ces vertigineuses statistiques et je rentre dans mon sujet que j'abandonnerai, je l'avoue, toutes les fois que j'en trouverai l'occasion.

A l'heure dite, j'arrivai chez mon restaurateur. Il m'attendait en fumant son cigare.

— Je suis à vos ordres, lui dis-je ; mais expliquez-moi donc, chemin faisant, comment vous procédez pour n'être pas obligé de vous trouver aux Halles au commencement de la criée.

— Nous n'y sommes jamais, ni moi ni mes confrères, pas plus au commencement qu'à la fin. Que voulez-vous que nous y fassions? A quoi bon acheter, par exemple, un lot de poissons parmi lesquels il s'en trouve plus de médiocres que de beaux; il est plus simple d'avoir là une marchande de marée qui a fait son choix, et qui, sûre de votre clientèle, vous réserve ce qu'elle a de meilleur! Vous allez du reste juger cela par vous-même dans un instant; mais je vous préviens que je ne ferai ce matin que de petites emplettes. C'est aujourd'hui samedi, le temps est beau, la chaleur violente; les Parisiens vont fuir vers la campagne pour y passer la journée du dimanche, toutes bonnes raisons pour ne prendre que peu de viandes et de poissons, qu'il serait impossible de conserver s'ils n'étaient pas vendus.

Tout en causant, nous étions arrivés devant la boutique d'un boucher.

— Entrez! me fit-il, en me montrant la porte.

— Comment? lui dis-je, vous ne prenez pas votre viande à la Halle?

— Jamais! Ici je n'ai pas la peine de choisir; je paye pour avoir ce qu'il y a de meilleur, et je l'ai; ma fourniture est trop importante pour qu'on ne fasse pas tout pour la conserver.

A cela rien à répondre; j'entrai dans la boutique et je vis une énorme balance dans laquelle étaient entassés des filets énormes, des entre-côtes, des côtelettes, etc., etc., de la plus belle viande qu'on pesa après avoir au préalable retranché des côtelettes une portion que le boucher garde pour les vendre aux ménagères qui en font des ragoûts de mouton.

Mon restaurateur passa au comptoir, échangea avec la bouchère deux petits livres couverts de chiffres, vérifia et remit 250 francs.

Aussitôt trois solides gaillards hissèrent sur leurs têtes trois paniers contenant la viande achetée et, légers comme des jeunes filles, allèrent livrer leur marchandise.

Nous nous retirâmes, et je remarquai que le boucher me sourit de la façon la plus aimable; je rencontrai du reste, sans la comprendre davantage, la même aménité chez le charcutier.

Enfin, nous arrivâmes à la Halle; au bout de quelques pas faits à travers les flots de gens qui assiégeaient des boutiques de pierre sur lesquelles s'escrimaient des homards, s'étalaient des poissons de toutes les espèces; nous nous arrêtâmes devant une marchande qui, je l'avoue, ne me parut guère plus importante que les autres. Nous entrâmes dans sa boutique, elle me fit asseoir et échangea quelques mots avec mon guide, qui consultait une note sur laquelle étaient marqués les achats à faire.

Tout à coup sortirent, de dessous les tables de pierre, d'énormes saumons, de magnifiques homards, des soles, des turbots, des crevettes, des truites saumonées, tout aussi frais que s'ils venaient d'être pêchés. Le restaurateur les apprécia d'un coup d'œil et se penchant vers moi, me fit remarquer qu'on mettait à part une des truites qui me parut aussi belle que les autres.

— Elle est d'hier, me souffla à l'oreille mon cicerone.

Les poissons choisis furent placés dans des paniers et envoyés à leur destination. Je constatai que la marchande en fit retirer des moules qui, bien qu'elles fussent acceptées, ne lui parurent pas, au dernier moment, dignes de la maison de mon restaurateur.

Revenons à nos truites,
J'avais remarqué que la marchande venait de *nous* les vendre 5 francs la pièce; à peine étaient-elles enlevées, qu'une dame se présenta pour acheter la truite (celle de la veille) qui avait été mise à part.

— Combien cette truite? demanda-t-elle à la marchande.

— Dix francs, répondit négligemment celle-ci.

— Ce n'est pas trop cher, dit la bonne, qui suivait la dame avec un panier, qui *faisait le chien*, comme j'ai dit plus haut.

— Huit francs, hasarda la dame, qui n'était pas de l'avis de sa domestique.

— Prenez-la, fit la marchande avec condescendance.

Et la dame emporta la truite, enchantée d'avoir pour 8 francs une truite de la veille, quand devant elle et sans qu'elle s'en doutât on venait d'en vendre pour 5 francs de beaucoup plus fraîches et plus belles.

Notre poisson était acheté, nous nous préparâmes à nous retirer. A mon grand étonnement, la marchande me dit avec un sourire des plus engageants :

— A revoir, à bientôt!

On n'a pas fait pendant vingt-cinq ans des journaux à Paris et notamment le *Figaro*, sans être physiquement connu sur les boulevards, aux théâtres, aux courses, etc., etc., mais je ne pus m'empêcher de m'étonner des sourires pleins d'affabilité, presque d'intelligence, que je venais de recevoir coup sur coup du boucher, du charcutier et de la marchande de poisson qui n'appartenaient pas que je sache au monde des lettres ni des artistes.

Un mot me tira bien vite de mon étonnement.

— J'espère bien, monsieur, me dit-elle, en me reconduisant, que vous me continuerez la pratique de M. X..., et elle me désignait du doigt celui qui m'avait amené causant dans un groupe de confrères.

Je lui promis absolument tout ce qu'elle me demanda, très-fier d'être pris pour le futur successeur de mon restaurateur de première classe. Je me hâtai de le rejoindre ; il était déjà devant la boutique d'une marchande de poissons d'eau douce, qui lui choisissait des écrevisses, qu'on eût volontiers prises pour de petits homards.

Rien de plus curieux que de voir la rapidité et l'élégance avec laquelle elle jetait ces pauvres bêtes dans un filet. La rapidité s'explique par la crainte bien juste qu'elle éprouvait des pinces de ces crustacés, et l'élégance qui consistait à ne se servir que du pouce et de l'index en tenant les autres doigts relevés, par la nécessité de ne leur livrer que le moins de prise possible.

Quelques anguilles, quelques carpes complétèrent les achats.

Son porte-monnaie s'ouvrit encore : il en sortit six billets de 50 francs qui payèrent la dépense de poisson pour ce jour-là ; petite dépense motivée par les chaleurs, comme je l'ai dit plus haut.

Bientôt nous quittâmes les eaux vives, et à l'odeur du poisson succédèrent des parfums délicieux : nous étions entrés dans la section des fleurs. La marchande ordinaire de la maison que nous représentions vint au-devant de nous ; elle livra d'énormes paquets de fleurs de toutes sortes, de roses monstrueuses coupées pour être piquées en corbeilles dans ces blocs de glace qui sont placés dans des bassines au milieu des tables des grands dîners.

A mon grand étonnement, j'aperçus, au milieu de ces monceaux de fleurs, des couronnes d'immortelles et des couronnes de jais comme on en voit vendre à la porte des cimetières. C'est une tradition, bien inconnue des marchandes, qui a perpétué cette vente.

Autrefois, la halle des Innocents était un cimetière qui, en 1785, fut converti en marché. Sans savoir au juste pourquoi, les marchands, en se cédant leurs fonds, se sont transmis leurs habitudes, et bien que maintenant il n'y ait plus de tombes par là, on continue à y exercer une industrie qui n'est logique qu'aux abords de Montmartre et du Père-Lachaise.

Enfin, nous arrivâmes aux légumes où, derrière des montagnes de haricots verts, se tenaient des marchandes qui nous accueillirent avec leurs plus gracieux sourires ; le marché fut bientôt fait : tomates, pommes de terre, haricots, artichauts, melons, concombres, etc., tout était déjà empilé dans des paniers que des porteurs enlevèrent sur un signe à leur destination.

Autant que je puisse me le rappeler, il y eut là une dépense d'environ 180 francs.

— Enfin, dis-je à mon compagnon, nous avons fini notre travail, et je vais prendre congé de vous !
— Jamais ! me répondit-il, jamais on n'a fini ! et la volaille, et le beurre, et les œufs ? et le fromage, et le gibier, et les fruits ? et les cèpes de Bordeaux, dont je veux faire un plat du jour pour le déjeuner ?

Je baissai la tête et le suivis, un peu fatigué, je l'avoue, des quelques kilomètres que nous venions de faire ensemble.

*
* *

Bientôt nous fûmes chez le marchand de volailles, chez Lambert ou plutôt Piétrement, son successeur, bien connu de tout le monde qui achète du gibier et des volailles fines. Qu'il suffise de savoir, pour comprendre l'importance de cette maison, qu'elle fait plus d'un million deux cent mille francs d'affaires par an, et que, pendant le moment des chasses, elle vend, à elle seule, plus de 800 pièces de gibier par jour.

Canards, poulets, dindes y passèrent en un instant ; le portefeuille se rouvrit, les billets de banque en sortirent de nouveau.

— Et le gibier ? lui demandai-je en nous éloignant de ce temple de la volaille, comment vous le procurez-vous en ce moment où presque toutes les récoltes sont sur pied et où la chasse n'est encore ouverte nulle part ?

— Rien de plus simple ! me répondit-il ; outre que généralement nous trouvons des marchands de volaille qui veulent bien braver les agents de la Société contre le braconnage pour nous procurer les perdreaux, les cailles ou les lièvres que nous désirons, nous rencontrons dix fois en un quart d'heure, dans les rues qui avoisinent les halles, des gens qui vendent du gibier même sous le nez des sergents de ville ! Et tenez, regardez-moi ce gaillard-là.

Je levai la tête et je vis un individu d'une trentaine d'années, vêtu d'une blouse bleue, se promenant philosophiquement en regardant les légumes étendus sous ses pieds ; il fumait sa pipe et marchait les mains dans les poches de sa blouse.

— Eh bien ! fis-je, c'est un garçon qui attend l'heure du travail.

— Vous allez bien voir !

Et, en disant ces mots, mon compagnon pressa le pas, je le suivis ; nous dépassâmes bientôt l'homme à la blouse, et, sans qu'un mot, un regard même eût été échangé entre eux, le faux flâneur entra chez un fruitier dont la boutique était près de là ; je le vis s'enfoncer dans l'arrière-boutique où nous l'eûmes bientôt rejoint.

Sur une table couverte d'une toile cirée il jeta à nos yeux six perdreaux et douze cailles qu'il portait enfilés dans une corde tournée autour de son corps et cachés par sa blouse.

Le marché fut vite fait : acheteur et vendeur savaient à merveille le prix que perdreaux et cailles faisaient sur la place.

L'homme payé reprit son gibier, le remit autour de son corps, ralluma sa pipe et repartit.

Il allait consciencieusement porter son gibier chez le restaurateur.

Un instant plus tard, nous achetions du beurre, du fromage ; chez un autre marchand, nous prenions des pêches invraisemblables de grosseur et de coloris, et des paniers de chasselas de Fontainebleau à rendre rêveur Philippe Rousseau ; naturellement, le portefeuille se dégonfla encore, et une demi-heure après nous étions arrivés au restaurant.

*
* *

Là, mon cicerone me quitta pour donner des ordres ; je lus les journaux, et une heure plus tard, nous étions tous deux en tête à tête dans l'un de ses cabinets; il m'avait invité à déjeuner et je n'avais eu garde de refuser.

A peine étions-nous assis que je prenais des notes; le fait est que ce qu'il me disait était bien fait pour étonner un bon bourgeois comme j'ai la prétention de l'être.

— Les frais de nos maisons, me disait-il, sont bien plus considérables qu'on ne le peut supposer; ne jugez pas de toute l'année par mes emplettes de ce matin, que le jour et la température ont beaucoup modifiées; savez-vous, par exemple, ce que me coûtent par an le gibier, la volaille, le beurre, les œufs, le fromage, les légumes, les fruits et le poisson?

— Non, fis-je avec conviction.

— Au moins 500,000 francs. La viande, les abats 120,000 francs, le boulanger 35,000 francs, le café, le thé, le chocolat 31,000 francs, le sel et le poivre 2,000 francs, l'huile d'olive 18 à 20,000 francs, les truffes fraîches ou conservées 25,000 francs, le linge 400 francs de blanchissage par semaine et 2,500 francs d'achat par mois, sans compter le gaz et le reste.

— Pardon, fis-je, mais le gaz vous coûte moins en été qu'en hiver.

— Sans doute, me répondit-il, mais cette économie est bien compensée par l'achat des grandes quantités de glace qui me sont nécessaires pendant l'été. Ajoutez à mes dépenses les appointements de nos employés, qui sont au nombre de quatre-vingts en été et de cent en hiver ; sans compter mon *chef,* qui gagne une dizaine de mille francs par an et les cinq ou six sous-chefs qui touchent des émoluments fort respectables.

A ce moment le chef des garçons entra et remit une feuille de papier à son patron.

— Ce sont, me dit celui-ci, des demandes de menus pour de grands dîners en ville ; j'ai à nourrir ce soir des Japonais, et je ne sais pas encore ce que je leur donnerai.

— Monsieur, murmura le garçon, nous avons en bas à déjeuner M. A..., le critique ; M. M..., le peintre ; au second, M. G..., le député ; dans le salon bleu, un ministre ; mademoiselle R..., dans le cabinet à côté, etc., etc.

— C'est bien ! Vous me permettez d'aller jeter un coup d'œil ? Je reviens, me dit-il en se levant.

— Un instant, lui dis-je en le retenant et après que le garçon fut parti, combien gagnent vos garçons annuellement ?

— Ceux qui sont admis aux bénéfices du tronc touchent environ soixante-dix mille francs par an, à peu près 5 0/0 du chiffre de mes affaires ; sans compter la vente des cigares qui forme un total plus que convenable ; il est vrai de dire qu'ils ont à leurs frais cinq ou six cents francs de casse par mois, sans compter celle qu'ils me font payer sans la déclarer.

Et il partit comme un général qui va passer une revue.

* * *

Il remonta bientôt et se remit à déjeuner. Nous parlâmes de notre matinée de la halle aux poissons qui m'avait surtout frappé par son mouvement et son originalité.

— C'est, me dit-il, le vendredi et surtout le vendredi saint qu'il faut la voir ; le vendredi saint, quoi qu'en disent les libres penseurs, est tellement observé que j'achète ce jour-là pour huit cents francs de poisson de plus que d'habitude, ce qui constitue une assez grande provision de marée, car il est bon que vous sachiez que le poisson est moins cher pendant la semaine sainte qu'après Pâques. Cela tient à ce que les pêcheurs sont très-religieux et ne vont pas à la mer pour suivre les offices de la semaine de Pâques.

Quant au maigre des clients de restaurants, notez qu'en temps ordinaire, la plupart des personnes d'un certain monde qui dînent chez moi font régulièrement maigre ; dans une salle du bas, où viennent volontiers les vieux garçons, ceux qui n'ont pas d'intérieur, pas de famille, on fait presque toujours gras.

Cette observation lui en rappela une autre qu'il avait faite pendant le siége de Paris et qui peint bien la variété des opinions qui émaillaient la capitale à cette époque.

— Quand je descendais à ma salle du bas, me dit-il, j'étais certain d'y trouver des gardes nationaux plus ou moins propres, des gens plus ou moins équivoques, tous décidés à la guerre à outrance ; c'était à qui inventerait de nouveaux moyens pour faire sauter les maisons de ses propriétaires, dans le cas d'une entrée de vive force de la part des Prussiens. Les projets les plus sanguinaires, les suppositions les plus étranges faisaient les frais de toutes les conversations. Celui-ci affirmait que Paris était approvisionné pour résister dix-huit mois, celui-là lui donnait un démenti formel en soutenant qu'il tenait de bonne source que Paris pouvait soutenir un siége de plus de deux ans. Et tout cela avec des cris, des jurons et une fumée de tabac épaisse à couper au couteau.

Dès que je les avais quittés, je montais dans mes cabinets où, plus calmes, étaient attablés des hommes qui, ravis autant que surpris de se trouver au pouvoir, soutenaient lorsqu'ils parlaient politique, que le plan Trochu devait être excellent et qui, lorsqu'ils n'en parlaient pas, ne s'entretenaient que de cancans, de filles de théâtre, etc., etc.

J'avoue que, pour monter dans ma salle du haut et

pour me rappeler dans quelle opinion j'allais tomber, j'ai été plusieurs fois obligé de me prendre la tête dans les deux mains pour récapituler les partis politiques que je venais d'entendre, afin de savoir auquel j'allais avoir affaire.

Régulièrement, dès l'entrée de ce salon commun, j'entendais des lambeaux de conversation comme ceux-ci : — Après tout ne vaudrait-il pas mieux une bonne capitulation que de voir Paris exposé à mourir de faim ? — Eh bien, soit ! qu'ils prennent un peu de territoire, beaucoup d'argent, mais qu'on ouvre les portes, qu'on rétablisse les chemins de fer et que je puisse aller embrasser ma famille ! — La capitulation à outrance ! s'écria un jour un consommateur furieux qui venait de lire un journal de Félix Pyat ou de quelque autre Vermesch.

— Vous comprenez, me dit-il en terminant, si un métier comme le mien m'a rendu philosophe !

Maintenant que je vous ai raconté, en l'écourtant, mon excursion d'un jour dans l'existence d'un restaurateur, je reviens à l'histoire de bifteck que je vous ai promise ; elle prouvera ce que j'ai avancé plus haut, c'est que les petits consommateurs qui se nourrissent régulièrement au restaurant lui sont géralement onéreux.

A l'époque où Frontin possédait le café du boule-

vard Montmartre, il me raconta l'anecdote suivante :
— Un monsieur, qui avait l'aspect d'un officier supérieur retraité, venait depuis de longues années déjeuner dans son établissement ; il se plaçait toujours à la meilleure table, près de la fenêtre donnant sur le boulevard, lisait longuement tous les journaux après avoir régulièrement pris pour son déjeuner un bifteck entouré de pommes de terre, un morceau de fromage, une choppe de bière et une demi-tasse sans petit verre.

Bien que son service fût fait d'une façon irréprochable, le monsieur en question ne cessait de maugréer contre le garçon, contre la qualité de son bifteck, contre tout le monde, quoique Frontin, malgré la croissance du prix des vivres, n'eût pas songé, par bonté, à lui augmenter le prix de son plat, qu'il payait toujours quinze sous.

Poussé à bout par les plaintes continuelles et mal fondées de son client, Frontin se décida un jour à s'expliquer avec lui.

— Monsieur, lui dit-il, vous êtes un ancien habitué de cette maison, et je tiens beaucoup à ce que vous soyez satisfait ; je crois, du reste, vous l'avoir prouvé en vous exceptant de l'augmentation que j'ai fait subir à mes autres clients ; vous n'êtes généralement pas content du service de la maison, et surtout de la viande qui vous est donnée à votre déjeuner ; voulez-vous me permettre de vous proposer un arrangement?

Le vieillard fit un signe d'assentiment.

— Vous m'apporterez chaque jour le bifteck que vous aurez choisi vous-même à la boucherie ; je le ferai cuire, je l'entourerai richement de pommes de terre, et vous ne le payerez pas ; ne me remerciez pas, j'y gagnerai.

Si le vieillard accepta, je ne le sais point, mais ce que je sais, c'est que tous les restaurateurs de Paris trouveront que Frontin avait parfaitement raison.

*
* *

Comme on le voit, pour les grandes maisons, la recette du petit client est plus onéreuse que lucrative : ce qui constitue pour elles le bénéfice réel, ce sont les grands dîners avec accompagnement de primeurs, de fruits et de légumes, de poissons extraordinaires, de truffes et surtout de hors-d'œuvre, de liqueurs et de vins fins.

Qu'on pense seulement à ce que peut produire un bon vin ordinaire, qui, acheté en grande quantité, coûte de un franc à deux francs cinquante la bouteille, et qui, au bout de quatre ou cinq ans vaut cinq, dix et même quinze francs.

Beaucoup de restaurateurs ne font leurs véritables bénéfices qu'avec le vin.

Aussi faut-il de longues études pratiques au consommateur pour savoir choisir un vin de bonne qualité dont le prix ne soit pas trop élevé.

Dans certaines circonstances, il est économique de prendre un vin de luxe, le champagne, par exemple.

Qu'on me permette à ce propos une anecdote personnelle.

Je pariai un jour avec un de mes amis de lui offrir à lui et à quatre autres personnes un déjeuner au Rœderer *frappé* (condition essentielle, on le verra plus tard), et de payer moins cher qu'en prenant des vins cotés meilleur marché sur la carte.

Il tint le pari et je lui fis promettre de garder secret mon procédé, dont je prie le lecteur de suivre tous les développements. Je raconte la scène telle qu'elle s'est passée.

A l'heure dite, tout le monde était exact au rendez-vous ; chacun s'asseyait à ma table et dépliait sa serviette avec un rare ensemble.

Je commandai le déjeuner au garçon, et j'oubliai le vin ; omission importante, comme on va le voir.

Arriva le premier plat : c'étaient des huîtres.

Tout le monde leur fit honneur ; on en mangea la moitié.

— Mais, mes enfants, dis-je avec stupéfaction, nous n'avons pas de vin !

Personne ne songea à me contredire.

— Vous, mon cher X..., dis-je à l'un des invités, vous qui vous y entendez, choisissez donc pour nous tous !

X... se défendit, quoique très-flatté au fond de passer pour un connaisseur ; il se décida enfin à prendre la carte des vins et consulta ses voisins.

Pendant ce temps, on finissait de manger les huîtres.

On lut la liste des vins, on proposa du chablis, du grave, du sauterne. Tous les crus y passèrent.

Un invité se décida à manger l'huître honteuse, la dernière restée sur le plat.

— Voyons, il faut en finir, dis-je en insistant : j'ai une idée, je n'aime pas beaucoup le vin de Champagne au dessert, mais je l'adore pendant le repas ; nous allons demander des carafes frappées et de l'eau de Seltz.

Un sourire de satisfaction erra sur toutes les lèvres.

— De la tisane suffirait, avança timidement un convive qui prévoyait une addition formidable et qui craignait sans doute d'être obligé de rendre un jour le déjeuner tout semblable.

On apporta un second plat.

— Garçon! fis-je un peu impatienté, dites donc au sommelier de venir me parler, je meurs de soif.

Un invité qui partageait mon opinion versa un peu d'eau dans son verre et but à la dérobée.

Pendant ce temps, le repas marchait toujours. Arriva enfin le sommelier, qui s'était mis en tenue, avait attaché son tablier de serge et portait dans les poches de sa veste tout un attirail de forets et de tire-bouchons.

— Étienne, lui dis-je, quel champagne allez-vous me donner?

— Dame! Monsieur, voulez-vous du Cliquot?

— Vous n'en avez pas : vous savez bien que tout est vendu en Angleterre.

— C'est vrai, Monsieur, mais nous avons de bonnes marques, comme le Montebello, le grand cordon impérial, l'aï mousseux.

— Mais vous-même, quel vin prendriez-vous?

— Oh! moi! je n'hésiterais pas : je prendrais du Rœderer.

— C'est bon!... Apportez-le vite.

Le sommelier se retira.

Notez que pendant tout le temps de ce dialogue on avait mangé les trois quarts du second plat et que, sans qu'il y parût, la plupart des invités avaient eu recours à la carafe.

Le sommelier revint bientôt encombré de deux syphons, de deux bouteilles de vin de Champagne, de deux carafes d'eau frappée.

Enfin, il déboucha le liquide si désiré et en versa dans les deux carafes qui, remplies de glace, en contenaient à peine un verre et laissaient échapper la mousse sur leurs flancs ternis par la buée.

Peu à peu le déjeuner avançait, à peine avait-on pu boire quelques verres de cet excellent vin de Champagne, dont les deux bouteilles, demeurées à demi pleines, étaient devenues presque de trop, à ce point qu'on fut obligé de demander du fromage pour pouvoir les achever.

Naturellement, je gagnai mon pari et je prouvai facilement à mon adversaire que j'avais ainsi réalisé une véritable économie.

En effet, pour six personnes il m'eût fallu prendre environ six bouteilles. J'aurais payé :

2 bouteilles de vin ordinaire . . . . 8 fr.
2 bouteilles de Grave 10
2 bouteilles de Romanée 24

et nos deux bouteilles de Rœderer frappées ne me coûtaient ensemble que 28 francs.

Dire que mon économie fut absolue et que je n'offris pas un nouveau déjeuner à mes convives mystifiés, c'est peut-être aller un peu loin; toujours est-il que j'avais prouvé que dans de certaines conditions le vin de Champagne pouvait être meilleur marché qu'un autre vin, — ce qu'il fallait démontrer.

La vraie recette, il faut le dire, ce sont les cabinets particuliers qui la produisent; les prix de la carte s'y enflent comme par enchantement, et bien que les mets qu'on vous y apporte soient plus froids que ceux qu'on sert dans les salles communes, bien que vous obteniez plus difficilement la présence du garçon, vous y payez tout infiniment plus cher.

Sans compter le numéro même du cabinet qu'il est arrivé plus d'une fois à une dame de comptoir trop intelligente de comprendre dans l'addition du prix des mets; on en peut juger par la carte suivante, dont je garantis l'authenticité, et qui m'a été donnée il y a bien longtemps par mon ami Roger de Beauvoir.

Cab	7 fr.	»
Léoville	6	»
Pain	3	75
Crevettes	5	»
Beurre	1	»
Sole	6	»
Perdreau	10	»
Écrevisses	8	»
Fruits	6	»
Café, liqueurs	8	»
	60 fr.	75

Tout naturellement ce 7 était venu prendre sa place dans l'addition et contribuait assez activement à la richesse du total; à ce compte, il y aurait eu avantage pour le consommateur à prendre un petit numéro.

Puisque je parle addition, je dois aussi appeler l'attention des consommateurs sur la façon dont on leur rend leur monnaie. Qu'ils ne craignent pas, lorsque le garçon la leur rapporte sur une assiette, de soulever le papier couvert de chiffres qui l'accompagne; bien souvent l'addition recouvre une petite pièce, soit de cinq francs en or, ou de toute autre valeur, qu'on laisse sans s'en apercevoir, mais que le garçon n'oublie pas et qu'il a baptisée du nom significatif de *traînard*.

Quand vous avez offert à dîner à quelque ami, n'ayez aucune honte de vérifier devant lui votre addition ; au lieu de vous empresser de la plier sans compter (ce qui paraît de bon goût et ce que je fais, du reste, comme tout le monde), déchiffrez consciencieusement et biffez impitoyablement les beurres, radis, thon mariné, crevettes, citron, etc., etc., auxquels vous n'avez pas touché et qui gonflent indûment votre total.

Si vous bénéficiez ainsi de trois ou quatre francs, croyez bien que votre ami ne vous en voudra pas, surtout si vous les donnez à ces malheureuses femmes, à ces pauvres enfants qui se pressent sur votre passage à la sortie du restaurant.

Peut-être bien ne sont-ils pas aussi misérables, aussi mourants de faim qu'ils le disent; qu'importe, ces quelques pièces seront encore mieux placées dans la main de ces mendiants que dans la caisse du restaurateur.

Comme généralement ceux qui demandent à dîner dans un cabinet y viennent avec l'intention de se livrer à un extra, les garçons, qui les savent moins re-

gardants que les autres clients, se livrent à leur égard à d'innombrables fantaisies sur lesquelles j'appelle l'attention de mes lecteurs.

Voici le résumé de mes observations à cet égard :
Défiez-vous toujours des grandes écritures enchevêtrées des dames de comptoir; faites-vous, s'il le faut, lire la carte pour savoir au juste ce qu'elles y ont porté.

Ne vous inquiétez pas si, lorsque vous voyez que, dans un buisson d'écrevisses, un bon tiers d'entre elles ne possèdent qu'une seule patte; ne croyez pas que la seconde ait été perdue à la bataille, vous la retrouverez toujours dans les potages à la bisque.

Ne vous exagérez pas la vieillesse du vin qu'on vous apporte dans un panier, et rappelez-vous l'anecdote suivante :

Deux amis dînent ensemble ; c'est l'occasion de boire une de ces vieilles bouteilles qui disparaissent sous la poussière du temps.

— J'ai votre affaire! dit le maître de la maison, un vieux bordeaux oublié au baptême de mon grand-père; et il disparaît en laissant les deux amis pleins de joie et tournant le coin de leurs serviettes dans leurs verres pour les rendre plus dignes de recevoir le vénérable nectar.

Le restaurateur reparaît, marchant doucement, et dépose sur la table la bouteille, emmaillottée de toiles d'araignées. Le bouchon a été à demi tiré dans l'office, il n'y a plus qu'à l'enlever tout à fait.

L'invité tend son verre, l'amphitryon débouche enfin ! O stupéfaction ! une mouche s'envole légèrement du goulot en bourdonnant son chant de liberté au nez des deux convives !

Le restaurateur, qui s'est contenté de verser du jeune vin dans une vieille bouteille, s'excuse en disant que l'indiscret insecte s'est glissé dans le goulot pendant le temps qu'il décantait le vin à l'office.

Autres conseils.

N'oubliez pas qu'il est de règle dans toutes les maisons de Paris de ne jamais rien refuser d'abord à un client, demandât-il les choses les plus étonnantes ; dès que la commande est faite, le garçon doit se rendre à la cuisine, quitte à dire en revenant : Nous n'avons plus de ceci ou de cela.

Le comble du talent est encore d'éviter cet aveu et de laisser croire au client qu'on a trop bonne opinion de la finesse de son goût pour lui donner tel ou tel mets qui n'est pas digne de lui aujourd'hui.

Cela est si vrai que Méry, ayant demandé devant moi, dans un petit restaurant, un mets imaginaire, un sphynx à la Marengo, le garçon revint un instant après et lui dit :

— Nous n'en avons plus !

— Comment, vous n'en avez plus? fit Méry feignant l'étonnement.

— C'est-à-dire, monsieur, lui dit plus bas le garçon, que nous en avons bien, mais qu'ils ne sont vraiment pas assez frais pour vous.

Et il s'éloigna majestueusement.

A rapprocher de la réplique de ce garçon de restaurant :

Un client qui le trouve lent dans sa démarche lui crie à pleins poumons :

— Dépêchez-vous donc! est-ce que vous avez des hémorroïdes ?

— Boum ! répond le garçon qui n'a pas compris, je vais voir à la cuisine s'il en reste !

Revenons aux aimables tours habituels aux garçons qui sentent qu'ils ont affaire à de crédules clients.

Par exemple un garçon me disait un jour avec une

grande naïveté et en parlant du vin de Champagne :

— Vous devez comprendre, monsieur, que toutes les caves de la Champagne ne suffiraient pas à fournir le Rœderer qui est mentionné sur les additions ; dès qu'on nous en demande, nous en apportons ; un petit silence se fait entre les convives pendant que nous le versons ; on regarde s'il est d'une belle couleur, si sa mousse dure plus ou moins longtemps ; enfin, on le goûte, et toujours avec recueillement. Toujours il est bon ; après le premier verre bu, la gaîté reparaît plus vive qu'auparavant, les teints s'animent, les conversations s'échauffent, on redemande du Rœderer.

C'est alors que nous glissons un champagne inférieur, nous le débouchons là, le bouchon part, chose utile comme vous allez le voir ; car si un convive plus connaisseur que les autres nous demande si ce second vin est de la même marque que le premier, nous sourions avec la bonhomie d'un garçon qui a la conscience tranquille, nous allons dans un coin de la pièce comme pour y ramasser un bouchon et nous donnons à l'exigeant buveur un liége que nous avons tiré de la poche de notre veste et qui porte toujours l'estampille désirée.

Il faut avouer, du reste, ces petites supercheries à

part, que certains cabinets de Paris sont de véritables bonbonnières, et que ceux du café Riche, par exemple, peuvent lutter avec les boudoirs les plus élégants.

Je me rappelle que Bignon, le maître de ce café, médaillé, décoré comme agronome distingué, m'invita à dîner avec une dizaine de personnes, Albéric Second, Xavier Aubryet, etc., pour inaugurer ses cabinets. Tentures de satin, lustres étincelants, bronzes de Barbédienne, argenterie, services, meubles, tout était merveilleux.

Nous nous mîmes à table, et, dès que les huîtres furent mangées, nous passâmes dans un second cabinet que nous abandonnâmes ensuite pour aller prendre notre café dans un troisième.

Il est bon de dire que ces merveilles de services ne sont généralement pas mises à la disposition des soupeurs proprement dits, et que les restaurateurs qui reçoivent la nuit ou aux époques des bals masqués ont soin d'avoir tout un service de nuit : les couteaux, les couverts, les assiettes, jusqu'aux pendules, tout est spécial et construit pour résister aux joyeusetés de gens qui ne possèdent généralement pas toute leur raison.

Disons, en passant, que chez Brébant, par exemple,

les nuits de bal de l'Opéra produisent au moins 4,000 francs de recette.

Si le public de la nuit est traité un peu cavalièrement, comme je viens de le dire, dès que l'aube a paru, tout rentre dans l'ordre accoutumé, et le client qui vient le matin est entouré de tant de soins, de tant de formes, qu'il ne se doute pas du désordre de la nuit.

Le client, le véritable, est un être sacré dans toutes les bonnes maisons, et quand il règle sa dépense, il est de bon goût qu'il ait l'air de ne le faire que parce qu'il l'exige absolument.

Cet usage existe du reste depuis fort longtemps, et il était de règle, à l'ancien café Foy (où Vernet avait effacé au plafond la marque d'un bouchon de champagne en y peignant une hirondelle), de ne jamais faire remarquer à un consommateur qu'il se levait sans acquitter le montant de sa dépense.

Jugez de la façon dont cet article du règlement était observé.

Depuis longtemps on voyait venir déjeuner régulièrement, au café Foy, un monsieur de bonnes façons amenant tous les jours plusieurs convives à sa table. Il rétribuait largement les garçons et jouissait de la plus haute considération. J'ajouterai au portrait que je viens de faire de lui qu'il avait, quoique Français, l'aspect d'un étranger.

Un beau matin, le nombre de ses invités diminua. Au lieu de deux ou trois, il n'en avait plus qu'un ; bientôt ce dernier lui-même disparut et l'habitué resta seul. Un jour, au lieu d'appeler le garçon pour régler sa dépense, il se leva, prit son chapeau, et sortit sans payer ; personne n'eut l'air de s'apercevoir de cet oubli ; le lendemain, le surlendemain, il fit de même : le maître de l'établissement garda le silence et recommanda qu'on eût pour lui les mêmes égards que par le passé.

Au bout de quelques semaines il disparut et personne n'entendit plus parler de lui : c'était un client à porter au chapitre des pertes, au lieu de le faire entrer à celui des profits, et rien de plus.

Le temps passa, une année je crois, et on ne pensait plus depuis longtemps à cet habitué, lorsqu'un matin le maître du café Foy reçut, par la poste, une lettre de son ex-client contenant et des remercîments pour la conduite tenue à son égard et une lettre annonçant l'envoi d'une caisse arrivant d'Amérique.

En effet, les Messageries apportèrent bientôt une

énorme caisse contenant les produits les plus rares du nouveau monde ; elle fut évaluée à environ 10,000 francs. C'était une simple marque de reconnaissance d'un créole qui, ruiné à Paris, avait été refaire sa fortune dans son pays.

Naturellement, les garçons ne furent point oubliés, ni la dame de comptoir, qui avait si intelligemment fermé les yeux sur les défaillances de la bourse du client.

Que cette histoire n'encourage pourtant pas trop MM. les restaurateurs à ouvrir de trop longs crédits à leurs habitués, surtout ceux qui reçoivent des démocrates.

J'ai parlé de la dame du comptoir du café Foy, et, malgré moi, je ne puis m'empêcher de constater l'énorme différence d'aspect qui existe entre les dames de comptoir d'aujourd'hui et celles d'autrefois.

Autrefois, la femme qui trônait au comptoir d'un cafetier était tenue, non-seulement d'être belle, mais encore d'être parée comme une reine : diamants, dentelles, soieries rares, tout étincelait le soir sur sa personne placée sous un dais capitonné de soie bleue, coquettement disposé au-dessus du comptoir.

C'est ainsi que j'ai vu, étant enfant, au café des

Mille-Colonnes, la *belle limonadière* que je regardais comme un être surnaturel, comme une fée qui daignait s'exposer aux regards des mortels.

Ma naïve admiration était, du reste, partagée alors par tout le monde, et surtout par les étrangers de tous les pays, qui accouraient pour voir la *belle limonadière* et faisaient la fortune de son café.

Au lieu de ce luxe effréné, insensé, les dames de comptoir des grands restaurants sont aujourd'hui vêtues de la façon la plus simple, ne portent ni dentelles, ni diamants et sont à peu près inaperçues dans les comptoirs où elles passent leur vie à *composer* des additions, comme disait Villemot.

Il ne faut pas les féliciter outre mesure de cette simplicité, elle est le résultat d'ordres sévères des maîtres de cafés, qui ont compris ce qu'il y avait de singulier dans la spéculation faite sur la beauté d'une dame de comptoir.

Jaloux de donner en tous points un air de bonne compagnie à leurs maisons, ces messieurs ont exigé que les *chasseurs* qui y sont attachés pour aller au devant des voitures, pour appeler un cocher, pour ouvrir un parapluie, etc., etc., ne fissent jamais de courses pour les clients sans être munis d'une lettre. Les commissions de vive voix leur sont formellement interdites, et on se l'explique quand on pense à celles que peuvent donner des consommateurs qui ont trop consommé.

Ne nous exagérons pourtant pas non plus la fidélité avec laquelle ces prescriptions sont exécutées. Il est bien évident que quand un monsieur dont le dîner inspire le respect, fait venir le chasseur pour lui donner une commission, fût-elle de vive voix, celui-ci n'aurait garde de lui refuser de la faire. Il se contente, pour rester dans la légalité, de tirer de sa poche une lettre toute faite et de traverser le restaurant pour sortir, en la tenant ostensiblement à la main.

Personne n'a rien à voir là ; tout le monde est satisfait et la morale n'a pas un mot à dire.

En agissant ainsi, les restaurateurs veulent que leurs maisons soient accessibles aux familles étrangères, qui n'ont pas à redouter de trouver dans les salons communs la clientèle un peu risquée, parfois, des cabinets particuliers.

L'habileté des garçons ne s'arrête pas aux petits tours que j'ai mentionnés plus haut, et leur flair, comme celui de leurs patrons, pour traiter ceux qui viennent à eux selon leur rang, mériterait un chapitre à part.

Ainsi, j'étais allé l'autre jour au restaurant de la

Cascade du bois de Boulogne : excellent restaurant, disons-le en passant.

Je regardais, assis devant une table, arriver d'élégantes voitures de tous côtés. Une d'elles s'arrête : c'est une voiture bourgeoise, admirablement établie, attelée de deux chevaux superbes ; rien de trop éclatant : du bon goût et surtout du confortable. C'est un financier sérieux qui vient dîner.

Immédiatement le maître de la maison lui-même descend les marches de son perron ; il s'avance jusqu'à la portière sans l'ouvrir, et paraît écouter ce qu'on lui dit. C'est le financier en question qui commande son dîner sans descendre, et qui retourne faire un tour de Bois.

Arrive une seconde voiture ; elle est élégante aussi, un peu brillante, mais d'un confortable moins étudié que la première.

Cette fois, c'est le maître d'hôtel, vêtu d'un habit noir, qui se précipite au devant des nouveaux venus, leur ouvre la portière, les aide à descendre et les mène avec la plus grande politesse à leur cabinet.

Cette voiture est suivie d'une légère victoria, conduite par un superbe gandin accompagné d'une élégante cocotte.

Aussitôt un premier garçon s'élance et fait pour ces

clients moins considérables ce que le maître d'hôtel a fait pour les précédents.

Et tout cela a été exécuté avec un tact, une sûreté de coup d'œil qui n'a permis à aucun des consommateurs de constater la différence des nuances mises dans la façon de les recevoir.

De même que les garçons des grands hôtels d'Allemagne parlent immédiatement à l'étranger qui descend chez eux la langue de son pays, sans lui avoir entendu seulement proférer un mot, de même les garçons des restaurants de Paris savent, à première vue, s'ils ont affaire à des gens riches ou à de grands seigneurs, ou à des parvenus : ils les ont jugés rien qu'à les regarder, et les traiteront suivant leur rang social, à moins que l'argent ne s'en mêle et ne vienne facilement rétablir l'égalité devant la grande dépense.

.*.

Qu'on ne croie pas exagéré le détail des nuances de politesse que je viens de donner ; sans qu'on s'en doute généralement, il faut, pour faire un bon restaurateur parisien, une suite d'études et d'observations sur le vif qui manquent à bien des faiseurs de physiologies de profession.

Permettez-moi de vous citer un exemple que je ne prends pas au hasard, je l'avoue, mais que le hasard vient de me procurer.

Je me trouvais ces jours derniers à une exposition agricole au palais de l'Industrie ; au nombre des visiteurs qui y abondaient se trouvait M. Bignon, le propriétaire du café Riche.

Comme je l'ai dit plus haut, M. Bignon, tout en s'occupant de sa maison du boulevard des Italiens, a fondé de grands établissements d'élevage en Normandie, des colonies agricoles, et a reçu, après de nombreuses médailles aux expositions, la croix de la Légion d'honneur.

Me trouvant avec lui, au milieu de dégustateurs qui causaient de leur métier, je pensai aussi au mien et aux essais culinaires que j'écris en ce moment ; je le questionnai sur sa maison, et, comme il me parlait de ses trois fils, je lui demandai si l'un d'eux lui succéderait un jour.

— Chose grave, me répondit-il, que le choix d'un état pour son fils ; oui, l'un d'eux reprendra ma maison un jour ou l'autre, mais ne croyez pas que je l'aie laissé embrasser une profession sans le forcer à réfléchir longtemps à sa détermination ; nous avons écrit lui et moi là-dessus des dossiers gros à faire rougir des notaires.

— Ne pourriez-vous me communiquer votre correspondance à ce sujet ? lui demandai-je.

— Impossible, me répondit-il en souriant, mais je puis vous montrer les deux dernières lettres qui ont été écrites sur cette question, que je traite aussi gravement que si j'avais à me prononcer sur une question d'équilibre européen; je suis père, et je vous avoue qu'il m'aurait été impossible de décider à la légère de l'avenir d'un de mes enfants.

Il s'éloigna pour s'occuper de l'exposition en me laissant deux lettres dans la main; je m'assis sur un banc et copiai à la hâte les extraits qui vont suivre.

Voici d'abord ceux de la lettre que M. Bignon écrivit à M. Simonnet, professeur de son fils, afin de lui détailler les raisons pour lesquelles il avait hésité avant de prendre une détermination pour la carrière qu'il devait lui faire suivre :

« Mon cher monsieur Simonnet,

. . . .

« La profession d'avocat me sourit peu. Pourtant je reconnais que l'étude du droit est de nature à développer les facultés sérieuses d'une intelligence bien préparée déjà par un commencement d'étude des sciences; de plus, la connaissance du droit serait certainement un avantage assez sérieux pour l'administration des grands intérêts de la famille, dont nous parlions plus haut, pour entrer en considération.

« Dans cette voie, un enfant intelligent pourrait arriver, à l'âge de trente ou trente-cinq ans, à avoir ce qu'on appelle sa position faite, c'est-à-dire à n'être plus obligé à un travail aussi pénible, s'il réunissait toutes les facultés nécessaires pour conduire à bien la maison de commerce d'ici; mais la chose est lourde et difficile plus qu'on ne le croit généralement.

« C'est là une des causes principales qui me rendent hésitant et dictent ma résistance; car, depuis que je pense, j'ai toujours été très-arrêté dans ma croyance que la transmission du père au fils de l'industrie créée offrait de sérieux avantages à bien des points de vue; j'ai été pleinement confirmé dans cette opinion lorsque j'ai pu en observer dans les pays voisins, en Angleterre principalement, les effets heureux sur le développement grandiose que ce système a produit sur le progrès et le développement de leur industrie et sur la moralisation de leur commerce.

« Tout le monde peut être restaurateur; beaucoup le deviennent de simple ouvrier, comme moi; mais très-peu y réussissent; nous sommes à peine quelques douzaines, à Paris, en bonnes conditions.

« Pour faire ce métier avec avantage, il faudrait connaître le bétail comme un éleveur, c'est-à-dire la viande comme un boucher. Il faudrait posséder et pouvoir transmettre tout ce qui plaît au goût, aux yeux et un peu à l'esprit même. Il faudrait connaître le poisson comme les pêcheurs, le gibier comme les chasseurs ou les savants, le vin mieux que les vignerons, et aussi bien, au moins, que les négociants les plus versés ; il faudrait être fruitier, verdurier, épicier, confiseur, liquoriste, pâtissier, cuisinier, glacier, décorateur. Il faut connaître jusqu'au melon, descendre jusqu'aux légumes même les plus infimes ; il faut être au courant des sucres, des cafés, des spiritueux comme les négociants de la Bourse, s'élever à la hauteur du grand commerce, il faut connaître ou être initié dans trente industries différentes. Il faudrait être en même temps homme de goût ayant des connaissances sur toutes choses et en toutes choses.

« On est obligé à des conversations d'une variété incroyable, que l'on s'efforce d'éviter dans la mesure du possible ; mais pourtant il faut que dans une maison comme celle-ci le client vous apprécie ; si réservé que vous soyez, on est forcément en contact journalier avec les gens d'éducation la plus élémentaire, les hommes distingués du premier plan et les plus importants personnages de partout.

« Il faut être par-dessus tout physionomiste ; d'un coup d'œil voir à qui on a affaire, afin de traiter chacun suivant son goût et suivant sa bourse.

« A toutes ces qualités, il faut joindre l'esprit d'ordre, la patience, la persévérance, un grand courage et une grande santé, le métier est pénible.

« Il faut bien connaître les hommes pour les commander sans les froisser ; il faut les aimer et sympathiser à la situation de chacun ; savoir arriver largement à eux dans des positions difficiles en ménageant leur délicatesse, en conservant sa dignité et la fermeté nécessaire à toute direction. Il faut enfin, avec tout cela être encore un administrateur d'une très-grande valeur, afin de ne pas se ruiner.

« Croyez bien, mon cher monsieur Simonnet, que ce tableau n'est pas chargé, il lui manque au contraire beaucoup de teintes encore. »

. . . .

J'aurais voulu pouvoir tout citer de ces instructions pleines d'intelligence des choses de la vie.

A cette lettre, le fils répondit bientôt par une autre que voici, et où le mot vocation se lit à chaque ligne :

« Mon cher père,

. . . .

« En passant à un autre ordre de considérations, mon tempérament ne s'accorde pas très-bien avec ce genre de vie.

« J'aurais besoin, pour me bien porter, de beaucoup d'activité, de beaucoup de mouvement. L'immobilité, au contraire, me fatigue et m'accable; je suis infiniment plus fatigué après être resté assis une partie de la journée qu'après avoir employé toute ma journée à marcher et à courir, et il est probable que quatre années au moins d'études et d'immobilité comme j'y serais soumis à l'École centrale, n'influeraient pas d'une manière avantageuse sur ma santé, attendu que là on reste toute l'année, depuis huit heures du matin jusqu'à quatre heures du soir, continuellement assis.

« Si nous passons maintenant à la profession de restaurateur et aux études de droit que je te demande de me laisser prendre, je veux commencer par te dire que ce n'est pas seulement de cette année que j'y pense : l'idée m'en est venue il y a trois ans, pendant l'hiver de 1869, où j'ai commencé à me mettre un peu au courant du service. Cela me plaisait, et dès lors, tu ne m'avais pas encore parlé de la voie que tu désirais me faire suivre, j'avais pensé que cette profession me conviendrait. Depuis ce temps j'y ai toujours pensé, et plus j'y ai pensé, plus je me suis confirmé dans ma première idée.

« J'avais déjà pensé aussi aux inconvénients et aux difficultés que pouvait présenter ce projet quant aux connaissances nécessaires à un restaurateur, avant même que tu m'en aies parlé, mais je pensais que je pourrais les surmonter.

« Je ne connaissais pas encore aussi bien ces difficultés que je les ai connues depuis quelque temps ; j'y ai bien réfléchi, et je me suis dit qu'avec beaucoup de bonne volonté de ma part et en profitant avec soin des leçons et des conseils que tu pourras me donner, et de l'expérience que tu as acquise et dont tu pourras me faire un peu part, ainsi que de celle que je dois nécessairement acquérir au contact des affaires, je pourrais arriver, dans quelques années, à remplir les conditions voulues. . . . .

« Je sais que j'aurai beaucoup à faire pour apprendre tout ce qui m'est nécessaire dans ce but, et c'est aussi pourquoi je crois qu'il vaut mieux commencer immédiatement, et que le plus tôt sera le mieux.

« Voici maintenant pourquoi j'ai choisi l'étude du droit : c'est que c'est la seule qui puisse me permettre de m'occuper de la maison. La médecine me laisserait bien quelques loisirs la première année, mais à partir de la seconde année, on ne doit plus trouver un seul instant si on veut travailler sérieusement. . . . . .
. . . .

« D'ailleurs, l'étude du droit me paraît devoir être fort intéressante, et me plaît assez, et c'est autant par goût que par le raisonnement précédent que je l'ai choisie. Cette étude, d'ailleurs, me semble devoir m'être très-utile dans les affaires du commerce et de la vie.

« Ainsi, pour me résumer, d'un côté, non-seulement l'étude des mathématiques ne me plaît pas, mais je n'y vois pas de chances d'un bon succès. D'un autre côté, la profession de restaurateur me plaît, et malgré les difficultés que j'y trouverai certainement, j'espère pouvoir y réussir.

« Pour moi, je suis bien fixé maintenant sur la voie que je désire suivre; c'est à toi maintenant de décider.

« L. Bignon. »

La vocation y est bien, n'est-ce pas ? j'en suis enchanté pour ma part, parce que je suis maintenant certain que mes petits-fils sont sûrs de déjeuner aussi bien au café Riche dans vingt ans que je le fais moi-même aujourd'hui.

Revenons à nos moutons, qui sont bien loin et bien nombreux, hélas !

J'ai cité plus haut les principaux restaurateurs du centre de Paris : Brébant, le café Anglais, etc., etc.

Il ne faut pas croire que j'aie entendu dire par là qu'il n'existait pas d'autres restaurants considérables dans la capitale. Il y en a de nombreux et que le hasard semble avoir mis exprès sur le chemin des Parisiens pour qu'ils soient forcés d'y faire une station.

Ainsi, vous, habitants des grands quartiers, vous voulez aller à l'Ambigu, aux Folies-Dramatiques, à la Porte-Saint-Martin (avant que les républicains pétroleurs de la Commune l'aient brûlée !), à la Gaîté, à Déjazet, que sais-je ? vous descendez tout droit les boulevards, et vous vous arrêtez au coin du boulevard de Strasbourg, chez Châllet-Maire, le Brébant du boulevard Saint-Denis, l'inventeur du filet Maire qui, en même temps qu'il vous sert les vins les plus fins (sans compter son Bourgogne ordinaire, le vin de Charbonnier), vous débite des calembours qu'il a la délicatesse de ne pas mettre sur la carte.

Voulez-vous aller à l'Odéon ? (quelle supposition !) si vous ne vous arrêtez pas chez Châllet, vous descendez chez Philippe, rue Montorgueil; chez Foyot, rue de Vaugirard, ou chez Magny, rue Dauphine; chez Magny, qui a vu défiler dans ses salons ou ses cabinets toute la jeune France, M. Gambetta y compris.

Proudhon lui-même, le philosophe Proudhon, y dînait quelquefois, et l'un de mes amis me rappelait dernièrement s'y être rencontré avec lui dans les conditions suivantes; je lui laisse la parole :

« Un de mes intimes, me disait-il, qui a dû être plus ou moins préfet ou sous-préfet aux premiers jours de l'affaire du 4 septembre, vint me trouver un matin et me dit : nous sommes neuf qui voulons offrir un joli dîner à Proudhon. Veux-tu en être avec nous? J'acceptai et fus le dixième de la fête. Nous allâmes prendre Proudhon chez lui, et nous nous rendîmes chez Magny ; du menu, je ne m'étais point occupé.

« Aussi, quel ne fut pas mon étonnement, quand nous arrivâmes dans notre cabinet, de le voir éclairé avec des chandelles, de véritables chandelles de campagne, dont le suif jaune tombait sur la bobèche des chandeliers ; de trouver sur une nappe bise des couverts de fer, des assiettes de grosse faïence peinte, du pain noir et une soupe aux choux qui, je dois le reconnaître, exhalait un parfum délicieux.

« Le philosophe sourit, applaudit, et l'on se mit à table.

« Il mangea de bon appétit, nous aussi ; mais, je dois l'avouer, cette simplicité de service, que j'eusse trouvé ravissante à la campagne, m'attristait quelque peu ; on ne se voyait pas, il fallait moucher les chandelles (les mouchettes y étaient !) et s'essuyer la bouche avec des serviettes d'un dur !...

« Dès que le potage fut mangé, on versa d'un vin aigre qui fit grimacer tout le monde ; mais il sortait d'un pichet qui avait dû coûter si cher à trouver !

« Nous nous regardions avec d'autant plus d'inquiétude que Proudhon lui-même, un peu étonné, ne desserrait plus les dents depuis quelques instants.

« Le froid commençait à nous gagner, quand celui qui présidait à ce singulier repas dit à Proudhon :

« — Si nous allions finir de dîner par ici?

« Aussitôt, une porte s'ouvrit, et nous aperçûmes, dans un petit salon éblouissant de lumières, une table somptueusement servie.

« Instinctivement, chacun quitta sa chaise, et une seconde après, tout le monde, oubliant volontairement son couvert et sa serviette, était assis devant un couvert étincelant où le champagne et les truffes firent bientôt oublier la simplicité rustique de la soupe aux choux.

* *
*

N'oubliez pas non plus, si vous allez au Gymnase, de dîner à l'ancien restaurant Lecomte, qui y est accolé; il est tenu aujourd'hui par M. Marguery, qu'un garçon de son restaurant, un peu trop vindicatif, a percé de plusieurs balles de son revolver un matin qu'il allait à la Halle; M. Marguery ne s'en ressent plus aujourd'hui, à la satisfaction de ses habitués. Si vous allez au Cirque du boulevard, il est indispensable de dîner chez Passoir, faubourg du Temple, ou chez Tavernier (successeur de Bonvalet), au coin de la rue Charlot; tout comme en allant au Cirque des Champs-Elysées, vous devez vous arrêter chez Ledoyen ou au Petit-Moulin-Rouge, et à la Tour-d'Argent, si vous voulez visiter le Jardin des Plantes.

Je devrais, pour compléter cette nomenclature, citer les principaux restaurants des environs de Paris : la Tête-Noire, Legriel, à Saint-Cloud ; le Pavillon Henri IV, à Saint-Germain ; les Réservoirs, à Versailles ; la Grille, à Ville-d'Avray ; la Porte-Jaune, à Vincennes ; Robinson, près de Sceaux ; l'Hermitage de Villebon, dans les bois de Meudon ; la Tête-Noire, à Bellevue, etc., etc. ; mais une pareille litanie me conduirait trop loin, et je sens que si je prolongeais davantage cette dissertation, je finirais par passer aux yeux de mes contemporains pour un effroyable gourmand, toujours à table, armé d'une fourchette et d'un couteau, devant des plats succulents, et la moustache humide de coulis et de sauces savantes.

A propos de moustaches ou de barbes tachées, il faut que j'initie mes lecteurs à une petite coutume artistique et parisienne qui a son bon côté ; si l'un de nous en mangeant laisse un peu d'œuf, de sauce, de crème à sa moustache, on se garde bien de lui signaler tout haut le petit accident qui vient de lui arriver.

Un des convives se contente de murmurer d'un ton indifférent en le regardant : *Antoinette, arrivez!* Aussitôt l'intéressé, qui sait ce que cela veut dire, a essuyé sa barbe ou sa moustache, sans que personne se soit aperçu de l'incident.

Je reviens à la réputation de gourmand que je cours le grand risque de me voir infliger, et je proteste d'avance contre cette qualification que je ne mérite pas ; j'en appelle à ceux qui m'ont vu en Allemagne, aux cascades situées près d'Achern, à Bade, manger sans sourciller des patates avec une horrible sauce, des plats assaisonnés de sucre et d'infâme piquette ; j'en appelle à Albéric Second qui, en Espagne, a pu constater qu'il y avait plus de vrai courage que de gourmandise à prendre les repas que j'y ai acceptés.

Heureusement que le ciel a bien voulu me doter d'un estomac d'une rare solidité ; c'est un héritage de famille, tout ce qui m'est resté de ma pauvre grand'-mère avec son vénéré souvenir ; elle est morte centenaire sans avoir jamais souffert de l'estomac.

Je suis tellement sûr de la vigueur du mien que je parie ingurgiter sans m'en apercevoir : 1° de l'absinthe et de l'anisette avant mon dîner, quoique je n'en prenne jamais ; 2° dix minutes après, boire une bavaroise au lait ; 3° boire du vin blanc et de la bière ; 4° prendre en dînant du vin rouge et du vin de champagne, mon café, et 5° aller au théâtre et prendre pendant les entr'actes du sirop de groseille avec de l'eau de Seltz.

Je tiendrai le pari quand on voudra et je le gagnerai au grand désespoir des frères et amis qui, j'en suis sûr, aimeraient mieux me savoir d'une complexion un peu plus délicate.

Je dois toutefois leur avouer qu'il me serait absolument impossible de digérer les balles qui m'étaient destinées par eux quand ils ont bien voulu me rendre visite sous le règne glorieux de la Commune.

Je sais bien qu'en disant cela je plaide contre moi-même, et que mes ennemis vont dire que cela ne m'empêche pas, au contraire, d'être un gourmand, ce que je nie de toutes mes forces.

Je ne saurais du reste mieux prouver ce que j'avance qu'en pariant de rester pendant un mois à la campagne, en ne mangeant à mes repas que du pain avec du hareng saur. Je lutterai à ce jeu avec qui voudra et je suis certain de gagner ma gageure.

Toutes ces protestations, je dois le dire, ne sont que des préparations, et l'on comprendra pourquoi je les ai faites en apprenant que je compte, un de ces jours, créer dans mon journal un cadre permanent de recettes culinaires, non pas de ces mets compliqués qu'il n'est possible d'obtenir qu'au restaurant, mais de ces ragoûts de famille que tout le monde peut confectionner au fond de la campagne la plus reculée.

Et, en effet, pourquoi ne ferais-je pas pour le goût de mes lecteurs, pour leur table, ce que j'avais autrefois voulu faire pour leur santé ?

Alors que je créai l'*Autographe*, j'eus l'idée de donner assez souvent à mes abonnés une ordonnance de médecin, qui, en même temps qu'elle leur eût procuré un autographe intéressant, eût pu les toucher à un point de vue plus sérieux.

Je m'explique.

Dans le cas d'une maladie, d'une épidémie régnante, qu'elle fût légère ou grave, je me rendais chez un grand médecin, M. Gendrin, par exemple ; je lui disais qu'un de mes amis en province souffrait de telle ou telle affection, je montrais une lettre du médecin de la localité établissant bien le genre de la maladie dont il était attaqué et je me faisais donner une ordonnance, que je payais, bien entendu.

Ce point obtenu, j'allais tout de suite chez une seconde sommité, M. Hardy ; chez une troisième, M. Velpeau ; chez une quatrième, s'il le fallait ; je leur fournissais les mêmes explications qu'à M. Gendrin ; je me faisais donner également des ordonnances ; je payais, et, rentré à mon journal, je m'empressais de les faire autographier.

Si elles étaient absolument d'accord, jugez quelle joie devaient éprouver ceux de mes abonnés qui souffraient de la maladie en question en pensant que, pour 50 centimes, ils avaient, à quelque distance qu'ils fussent de Paris, l'opinion de trois ou quatre princes de la science ; si elles différaient un peu, ils pouvaient peut-être y trouver encore quelque chose de bon; si elles étaient d'avis absolument contraires, elles réjouissaient mes abonnés bien portants, et j'étais toujours certain d'avoir contenté quelqu'un en faisant une dépense d'honoraires relativement faible.

L'idée n'était pas mauvaise, et si je ne l'ai pas réalisée alors, faute de temps, et dernièrement parce que la série de l'*Autographe* était terminée, je veux l'essayer aujourd'hui dans des conditions plus agréables; car quelque douceur que puisse avoir la médecine, elle devra toujours céder le pas à la cuisine.

Pourquoi la guerre est-elle intervenue aussi dans cette affaire, pour m'empêcher de réaliser un projet que je caressais depuis bien longtemps?

Je possédais un petit livre manuscrit de recettes culinaires recueillies par une dame de Blois, cette fine *gourmette* dont j'ai déjà parlé et qui a perfectionné le fameux potage au potiron, en y glissant un léger coulis d'écrevisses. Sur ce livre essentiellement pratique, écrit absolument devant le fourneau, au moment de la confection du plat, se trouvaient couchées toutes les recettes des mets du Blaisois et des châteaux des environs; il renfermait d'étonnantes variétés d'entremets sucrés, et eût été un véritable trésor pour les ménagères.

Ce fut du reste l'avis des Prussiens, qui l'ont pris il y a deux ans, en venant consciencieusement piller ma maison d'Enghien.

Nul doute que mes ennemis ne s'empressent de dire que je leur ai offert ce précieux livre, et que je me suis fait un véritable plaisir d'offrir à ces messieurs un menu par jour.

Peut-être bien le publieront-ils sous mon nom et passerai-je quelque jour à Berlin pour un nouveau baron Brisse !

Combien je serais heureux de retrouver ce livre, maintenant que de tous côtés me tombent des demandes, que dis-je ? des menaces sous condition de publier telle ou telle recette !

Jugez-en plutôt.

Voici, entre cent, une lettre que je reçois et que je reproduis textuellement :

« Monsieur,

« Chaque jour, vos succulents articles . « Com-
« ment on mange à Paris » me font venir l'eau à la bouche ; je me lèche les doigts de vos sauces et de vos fritures, et j'essaie de mettre en pratique les recettes que vous nous indiquez. J'ai même fait faire,

malgré son horrible complication, la fameuse salade Roger-Meyerbeer, le *Figaro* sous les yeux (en remplaçant, vu la saison, les betteraves par des asperges, etc.).

« Je suis donc, comme vous le voyez, un fidèle du *Figaro*. Je sais le déguster à loisir, le savourer et le digérer. Aussi, j'espère que vous voudrez bien accueillir favorablement, à titre de gourmet, la demande que je vous adresse, de publier la recette du *Homard à l'américaine* dont vous parlez dans votre numéro d'aujourd'hui (marqué mardi 27 août).

« Ma cuisinière se voue à tous les diables et ne peut parvenir à m'en faire un supportable. Ayez pitié et d'elle et de moi.

« Par réciprocité gastronomique (oyez de toutes vos oreilles, si vous n'avez pas encore mis ma lettre au rebut), je me ferai un devoir d'estomac reconnaissant de vous envoyer la recette d'une sauce pour le filet rôti dont je suis l'inventeur et après laquelle, sans fatuité, il faut tirer l'échelle. Avec une pareille sauce, le mets banal s'élève à la hauteur d'une institution.

« *Mais donnant donnant*. Le journaliste ne répondrait pas, le gastronome répondra peut-être, si je le tiens « par la sauce alléché; » mais qu'il se rassure, il n'aura pas lieu de jurer, « un peu trop tard qu'on « ne l'y reprendra plus. »

« Agréez, monsieur le directeur, l'expression des

meilleurs sentiments de votre tout dévoué lecteur et confrère en gastronomie.

« H. C.

« Maisons-Laffitte (Seine-et-Oise).

« Dimanche 1er septembre 1872. »

A cette menace, par bonté d'âme, et bien aussi un peu pour savoir quelle peut être cette fameuse sauce pour le filet rôti, je répondis à M. H. C... par les lignes suivantes :

« Immédiatement j'ai envoyé un reporter intelligent manger du *homard à l'américaine* chez Pascal, successeur de Philippe, qui passe à juste titre pour le confectionner d'après les grandes règles de l'art; des Anglais traversent, dit-on, le détroit rien que pour en venir goûter chez lui.

« Les magistrats ne dédaignent pas non plus de le déguster, et se gardent bien d'oublier le *pâté chaud à l'ancienne* et la *côtelette Maintenon*, deux spécialités de la maison.

« Voici ce que m'a dit mon reporter, après m'avoir toutefois apporté une petite addition, de laquelle il résulte que, suivant mes conseils, il a arrosé son essai d'excellent sauterne, et d'après sa propre inspiration, invité deux reporters de ses amis ; ces deux intimes appartiennent à deux autres journaux et ne manqueront pas de lui rendre chacun un déjeuner.

« Ceci soit dit à seule fin de prouver l'intelligence des reporters du *Figaro*.

« Je continue et je cite la recette que mon ambassadeur m'a communiquée :

« Il est surtout nécessaire avant de penser à faire un homard à l'américaine de savoir confectionner les écrevisses à la bordelaise.

« Pour traiter convenablement l'écrevisse bordelaise, ayez une mirepoix de carottes coupées en dés, du thym, du laurier ; faites cuire vos écrevisses dans du vin blanc, laissez-les tomber, puis, lorsqu'elles sont assez cuites, liez la sauce avec de la glace de viande et du beurre très-fin.

« Pour le homard à l'américaine, la sauce n'est autre que celle des écrevisses bordelaises, à ceci près, qu'il y entre de la sauce tomate, du cognac et qu'il faut que le homard soit coupé vivant. Infamie ! C'est ce dernier crime qui contribue à en faire un plat parfait. »

J'espère que mon correspondant sera satisfait et que M. H. V... ne doit plus rien à M. H. C...

Je vois d'ici mes lectrices reculer d'horreur en pensant à l'infortuné homard qui ne souffre un aussi horrible supplice que parce qu'il est trop bon !

Ce n'est rien encore ! bien d'autres que le homard ont à redouter la cruauté des gourmets et Philomèle elle-même doit payer son tribut à la gastronomie.

Écoutez plutôt M. Angelo de Sorr qui passe cependant pour un homme des plus charmants et des plus civilisés.

Voici ce qu'il m'écrit :

« C'est aujourd'hui l'ouverture de la chasse. C'est l'époque où le rossignol compose le plus joli rôti que l'on puisse rêver.

« Vous avez cru jusqu'ici que le rossignol n'était qu'un ténor. Eh bien ! le rossignol est fort supérieur à l'ortolan, cette variété de moineau que l'on engraisse dans l'obscurité avec du mil. Cette captivité barbare lui fait une chair molle et le recouvre d'une graisse insapide. L'ortolan va au gourmand, le rossignol ne fréquente que le gourmet.

« Le rossignol, avant les vendanges, se nourrissant d'insectes, principalement de la fourmi ailée qui essaime en cette saison, et surtout de raisins, est plus gras en ce moment que l'ortolan.

« Ce n'est pas le tout que de prendre le rossignol, il faut encore savoir le tuer. Ensuite, on ne le tue pas, selon l'expression du verbe, on l'enivre. Et ceci en lui ingurgitant deux ou trois gouttes d'excellent rhum;

mon rossignol tourne sur lui-même et tombe. Il est ivre-mort. Ce genre de trépas est doux, ne surcharge pas la conscience de l'exécuteur, et a ce grand avantage de parfumer les intestins de l'oiseau. On les mantelle de lard fin, et en cinq ou six tours de broche devant un feu vif et pétillant, ils prennent une teinte dorée et sont cuits.

« Mangez-les avec soin. Mettez de côté les foies et les intérieurs aromatisés, puis étendez-les sur votre rôti avec un nuage de poivre. Arrosez votre estomac de plusieurs verres de médoc transatlantique, et ne me parlez jamais plus des rôtis de bécasses.

« La digestion des rossignols rend aimable, et l'on n'a jamais vu, après cette réfection, un directeur de journaux refuser un roman.

« Salutations.

« A. DE SORR. »

Qu'on aille après cela crier à la sauvagerie en parlant du jardinier d'Alphonse Karr, qui se plaignait à son maître des rossignols qui peuplaient le jardin et qui troublaient son sommeil en *gueulant* toute la nuit.

J'ajouterai, maintenant que j'ai commencé à livrer des recettes, que je ne puis m'empêcher de donner : celle de la *carpe à la juive*, un plat de déjeuner par excellence.

La voici dans toute sa simplicité :

1° Employer autant que possible une carpe vivante et bien dorée, de façon à avoir une bonne gélatine ;

2° La vider, la passer légèrement dans deux litres d'eau pour la faire dégorger et perdre son sang ;

3° Préparer un court-bouillon avec de l'ail (dix gousses), quatre échalottes, un oignon, deux petites carottes, du thym, du laurier, persil et poivre en grain. Faire cuire le tout pendant deux heures et le saupouder de poivre de Cayenne. Goûter pour s'assurer que le poivre domine.

4° Quand le court-bouillon est prêt, passer le jus dans un linge pour le clarifier, le faire bouillir une seconde fois, puis y tremper la carpe sur les deux flancs, cinq minutes par côté. Dix minutes en tout suffisent pour la cuisson finale ;

5° Retirer la carpe et la dresser, passer une dernière fois le jus et le verser sur la carpe en disposant la laitance sur les bords du plat ;

6° Faire prendre la gelée pendant toute une nuit ;

7° Éviter de la laisser fondre, ce qui retirerait tout son caractère à la carpe à la juive.

Cette recette m'a été donnée par MM. de Saint-Albin et Jules Prével, qui, dans leur amour pour ce plat, ont enlevé à l'un des amis du *Figaro* sa cuisinière, qui le confectionne à merveille.

Aussi, pendant un mois, ont-ils reçu à leur table

commune (ils demeurent dans la même maison) une série d'amis qui venaient goûter tous les jours à la carpe à la juive.

Leur cuisinière avait les yeux cernés à force de veiller ses carpes.

Nous pensons leur faire un véritable plaisir en annonçant aux amateurs que leur maison est la seule où l'on puisse manger ce mets dans toute sa perfection.

Il est bien difficile d'obtenir ce plat chez un restaurateur ; il faut de l'art, des soins, je dirai plus, de l'affection pour le mener à bonne fin ; la moindre négligence peut le faire manquer, et il n'exige pas moins, comme on l'a vu, qu'une garde de nuit.

Il faudrait ajouter au personnel, déjà nombreux des chefs et sous-chefs de cuisine, des veilleurs qui augmenteraient singulièrement la dépense des restaurateurs.

Car, il faut le dire, les frais d'une grande maison sont énormes ; on le comprendra aisément quand on pensera à ce que représentent des loyers comme ceux de Brébant et du café Riche, à leur matériel, à leurs frais journaliers ; qu'on réfléchisse seulement à ce qu'une seule de ces maisons peut avoir de dépenses de blanchissage, sans compter le prix d'achat du linge qui est si élevé que bien des restaurants se contentent de le prendre en location.

Ajoutons cependant que, bien que la lingerie d'un restaurant doive toujours être irréprochable, les serviettes endommagées ne sont pas précisément perdues à partir du jour où elles sont percées par une coupure ou une brûlure de fumeur ; pliées avec soin, ce sont elles qui servent d'oreillers aux turbots et autres poissons, sur lesquelles on sert les asperges, la friture, les œufs à la coque, les pommes de terre, les truffes, etc., etc.

L'industrie des restaurateurs ne s'arrête pas là, et la vente des restes est encore un produit qui n'est pas à dédaigner ; non-seulement on les vend à des maisons de second ordre, mais certains marchands qui avoisinent les Halles les recueillent pour en faire ce qu'on appelle *des arlequins*.

L'arlequin classique se compose généralement d'un morceau de homard, d'épinards, d'un morceau de viande, de cinq ou six feuilles de salade, d'œufs au lait, etc., etc.

Je me rappelle, à ce propos, une pièce des Variétés dans laquelle Hyacinthe, venant de faire emplette d'un arlequin, après avoir énuméré les mets variés qui étaient sur son assiette, disait avec indignation : Un arlequin de trois sous, et pas d'homard !

Ces gastronomes au rabais me rappellent un établissement qui n'existe probablement plus aujourd'hui, et qui servait de restaurant aux porteurs des Halles.

Dans de grandes tables étaient creusées de larges ouvertures, comme celles qui sont pratiquées sur les tables de toilette pour recevoir les cuvettes.
On y mettait des gamelles dans lesquelles les consommateurs se faisaient donner pour deux ou trois sous de bouillon.
Ce bouillon était servi par une grosse fille, qui le versait dans les gamelles à l'aide d'une énorme seringue ; si par hasard le client ne payait pas instantanément, elle reprenait son bouillon par une aspiration de la seringue et passait à un autre.

Avant d'arriver chez ces industriels à l'état d'arlequins, les restes des grands restaurateurs passent dans des maisons plus modestes, dont ils forment en général le menu habituel, bien qu'on voie à leurs étalages de splendides rosbifs entourés de petits pots de crème, qui n'arrivent généralement aux clients que lorsque les mouches leur ont fait longtemps la cour.

Qu'on ne s'exagère pas les destinées du colossal

morceau de bœuf dont je viens de parler ; il est invariablement loué à un boucher, à qui il est rendu le soir même, sans qu'un couteau indiscret ait osé l'entamer.

De même, dans les restaurants qui ont la spécialité des repas de noces, on voit présenter à la table de magnifiques turbots, qui vont, s'il y a plusieurs mariages dans la maison, figurer une seconde fois sur d'autres tables, mais ne profitent presque jamais qu'à des clients plus considérables qui disent en le voyant arriver.

— Il a été bien vu, n'est-ce pas ? maintenant nous allons le manger.

Ce sont là de petits bénéfices journaliers qui, au bout de l'année, en représentent de fort importants, sans compter les bénéfices légitimes que procurent mille ressources inconnues du public, les *bijoux*, par exemple.

Évidemment, vous qui me lisez, vous ignorez absolument ce qu'on entend par *bijoux* en langage de cuisine ; je vais vous l'apprendre.

Et tout d'abord, combien croyez-vous qu'on change de fois l'eau du baquet dans lequel on nettoie les assiettes d'un restaurant ? Une fois par jour ? — Non. — Une fois par mois ? — Non. — Une fois par an !

Que cela ne vous rende pas suspecte la propreté de

la vaisselle des restaurants; la graisse qui surnage sur cette eau est soigneusement enlevée chaque jour, et c'est cette écume qui, précieusement mise dans de petits tonneaux, forme une matière qu'on appelle bijou, et avec laquelle on compose du savon noir ou le cambouis qui sert à graisser les essieux des voitures.

L'eau qui reste dans le baquet est limpide comme de l'eau de roche, quoique contenant un mordant qui enlève toutes les souillures de la vaisselle ; on la jette ensuite dans l'eau froide, et elle en ressort aussi nette que si elle était neuve.

Malgré cette pureté apparente, cette eau est tellement âcre qu'elle serait malsaine pour les yeux de ceux qui s'en servent, s'ils ne mettaient le plus souvent des lunettes et s'ils n'apportaient pas les plus grandes précautions dans leur travail.

Ajoutons, pour terminer, que le préposé *aux bijoux* se fait d'excellents revenus avec la vente de cette graisse, qui ne lui est pas payée moins de douze francs le petit tonneau.

P. S. — Une petite rectification bien spontanée : Dans le dernier chapitre des présents *Mémoires*, page 188, j'ai signalé à mes lecteurs le moyen que nous employons entre nous pour nous avertir, par des paroles mystérieuses, qu'en dînant nous avons laissé s'attacher soit de l'œuf, soit de la crème ou de la sauce à nos moustaches ; mon ami et collaborateur Philippe Gille, en m'entendant lui dire cette phrase magique : *Antoine est arrivé*, a compris : *Antoinette, arrivez !*

Il est vrai que la consonnance est exactement la même, mais je suis trop l'ami de la vérité pour laisser mes lecteurs plongés dans une aussi grave erreur.

J'ai dit plus haut que chaque restaurateur avait sa spécialité, celui-ci tel ou tel plat, celui-là tel ou tel vin ; le chapitre des vins surtout a une grande importance dans les restaurants parisiens.

Les caves du café Anglais, par exemple, avaient une réputation européenne ; outre qu'elles sont merveilleusement approvisionnées, elles sont assez spacieuses pour qu'on ait maintes fois pu y donner de grands repas.

M. H. de Saint-Georges, le charmant auteur, l'homme d'esprit bien connu, m'écrivit, il y a quelques années, à propos d'un dîner qu'il y avait fait, une lettre que le hasard vient de remettre sous mes yeux ; je la reproduis textuellement :

« Paris, le 10 mai 1866.

« Mon cher Villemessant,

« Vous qui aimez les choses originales, excentriques et qui ne se voient pas tous les jours, laissez-moi vous raconter un événement bizarre qui m'est arrivé hier et dont je vous offre la primeur.

« Je me suis trouvé, à huit heures du soir, au sein de Paris, en plein dix-neuvième siècle, magiquement transporté au milieu des féeries d'un conte des Mille et une Nuits.

« J'étais dans un vaste souterrain, magnifiquement éclairé par des grappes de fruits lumineux, brillantes reproductions de tous les fruits de l'Europe.

« Ces cascades de flammes tombaient des voûtes du souterrain ou s'échappaient des colonnes qui les soutenaient.

« De nombreuses artères sablées conduisaient à un vaste rond-point, dont les murailles étaient recouvertes de splendides tapisseries.

« Au milieu de cette sorte de carrefour, ou plutôt de ce charmant salon, se dressait une table garnie d'argenterie et de vermeil.

« Je m'apprêtais à entendre des voix de nymphes et de sylphes chantant des hymnes en mon honneur.

« J'attendais l'apparition d'une éblouissante fée, venant me prier de partager son festin.

« J'ouvrais mes narines au parfum de l'ambre et du nard.

« Mais les voix des sylphes étaient de bonnes grosses voix qui répétaient comme des échos, dans un profond lointain : *Le bifteck du numéro* 12 !

« *La poularde truffée du* 9 !

« *Frappez trois Cliquot au grand* 16 !

« Les aromes que j'aspirais ressemblaient aux séduisantes odeurs d'une cuisine délicate.

« Enfin la belle fée qui présidait à toutes ces merveilles était un monsieur, de fort bonne façon, de tournure distinguée, qui me tint ce langage :

« — Vous m'avez fait le plaisir d'accepter un dîner au café Anglais, ainsi que quelques-uns de mes plus chers habitués.

« J'ai eu l'idée de vous l'offrir dans mes caves, dans ce palais des meilleurs crus du monde, et ce sont mes Château-Margaux, mes Gruau-Laroze, mes Mouton-Rothschild, mes Lure-Saluce, qui vous en feront les honneurs. Vous voyez que vous serez en bonne compagnie.

« Je vis arriver alors, du fond de ces longues galeries, comme des âmes errantes mais de bon appétit, de chers amis à moi, le prince *Poniatowski, Alphonse Royer, Texier* du *Siècle*, le *comte de Germiny*, régent de la Banque, cet homme si honorable et si universellement regretté.

« Quelques autres encore, tous aimant notre amphitryon pour son esprit aimable et ses excellentes qualités.

« Le couvert se faisait remarquer par une singularité que je vous signale.

« Des carafes d'une eau limpide, mais rien que des carafes d'eau sur la table.

« Messieurs, nous dit M. Delhomme, le roi de ces contrées souterraines, vous voudrez bien prendre la peine de choisir votre vin vous-mêmes.

« Les pans de la tapisserie se soulevèrent ; nous vîmes la plus admirable collection des grands vins du Médoc, du Rhône et de la Bourgogne.

« Historien fidèle, je dois dire que, dans ce savoureux *steeple-chase*, le bordeaux fut complétement vainqueur.

« Chacun puisait au tas, et à la fin du repas, il manquait beaucoup de volumes dans la bibliothèque.

« Le dîner fut charmant, d'autant plus charmant qu'on n'y parla pas politique.

« Mais, en revanche, des anecdotes à foison, de bonnes causeries comme celles des gens qui se sentent les coudes et parlent la même langue.

« On risqua même la vieille chanson, la chanson de nos pères.

« La voix du chanteur n'était pas bonne, la chanson ne valait guère mieux que la voix, mais on est si indulgent quand on a trois verres vides devant soi.

« Au dessert, Poniatowski fit apporter un panier de Johannisberg que lui avait envoyé le prince de Metternich.

« Eh bien ! le Johannisberg eut tort.

« Et voyez l'excellence, la supériorité de cette cave modèle :

« A minuit, nous sortîmes de table aussi calmes qu'en nous y mettant !

« D'ailleurs, j'ai quelquefois compris l'ivresse du peuple.

« Jamais celle des gens comme il faut !

« Bien à vous,

« H. DE SAINT-GEORGES. »

Je ne sais pas si le café Anglais a donné souvent de pareils dîners, mais avouez que par les chaleurs exceptionnelles que nous venons de traverser, un restaurateur qui aurait eu l'idée et la possibilité de recevoir des clients dans ses caves, eût certainement fait de bonnes affaires.

Cela n'eût rien eu de plus étonnant que de faire dîner dans des arbres, comme cela arrive dans les environs de Paris, à l'*Arbre de Robinson*, par exemple.

*   *

Après avoir parlé des dîners, il ne serait peut-être pas déplacé de parler aussi des dineurs. Je n'ai rien dit de ceux qui, comme Roqueplan, apportent dans leur poche jusqu'à un tire-bouchon et débouchent eux-mêmes leurs bouteilles, dans la crainte que les sommeliers n'en fêlent les goulots avec leurs forets, et ne les *égrisent* au point de leur faire boire de la poussière de verre; je n'ai rien dit non plus des mangeurs originaux qui apparaissent à certains moments de l'année dans les grands restaurants de Paris.

Ceux-là sont connaisseurs en cuisine, blasés et difficiles. Ils consentent à jeter l'argent par les fenêtres, mais à la condition que leurs palais et leurs estomacs y trouveront un régal et pas de digestions laborieuses.

Ces dîneurs, dont le nombre diminue tous les jours, sont tout à la fois la terreur et la joie des maîtres d'hôtel, qui sourient à leurs dépenses, mais tremblent devant les colères qu'ils manifestent quand on leur a servi une sauce un peu âcre, un vin passé ou un poisson suspect.

Ainsi que je l'ai dit, ces visiteurs ne viennent pas assidûment. On les voit généralement paraître l'été et l'automne, quand les salons sont fermés, que le faubourg Saint-Germain est à la campagne, et que les grands Cercles sont déserts. Alors seulement ces messieurs en sont réduits à aller dans des cabarets qui se nomment la Maison-Dorée, le café Anglais, le café Riche ou le café Foy.

Il en est parmi eux qui poussent jusque chez Brébant, au café Voisin et chez Magny, rue Dauphine. Ces messieurs viennent dîner, quelquefois à la suite d'émotions qui ont déterminé en eux des appétits que

.es bons bourgeois ignorent toute leur vie. Je dois m'expliquer et bien préciser ce que je veux dire.

Je me suis souvent trouvé à table à côté de quatre ou cinq convives sortant d'un Cercle, les uns ayant gagné cent mille francs au baccarat, les autres ayant perdu la même somme. Les émotions du jeu sèchent le cerveau et creusent l'estomac. On comprend que le dîneur qui, en guise d'absinthe, a supporté la sensation de perdre ou de gagner cent mille francs, apporte au cuisinier un appétit d'un genre tout particulier et ne ressemblant nullement à l'appétit d'un dîneur ordinaire, qui reviendrait de faire le tour du lac au bois de Boulogne, ou qui aurait passé la journée dans son cabinet à discuter ses petites affaires.

Pour ces dîneurs exceptionnels, il n'y a pas de vin assez vieux, de sauce assez succulente, de volailles assez grasses, de poissons assez frais, de primeurs assez précoces et de fromage assez avancé.

Il leur faut du vin de la comète, des cervelles de paon, des langues de bec-figues, ou quelquefois, par dépravation, du petit-salé tout simplement, ou des oignons crus ; ce qui équivaut à dire qu'ils ne savent pas en réalité ce qu'ils veulent.

C'est dans ces moments-là que les maîtres d'hôtel peuvent prouver du génie, ainsi que cela se voyait autrefois au Rocher de Cancale, aux Trois-Frères-Provençaux et au Café de Paris, trois merveilles culinaires disparues avec les cuisiniers de la grande école.

Un maître d'hôtel habile doit deviner l'irrésolution de ces estomacs et improviser aussitôt un menu qui les séduise, et dans lequel il fera entrer les choses les plus rares de la cave et du garde-manger. Il s'empare pour ainsi dire magnétiquement de la volonté de ces convives et leur fera avaler tout ce qu'il voudra.

Son influence n'aura plus de bornes si les grands dineurs qu'il sert ont digéré sans gêne et sans douleur le dîner qu'il leur a conseillé la veille; car, disons-le en passant, plus on est gourmet et connaisseur, plus on a peur d'avoir mal à l'estomac, et plus on redoute les indigestions. On compte bien un peu sur l'eau de Vichy, sur l'eau de Saint-Galmier pour activer les forces digestives ; mais on compte surtout sur l'habileté du cuisinier et sur la parfaite liaison de ses sauces et de ses coulis.

Les grands dîneurs dont je parle n'ont évidemment rien de commun avec le consommateur ordinaire qui dîne parce qu'il a faim, qui accepte les plats du jour sans les discuter, qui les trouve toujours excellents, et qui ne leur fait d'autre reproche que de les payer un peu cher. Hélas ! pourquoi les fins gourmets n'ont-ils plus l'estomac de ces consommateurs faciles à contenter, qui finissent tous les mets, et qui trouvent les entre-côtes trop petites, et les filets chateaubriand trop plats ! C'est en voyant manger de la sorte un beau garçon de vingt-cinq ans, qu'un financier célèbre, que l'on rencontre sur le boulevard, s'écriait avec mélancolie, qu'il donnerait dix mille francs pour pouvoir digérer sans douleur ce que son voisin avait absorbé.

Parmi les dîneurs blasés et connaisseurs que je citais tout à l'heure, figurent au premier rang le prince S..., un savant, un collectionneur, et un archéologue, le prince R... Ils sont tous deux Russes et ont à peu près les mêmes goûts. Il est à croire que l'estomac du prince R... est plus solide que celui du prince S...
Il faut les voir mangeant une carpe à la Chambord !
Ce qu'il y a de truffes, de rognons et de crêtes de coq, de queues de crevettes, de moules et d'huîtres d'Ostende autour du plat, est incalculable. On dirait un champ de bataille ou la pêche miraculeuse.

La carpe du Rhin, éventrée par les fourchettes, présente des cavernes obscures d'où sortent des avalanches de truffes et de farces infusées dans tous les poivres récoltés à l'île de Ceylan. Ce plat succulent exhale un parfum qui se répand dans tout le salon, sort par les fenêtres et embaume le quartier. Les cochers qui ont l'habitude de stationner à cet endroit du boulevard, en sont avertis. Ils en ont l'eau à la bouche et s'en réjouissent parce qu'ils savent que souvent ces grands seigneurs leur font passer les riches et opulentes miettes de leur table.

La carpe est arrosée de vin blanc d'Yquem ou de Sauterne. que nos convives boivent avec une gravité exquise. Ils regardent le liquide perler dans le verre, puis le savourent en pensant à Noé.

— Le vin est décidément fait pour être bu, dit le prince R...

— Oui, répond le prince S..., il y en a trop pour dire la messe, pas assez pour faire tourner les moulins ; donc il doit être bu.

Après la carpe à la Chambord, nos dîneurs passent aux canetons rôtis non saignés. Alors le maître d'hôtel découpe lès canards, puis on retire les foies, auxquels il ajoute un peu de poivre long, infusé au soleil dans du jus de citron, et délaye le tout dans le sang et dans le jus. Ce manger est exquis.

Avec un tel mélange, on arrive à des résultats énormes. Cette farce emporte la langue. Il y a des gourmets qui, non contents d'atteindre à la force du sinapisme, font exagérer les doses pour arriver jusqu'à la pierre infernale.

Il faut quatre ou cinq petits canards pour obtenir le nombre d'aiguillettes suffisant. Avec cela, les convives passent au vin rouge, du crû de Musigny, vin très-rare qu'on offre partout, mais qu'on ne peut donner authentique que dans deux ou trois restaurants de Paris et à des prix fort peu modérés.

Le champagne arrive avec les fromages pour mettre les dîneurs en belle humeur, puis le dessert, puis le café. Il va sans dire que je n'ai point donné le menu complet de ces patriciens de la cuisine, et que j'ai omis d'énumérer une foule de plats et de mets auxquels ils ne font que toucher, pour se refaire le palais et ne point le laisser sur une même saveur.

Il est à Paris un gourmet fort connu, qui ne trouve jamais le gibier assez faisandé. Il se fait servir dans un salon particulier. C'est là que dans le silence du cabinet il savoure des poules d'eau et des bécasses tuées depuis six semaines. Le garçon qui le sert se bouche le nez et n'entre auprès de lui que quand sa présence est indispensable. Et lorsque ce client étrange a fini, on brûle dans son salon des pastilles odoriférantes.

Il ne faut pas oublier le dîneur tombé des nues. Celui-là n'habite point Paris, il n'y est que de passage. Je m'en rappelle un, tout à fait extraordinaire, qui produisit, un samedi soir de carnaval, une impression étrange au café Anglais.

Vers sept heures du soir, les habitués les plus à la

mode du café Anglais étaient venus pour mal dîner, réservant leur appétit pour le souper qui devait précéder ou suivre le bal de l'Opéra. Les petits grooms de ces dames stationnaient assis sur les banquettes de l'antichambre. Tout à coup on vit paraître un valet de chambre, portant une livrée féodale, rappelant celle de la *Belle au bois dormant*.

— Je voudrais, disait-il, parler au maître de céans.

Son maître, qui l'attendait à la porte dans un carrosse d'archevêque, voulait dîner au café Anglais. Il avait envoyé son valet pour savoir s'il y avait de la place dans le restaurant.

Peu d'instants après parut le maître, qui n'était autre qu'un gentilhomme breton, âgé de vingt-deux ans, et venant seul pour la première fois à Paris.

Il était tout de noir habillé, en toilette de bal, avec une chemise brodée, ornée de trois magnifiques boutons de diamant.

Le gentilhomme se mit à table au milieu des viveurs tapageurs. A peine assis, il tira de sa poche un mouchoir de batiste bordé de dentelle blanche et marqué à ses armes, puis un chapelet.

Il fit le signe de la croix, déroula trois fois son

chapelet, puis sortant de son recueillement, il dit un pardon.

Sa prière faite :

— Servez-moi, dit-il au garçon, des huîtres d'Ostende, un potage gras, une barbue, un filet au vin de Madère, un perdreau truffé, une salade, une bombe à la vanille et une poire de Saint-Germain. Comme vin, donnez-moi du Sauterne, du Château-Laffitte et du vin de Champagne de la veuve Cliquot.

Le gentilhomme, ayant absorbé son menu, reprit son chapelet et fit sa prière ; il paya, remit un louis au garçon, et gagna sa voiture. Dans l'escalier, il demanda au chasseur de lui indiquer dans quelle rue habitait M. le curé de Saint-Sulpice.

L'apparition de ce beau jeune homme avait beaucoup intrigué les domestiques, et les maîtresses plus encore. Les trois gros diamants de sa chemise étaient l'objet de toutes les convoitises. On le chercha à l'Opéra, on l'attendit le lendemain. Il ne reparut pas. Le bruit courut qu'il était le dernier des Penarvan.

On alla demander des renseignemets à M. Jules Sandeau, qui n'en put donner aucun. Enfin, on apprit par hasard que ce jeune gentilhomme était venu à Paris avec un vieux valet de chambre pour Mentor, afin d'acheter une bannière à la Vierge de l'église de son village. Le produit d'une cagnotte formée pendant la saison précédente devait être consacré à cette acquisition.

✱
✱ ✱

J'ai dit que les cuisiniers de la grande école disparaissaient un peu. Pascal, qui tient le restaurant Philippe de la rue Montorgueil, est un des derniers de cette catégorie. Il excelle, comme spécialité, à accommoder les poissons.

Adolphe Dugleret, ancien cuisinier de M. le baron de Rothschild, et depuis deux ou trois ans maître d'hôtel au café Anglais, est peut-être, à l'heure présente, le cuisinier le plus savant et le plus complet de Paris. On lui écrit de toutes les capitales de l'Europe pour lui demander des menus pour les repas de gala, et des recettes.

M. Dugleret est envié et connu des maîtres d'hôtel de tous les autres grands restaurants qui saluent en lui un maître incomparable. L'économie qui s'est faufilée partout, même dans ce que nous appelons à présent le luxe, l'empêchera de faire des élèves : la cuisine faite à son école coûte très-cher, parce qu'il n'opère, ne manipule et n'assaisonne, qu'avec *des bases* pour ses sauces et ses coulis.

Toute la grande cuisine est dans ce qu'on nomme

les bases, c'est-à-dire dans le résidu, la quintessence de pièces de viande ou de poisson sacrifiés pour en extraire le fumet, qu'il faut faire passer dans la sauce destinée au morceau de viande ou au poisson qui doit paraître sur la table des gourmets. Je ne fais qu'indiquer ce point important de la cuisine, qu'on paraît disposé à abandonner tout à fait.

Quand M. Dugleret s'en va souper quelque part, il faut voir avec quelle curiosité les maîtres d'hôtel et les garçons se groupent autour de lui et l'observent. Le cuisinier, enfoui dans sa cuisine, est prévenu *qu'il opère pour le maître*. L'émotion le gagne très-souvent et lui fait brûler ses filets, ou tourner ses sauces. Mais aussi, quand il a réussi un plat, il reçoit les félicitations du maître, et il en devient fier comme un soldat mis à l'ordre du jour. Règle presque générale : M. Dugleret ne mange guère d'autre sauce que de la maître d'hôtel. Il boit de l'eau de Saint-Galmier, précaution qu'il ne cesse d'observer que quand c'est lui-même qui a préparé les mets qu'il doit manger.

Pour clore cette dernière série de dîneurs, je ne parlerai qu'en passant d'un original que tous ceux de ma génération ont bien connu, le baron de Saint-Criq.

Un soir, il se présente dans le grand salon de

Brébant, se fait servir à dîner, et, après le rôti, demande une salade de chicorée : on la lui apporte; il demande à l'assaisonner lui-même; il goûte l'huile et la trouve trop forte, il flaire le vinaigre et le trouve trop faible; on se procure l'huile la plus fine, gelée en plein été, le vinaigre le plus piquant, venant en droite ligne d'Orléans. Le marquis a l'air satisfait; il examine le sel, il n'est pas assez blanc; le poivre, il n'est pas assez frais moulu.

Immédiatement on lui apporte le sel et le poivre les plus irréprochables qu'on a pu se procurer; le baron sourit d'un air satisfait et assaisonne enfin sa salade; ce travail terminé, il l'examine et dit en souriant au garçon :

— Mais le chapon, où est le chapon ?

Bien vite le garçon en fait confectionner un qu'il apporte respectueusement sur une assiette.

Le marquis le met dans la salade, la retourne consciencieusement pendant cinq minutes, et ce travail fait, prend le saladier des deux mains, l'élève au-dessus de sa tête et... s'en coiffe comme d'un chapeau. Tout naturellement, les assaisonnements lui tombent sur les épaules, seule la salade est restée sur sa tête; ses voisins le regardent avec étonnement. Mais lui, sans s'émouvoir, retire le saladier, maintient d'une main la salade sur son chef, se recoiffe de l'autre, se lève et sort majestueusement sans dire un mot.

Personne ne sourit, car l'air grave du marquis n'y prêtait certes pas.

Il était fou et se livrait chaque soir à quelque fantaisie dans ce goût-là.

Il en a fait bien d'autres, que je conterai quelque jour à mes lecteurs.

La recette du homard à l'américaine, que j'ai donnée tout à l'heure, m'a valu des éloges et des observations.

Les éloges, je les garde ; les observations, j'en tiens compte.

Il existe une seconde manière de préparer ce plat, un perfectionnement à la première : les nuances qui la distinguent de l'autre ayant une certaine importance, je m'empresse de l'enregistrer ici, en déclarant que je la dois à M. Touzé, un voisin de campagne :

« Prenez huit à dix échalottes, hachez bien menu la mirepoix, telle qu'elle a été indiquée pour l'écrevisse bordelaise. Mettez dans un plat à sauter un quart de beurre frais. Coupez en morceaux une langouste ou un homard *vivant;* mettez-le dans du beurre très-chaud et faites sauter à feu vif en retournant.

« Mettez les échalottes hachées menu : laissez faire un tour de feu ; ajoutez une garniture ou une mirepoix bordelaise ; de même des tomates hachées ; ajoutez ensuite de la sauce tomate en quantité égale aux tomates hachées. Autant de sauce espagnole (cette sauce se compose d'un roux fait avec du bouillon). Assaisonnez de sel, poivre ou mignonette. Videz une bouteille de chablis et laissez réduire de moitié ; versez ensuite cinq ou six petits verres de cognac. Allumez, de façon à ce que la flamme s'éteigne d'elle-même. Ajoutez quelques fines herbes, un quart de beurre ; prenez le homard sans laisser rebouillir la sauce, — parce que le beurre se décomposerait, et servez. »

*
* *

Ici s'arrête mon voyage gastronomique ; bien que je compte donner de temps à autre, peut-être une fois par semaine, les recettes intéressantes et faciles à exécuter qui pourront m'être communiquées, je ne parlerai désormais plus de cuisine.

Je rentre dans ma vie de journaliste après cette courte excursion dans le monde de la table, et je continuerai les présents Mémoires par quelques pages sur les jeux et les joueurs que j'ai vus de près, et par les portraits à la plume de ceux des gens de lettres que j'ai été à même de connaître.

Je ne veux cependant pas terminer sans raconter à mes lecteurs une petite anecdote, bien qu'elle ne se rattache que d'assez loin à l'histoire des dîneurs :

Tout le monde a connu personnellement ou de réputation le marquis du Hallays, l'homme de France le plus expérimenté en matière de duels ; il n'y avait pas à Paris, voilà quelque vingt ans, une affaire d'honneur sans qu'il fût question de lui au moins comme juge du camp.

C'était un très-bel homme, admirablement campé, taillé pour aller sur le terrain ; ajoutez à ces avantages qu'il avait un œil égaré à la manière de celui de Mᵉ Lachaud, et que quand on tirait avec lui, il était extrêmement difficile de deviner dans son regard où il pouvait vous viser.

Il m'honorait de son amitié et j'eusse bien voulu qu'il pût la pousser jusqu'à me rendre aussi habile que lui à l'escrime ; bien des lâches n'eussent pas pris avec moi certains airs crânes s'ils ne se fussent doutés d'avance que je savais à peine manier une épée.

Je me rappelle (qu'on me pardonne cette parenthèse) qu'un jour, à la veille d'une affaire, j'allai le consulter, comme on va chez un grand médecin ; d'autres que moi l'attendaient dans son antichambre, venus, sans doute, pour des cas analogues au mien.

Je lui expliquai mon affaire à la hâte, et je reçus de lui ce billet que je copie textuellement :

« Mon cher Villemessant,

« Demain, à huit heures du matin, vous trouverez à votre porte une voiture pourvue de deux excellents chevaux et d'un valet de pied ; vous verrez dans cette voiture deux paires d'épées et un de mes amis ; cet ami est le docteur B...; il emporte avec lui tout ce qui est nécessaire pour la partie de campagne que vous allez faire ; je suis bien convaincu que vous n'aurez aucun besoin de ses soins (le marquis me croyait de première force !) et la preuve, c'est que je vous attends pour déjeuner, à midi, tous les deux. »

Que s'est-il passé ? je l'ai oublié. Toujours est-il que nous déjeunâmes tous trois de très-bon appétit et que tout me porte à croire aujourd'hui que je n'ai pas encore été tué définitivement ce jour-là.

Je clos ma parenthèse.

Je donnais, ai-je dit plus haut, mes grands dîners du *Figaro*, intitulés modestement, *dîners des gens d'esprit !*

Comme le *Figaro* n'était alors qu'un journal littéraire, je n'avais guère que des amis et tout ce que Paris comptait de gens sachant se servir d'une plume entrait plus ou moins dans la collaboration de mon journal.

Nous n'étions jamais moins de cent invités.

Ayant remarqué depuis longtemps que rien n'est plus triste qu'une grande table, j'avais inventé de fractionner mes convives par tables de dix personnes.

Chacune de mes petites tables avait son président, et comme j'avais convié à chacune d'elles un artiste, peintre, comédien ou chanteur, il y avait tout à parier que mes invités trouveraient tous de quoi passer agréablement leur soirée.

Un soir que je me rendais à l'un de ces dîners, je reçus du marquis du Hallays une lettre bien chaude, bien amicale, conçue à peu près en ces termes :

« Cher ami, j'apprends que vous traitez. Vous m'avez oublié : je m'invite moi-même. Arrangez votre couvert comme vous voudrez, mais comptez absolument sur moi ; je dîne quand même !

« DU HALLAYS. »

J'étais sincèrement enchanté de le revoir. — Si je ne l'eusse pas été, j'eusse peut-être eu une terrible affaire sur les bras !

Il arriva à l'heure juste.

Au nombre de nos invités était le charmant garçon

qui s'appelait Lambert Thiboust, et qui était si peu fait pour mourir que je m'attends toujours à le rencontrer à quelque coin du boulevard.

Le hasard voulut qu'il fût placé juste à côté du marquis du Hallays. Ce dernier arriva avec le costume que ceux qui l'ont connu se rappelleront bien ; coiffé sur l'oreille d'un chapeau haut de forme à ailes relevées, tout comme un électeur du grand collége ; cravate élevée, air militaire, redingote pincée, pantalon correct.

Dès qu'il fut assis près de Thiboust et avant que celui-ci m'eût posé une question sur son voisin, je lui insinuai qu'il avait affaire à un provincial de la plus belle eau, et qu'il pourrait en tirer tous les éléments de gaîté désirables.

Il n'en fallait pas plus.

Au bout de cinq minutes, Lambert racontait des histoires insensées ; au bout de dix minutes, il tutoyait le marquis en l'appelant : Ma petite vieille !

Le marquis, sachant qu'il se trouvait au milieu d'artistes en gaîté, ne s'étonnait de rien et acceptait sans sourciller les plaisanteries de Thiboust.

Tout à coup, un garçon vient parler bas à l'oreille de ce dernier en lui remettant un billet écrit au crayon. Il était de ma façon, et voici ce que je lui disais :

« Mon cher Thiboust,

« J'ai réfléchi ; vous avez peut-être tort de pousser aussi loin vos plaisanteries ; votre voisin est le marquis du Hallays et il me semble voir dans son regard qu'il est sur le point de se fâcher.

« A vous,

« H. DE V... »

Je suivais du regard Lambert, qui à mesure qu'il lisait mon billet, devenait de plus en plus sérieux. Il le roula doucement, le mit dans sa poche et continua, sur un mode plus contenu, le genre de plaisanteries qu'il avait commencées. Peu à peu la conversation changea de tour, et le soir, pendant que les parties étaient engagées, je vis Lambert et le marquis bras dessus bras dessous, riant comme des fous.

— Que voulez-vous, me dit Lambert Thiboust en riant, pendant que je passais à côté de lui, je tire bien, c'est vrai, mais je ne suis pas un spadassin !

B. JOUVIN.

I

Je continue le voyage que j'ai entrepris il y a quelque temps à travers le *Figaro*. J'ai promis à mes lecteurs de leur présenter, à mesure que leurs noms viendraient sous mes yeux, ceux de ses rédacteurs qui y avaient conquis une place importante.

C'est aujourd'hui le tour de Jouvin, le seul qui avec moi soit resté de la fondation du *Figaro*, où il a passé comme associé, comme directeur et comme rédacteur.

On comprendra facilement que je ne donne pas une biographie complète de celui qui est devenu mon gendre ; je ne le prendrai pas dès le jour de sa naissance, mais seulement à partir de celui où je l'ai connu, qui a été le premier de notre amitié.

Tout ce que je dirai, c'est que, né en province d'une excellente famille, Jouvin, qui devait consacrer toute sa vie à l'amour des lettres, fut renvoyé de son collége comme mauvais élève, doué d'une grande paresse, mais considéré comme de première force en version latine.

Sa mère était d'une rare piété, et l'éducation religieuse qu'il a reçue d'elle n'a pas été perdue comme celle du collége ; sans rien afficher de ses convictions, sans les discuter, Jouvin sait faire comprendre qu'il n'appartient pas à la coterie philosophico-matérialiste qui a abêti une portion de la génération présente dans les classes élevées, et qui a produit les fusilleurs de prêtres dans les fameuses couches sociales.

Aussi dans nos bureaux de rédaction, où l'on pratique le sobriquet sur une grande échelle, avait-on l'habitude de le plaisanter en l'appelant notre *pieux*, tout en constatant cependant que les genoux de son pantalon n'étaient point usés.

Jamais il ne s'en est fâché, et nous a laissé en souriant (ni trop ni trop peu) nous livrer à cette innocente manie.

C'est, du reste, une ancienne tradition au *Figaro* que le sobriquet ; ainsi je me rappelle que lorsque Rovigo travaillait avec nous, nous l'avions surnommé *Grouchy* parce que sa copie était toujours en retard ; le plus curieux, c'est que la plupart de ces sobriquets restaient à ceux à qui on les avait donnés, comme dans les campagnes où la force des surnoms est telle qu'il faut la plupart du temps les faire entrer dans les actes de l'état civil.

Nous appelions Lapierre *Belle-Pointe*, parce qu'il parlait constamment d'escrime ; Audebrand avait été surnommé le *prince de Ligne*, à cause de son habitude de délayer ses phrases et de chercher à en tirer le plus grand nombre de lignes possible ; Besselièvre, qui était d'aspect froid et triste, était appelé *M. Jovial ;* Georges Maillard *Col de zinc*, parce qu'il se tenait droit et raide comme un soliveau ; Langeac, *La pluie qui marche*, en raison de son peu de gaîté ; Cochinat, *Boule de neige* (pas de commentaires), et le petit Prémaray *Fait en fiacre*, je ne sais plus trop pourquoi.

C'est à ce dernier que Grassot, considérant sa conformation et la longueur exagérée de ses bras, disait : Quel joli bossu tu ferais si tu en avais l'esprit!

Présentement, les sobriquets se font plus rares, ce qui n'empêche pas que D'Aulnay ait été surnommé *Divin sourire*, à cause de l'aspect aimable et d'un souriant stéréotypé qu'il donne à sa physionomie quand il avance un fait qu'il considère toujours comme indiscutable. Lafargue est appelé *la Vicomtesse* à cause de la régularité, du soin de femme qu'il apporte à toutes les choses de la vie; Gaston Vassy est surnommé *Friture ;* ceux qui l'ont entendu une fois reconnaîtront à ce mot le petit clapotement qui se produit quand il essaye de lutter contre le bredouillement redoublé qu'il tient de la nature.

Un autre, que nous ne nommerons pas, parce qu'il n'appartient plus à notre journal, avait, en raison de l'étrangeté de sa toilette (qui ressemblait à celle de Bertrand dans l'*Auberge des Adrets*), été surnommé le *teneur de livres d'une bande de voleurs*.

Dans une feuille rouge, il existe un reporter qu'on appelle *Fleur de Crapule* et un autre qu'on appelle Baron, mais *Baron de Monmuffle*, sans compter le *vicomte de Charognard*, etc., etc.

*
* *

Revenons à Jouvin.

C'est à Paris qu'il a écrit sa première ligne.

Sans se préoccuper de se procurer des lettres de recommandation, auprès de Pierre ou Paul pour les porter à Paul ou Pierre, directeurs de journaux, Jouvin, dès qu'il se sentit de force, se mit à écrire un article; il le jeta dans la boîte du *Globe* qui, alors, était rédigé par Granier de Cassagnac.

Le lendemain il acheta le journal, le parcourut et y trouva insérée la copie qu'il avait envoyée; enchanté de ce mode de procéder, il le renouvela et remit un nouvel article dans la fameuse boîte.

Il en fut du second article comme du premier.

Cette fois l'audace s'en mêla; Jouvin se présenta aux bureaux de la rédaction du *Globe*, et s'annonça comme étant l'auteur de la prose qui avait été si favorablement accueillie.

— Vous pourrez, lui dit-on, apporter vos articles; vous faites dès aujourd'hui partie de la rédaction.

On juge de la joie du débutant.

Non content d'être accepté comme écrivain, Jouvin, qui adorait la musique et qui avait travaillé sérieusement pour l'apprendre, composa plusieurs morceaux, et entre autres une valse à grand orchestre, qui fut exécutée salle Vivienne.

Jouvin a toujours été d'une excessive timidité; aussi dès que les musiciens attaquèrent les premières mesures de sa valse, il se sauva à toutes jambes plein d'émotions et de craintes. La valse eut un grand succès, mais il ne l'entendit qu'au bout de quinze jours.

Plusieurs journaux lui ayant demandé des comptes rendus d'opéras, concerts, etc., il commença alors la carrière de critique musical qui devait faire sa réputation.

Jouvin se trouvait, comme on le voit, armé de toutes pièces pour se jeter dans la lice et peu de ses confrères ont pu se vanter d'avoir été aussi expérimentés que lui dans l'art dont ils se sont constitués juges.

J'ai dit plus haut qu'il était d'une grande timidité; elle est poussée à ce point que bien qu'il possède un véritable talent d'organiste, personne ne peut se vanter de l'avoir entendu, excepté moi, cependant, qui, grâce à de nombreux artifices qu'il ignore, ait pu constater sa force.

Voilà donc Jouvin passé homme de lettres.

C'est vers cette époque que je l'ai connu. Je dirigeais alors la *Sylphide* qui me coûtait près de 80 francs de rédaction par mois, somme qui me semblait fort respectable; elle l'était en effet, car la position de rédacteur à mon journal était très-enviée.

Un jour, ayant lu un compte rendu de musique signé Jouvin, dans l'*Époque*, je fus frappé de la justesse de ses appréciations et de la forme incisive dans laquelle elles étaient exprimées; l'ayant rencontré à l'Opéra-Comique je lui adressai mes compliments sur sa façon de comprendre la critique, puis, pour aborder plus franchement la question, je lui proposai de faire la revue musicale dans la *Sylphide*. Comme arguments irrésistibles, je lui avais offert 15 francs par article, qu'il y fût question de la première représentation d'un petit acte à l'Opéra-Comique, d'un simple concert ou de la partition des *Huguenots*.

Jouvin trouva l'offre brillante et accepta.

A peine installé à la *Sylphide*, il s'y révéla par des articles aussi remarquables par leur éloquence que par la vigueur des traits qu'il lançait à ceux qui avaient le don de lui déplaire. Intolérant à l'excès, lui qui dans la vie privée est le plus doux et le plus patient des hommes, il ne voulait admettre que Beethoven et Mozart; quant aux compositeurs modernes il en faisait litière, et passé Auber et Adam ne reconnaissait de talent à personne.

Comme on le pense, avec de telles allures sa plume ne resta point longtemps ignorée; ses blessures faisaient crier et appelaient l'attention sur lui; ses comptes rendus étaient terribles et faisaient souvenir de la critique de Gustave Planche.

Depuis il a, je le reconnais, arrondi ses angles, ce qui n'empêche pas que sous des formes plus parlementaires, on ne voie passer de temps en temps le bout de l'oreille de l'ancien *éreinteur*.

※

Arriva la révolution de 1848; les événements nous éloignèrent l'un de l'autre; il fut appelé à faire partie de la rédaction d'un journal de Lyon, journal du parti de l'ordre, bien entendu.

Un détail caractéristique à propos de ses habitudes, ou plutôt de ses manies. Jamais Jouvin n'a écrit autrement que sur du papier rose avec de l'encre bleue; il renoncerait plutôt à la littérature qu'à un changement d'encre; aussi, quand il partit pour Lyon, il en emporta précieusement une petite bouteille qu'il tint à sa main tout le temps du voyage dans la crainte de la perdre.

Après avoir fait-là bas une bonne campagne contre les socialistes et les révolutionnaires de l'époque, il revint à Paris.

Pendant ce temps, j'avais créé le *Lampion* avec Boyer, l'ancien directeur du théâtre du Vaudeville, et de Calonne. Dans ce journal, dont j'ai déjà parlé au commencement du second volume de mes *Mémoires*, on criait : « Vive le Roi! » à toutes les pages.

Le *Lampion* étant mort de mort violente, je fis la *Chronique de Paris*, et ayant retrouvé Jouvin, je lui proposai, vu la faiblesse de mes ressources financières, d'en prendre la rédaction à nous deux; il accepta, et c'est alors que parut, une fois par mois, moyennant 6 francs par an, cette brochure qui était remplie de fleurs de lys, depuis la première page jusqu'à la dernière; alinéas, commencements, fins d'articles, couverture, tout était sujet à fleurs de lys, nous en mettions partout sans même y chercher de prétexte.

* * *

Notre collaboration était des plus faciles ; je me levais de bon matin et j'écrivais au courant de la plume tout ce que j'avais vu, tout ce qui me passait par la tête ; ce travail fait, je le portais à Jouvin qui ne manquait jamais de me dire : C'est très-bien.

Je savais au contraire que ce que j'avais fait était mauvais et que la paresse seule le rendait indulgent. Il se serait volontiers contenté de biffer ou changer un mot et d'envoyer ma copie à l'imprimerie. Cela ne faisait point mon compte ; je le forçais à tout récrire de sa main. Chemin faisant, il donnait sa forme à mes idées, y joignait les siennes, et le soir j'avais un excellent article, si habilement retouché, que j'eusse pu, si j'avais bien voulu, le croire entièrement de moi.

J'étais jeune, ardent royaliste, j'étais aidé par le talent de Jouvin ; on voit ce que nous avons pu faire.

Mais, hélas ! la *Chronique de Paris* ne dura pas ; je criais trop fort : « Vive le roi ! » et MM. de Maupas et Latour du Moulin la condamnèrent à mort. Je la remplaçai par la *Chronique de France*, que je cédai bientôt à René de Rovigo.

C'est quelque temps après ces tribulations que Jouvin devint mon gendre.

Mes essais précédents ne m'avaient point satisfait; mais ils ne m'avaient certes pas découragé ; quelque chose me poussait à faire des journaux.

Enfin, un beau matin, je mis au monde le *Figaro*.

Naturellement, j'y fis entrer Jouvin, non pas parce qu'il était mon gendre, mais parce qu'il était Jouvin ; il fut avec Villemot une des causes de succès de ce journal, dont mes meilleurs amis m'avaient conseillé d'abandonner l'idée.

Heureusement que je me suis entêté.

Comme il m'était défendu de parler politique, je dus faire du *Figaro* un journal qui fût surtout littéraire ; l'actualité des salons, des théâtres, des boulevards tenait lieu du récit des émotions de la Chambre et de variations sur des thèmes politiques.

Pour vivre dans de telles conditions, il fallait être constamment informés et intéressants ; nous mîmes tous nos soins à faire du *Figaro* un journal exceptionnel et je puis dire aujourd'hui sans vanité que nous y sommes parvenus.

Aussi, que de mouvement, que d'activité! Tout Paris devait passer dans nos colonnes ; tout Paris y passa, et il est peu d'écrivains célèbres aujourd'hui qui n'aient signé des articles dans notre journal.

※
＊ ＊

La spécialité de Jouvin était alors la critique littéraire; il rendait compte des livres, des romans.

Un jour que Villemot, qui parlait des théâtres dans ses chroniques, venait de passer à l'*Indépendance belge*, je proposai à Jouvin de se charger de la critique dramatique.

— Mais je ne veux pas, me répondit-il, je ne saurais jamais m'en tirer !

— Je vous assure le contraire, lui dis-je en insistant.

Je le décidai à accepter.

Ses articles parurent; au bout d'un mois ils faisaient autorité.

Musique, comédie, vaudeville, tout relevait de sa plume; je rencontrai pourtant chez lui une opposition absolue quand je lui demandai de s'occuper aussi des drames.

Il les avait en horreur et ne voulait pas en entendre parler.

— Rendez-en compte sans les aimer, lui disais-je, et je l'emmenais avec moi.

Que ce soit un drame ou autre chose, quand je suis au théâtre j'y deviens public et j'accepte tout ce que les auteurs veulent bien faire débiter à leurs acteurs ; je crois à l'amour du jeune premier, aux malheurs de la jeune première, je me passionne, je ris et je pleure suivant l'exigence des situations.

Il n'en est pas de même de Jouvin qui, jamais de sa vie, n'a entendu un drame sans sortir indigné du spectacle.

Comme il fallait bien que, malgré l'antipathie de mon critique pour ce genre de littérature, mes lecteurs fussent informés de toutes les nouvelles de théâtre, j'emmenais, comme je l'ai dit plus haut, Jouvin avec moi et ne le quittais pas quand il s'agissait d'un drame. Espérant que mon admiration pourrait fondre sa glace, j'exagérais mon enthousiasme, je lui parlais de notre amitié pour l'auteur. Presque toujours il finissait par avoir l'air de partager mon avis et approuvait même de la tête quand il m'échappait un : Joli ! très-joli !

Nous nous quittions et je rentrais chez moi convaincu que le feuilleton de Jouvin serait tout en faveur du drame qui m'avait procuré de si vives émotions.

Vaine illusion ! Le compte rendu était un éreintement effroyable que la liberté dont ont toujours joui mes collaborateurs me forçait à laisser paraître !

— Mais comment, diable! lui demandais-je, avez-vous fait pour écrire une critique aussi dure, vous qui hier soir, sembliez si bien disposé?

— Mon Dieu, me répondait Jouvin, voici comment la chose s'est passée ; en me mettant devant ma table j'avais l'esprit rempli de vos murmures d'enthousiasme ; peu à peu, et à mesure que je récapitulais mes propres impressions, vos : Joli! très-joli! s'effaçaient et faisaient place au défilé des personnages du drame que je venais de subir ; les situations à effet ressuscitaient devant moi, et à mon tour je m'exclamais comme vous, mais en me disant : Que c'est creux! que c'est faux! que c'est banal et prétentieux! et jetant le tout dans mon alambic pour en tirer au moins un grain de bon sens, je voyais le drame s'évaporer scène par scène. Ma cornue étant restée vide, je suis devenu furieux du résultat de mon expérience et je me suis vengé avec ma plume de tout ce temps perdu!

Voilà pourquoi, lorsqu'on me demandait si Jouvin ferait un feuilleton favorable à telle ou telle pièce, je répondais toujours que je n'en savais rien, lui-même n'étant souvent pas mieux renseigné que moi à cet égard.

⁂

Je l'ai dit plus haut, Jouvin est un grand travailleur et surtout un grand liseur de bons livres; toute sa vie s'est passée à écrire et c'est dans ses ouvrages qu'il faut en chercher les événements.

C'est ce que je vais faire en feuilletant le *Figaro* d'autrefois et en donnant à mes lecteurs des échantillons de la verve mordante et de l'esprit d'observation qui sont la marque distinctive du talent de Jouvin.

Je ne saurais mieux commencer cette courte étude qu'en donnant un petit portrait à la plume que mon collaborateur a fait de lui-même. Gageons qu'il ne s'en souvient guère et sera bien étonné de le trouver ici. J'en garantis la ressemblance et la sincérité; ceux qui le connaissent seront certainement de mon avis.

Comme Jouvin était l'objet de vives critiques, en raison des portraits qu'il publiait, et qu'un de ses contradicteurs avait affirmé qu'il n'oserait jamais faire le sien, il répondit à ce défi par le croquis suivant :

(B. JOUVIN)

« Vous vous imaginez peut-être que ce nom placé à cheval doit produire infailliblement le vertige de la personnalité, et qu'on ne manquera pas de ramasser demain, dans la rue, les morceaux cassés de mon amour-propre? ou bien encore que je vais vous dire de moi beaucoup de mal dont je ne penserai pas un mot, ou un peu de bien tout en me réservant d'en penser davantage? D'une façon ou d'une autre, ce serait une sottise qui n'aurait pas même l'excuse d'être commise involontairement.

« Ce que j'ai à vous apprendre sur mon compte, je m'avise d'y penser aujourd'hui pour la première fois, ou c'est pour la première fois que je m'interroge un peu sérieusement sur ce sujet. Je me demande comment il se peut faire que je passe pour être un critique *sans entrailles* (le mot a été dit), avec un esprit accessible à toutes les irrésolutions, un caractère ouvert à toutes les faiblesses, l'absence de toute volonté, le manque absolu d'initiative et une paresse auprès de laquelle la paresse avec *délices* de Figaro ressemble à l'exercice du danseur de corde ou du coureur Genaro.

« Je baisse la tête avec résignation devant mon portier, raisonnant à l'encontre du sens commun, et je m'enfuis bien vite dans la crainte qu'il ne me voie rougir de la sottise qu'il vient de dire; mais, la plume à la main, j'appelle la controverse et je me déteste dans la lutte. Je prononcerai *colidor* pour complaire à ma chambrière, mais j'ai des témérités de héros lorsqu'il faut combattre un écrivain qui choque mes idées ou exterminer un livre qui m'ennuie.

« Si jamais les feuilletonistes dont j'ai dénoncé les réunions et les colloques à la Petite Bourse du foyer, veulent se venger de mes médisances, ils n'ont qu'à me tendre un piége, à m'envelopper dans leur groupe, un soir de première représentation : je suis capable, ce soir-là, d'être de l'avis de l'*impitoyable* Darthenay.

« Ces allures d'écrivain belliqueux ont été singulièrement défigurées. Il y a des gens, parmi ceux qui me font l'honneur de me lire, qui veulent à toute force donner pour raison à ce qui leur paraît un parti pris d'hostilité de ma part, le mobile d'une mauvaise passion ou l'excitation d'un tempérament malade. A leur dire, j'ai de l'envie plein le cœur ou de la bile plein l'estomac.

« Hélas ! que ne disent-ils vrai !

« Si j'étais envieux ou seulement bilieux, j'aurais de l'énergie, avec de l'énergie de l'ambition, avec l'ambition l'estime de moi-même entée sur le mépris d'autrui : car le fumier sur lequel on piétine est aussi un piédestal ; puisqu'il élève, il en vaut bien un autre, et, par le temps qui court, il n'a même plus l'inconvénient de vous prendre au nez et à la gorge, au milieu de petites vilenies qui s'exhalent d'une civilisation *avancée !*

« Mais, pour mon malheur, je ne suis ni bilieux ni ambitieux ; je ne suis qu'un pauvre lettré de bonne volonté, qui vit fort mal de sa plume et très-content avec ses livres, parce que les morts sont, à tout prendre, moins sots, moins stériles et moins ennuyeux que les vivants, et, pour tout dire, qui laisserait volontiers ses confrères dire des fadaises s'ils pouvaient consentir à les dire en meilleurs termes.

« Je m'arrête, ami lecteur, car je manque de renseignements pour compléter ce portrait.

« B. Jouvin. »

Tout ce qu'on vient de lire est de la plus absolue vérité, et je me plais à constater que les années n'ont rien changé à la ressemblance du portrait. Ces croquis, ces crayons lui ont, il faut bien le dire, assuré une forte provision de haines ; j'en reproduirai plus loin quelques-uns qui lui ont valu les rancunes les plus féroces.

Revenons au critique d'art, à l'écrivain des comptes rendus de musique.

J'ai parlé en commençant de l'admiration de Jouvin pour les grands maîtres, admiration exclusive, qui l'empêchait d'admettre dans son Panthéon tout ce qui n'était pas classique et ne lui permettait d'entre-bâiller la porte que pour Auber et Adam.

Dès que Jouvin se sentit une tribune et un public, il se hâta de faire sa profession de foi musicale.

Voici, par exemple, ce qu'il écrivait de Mozart, qu'il trouve digne d'une admiration raisonnée et non pas de l'enthousiasme de commande de ceux qui croient devoir tomber en pamoison extatique dès qu'on leur a dit que ce qu'ils vont entendre est signé par l'auteur de la *Flûte enchantée* :

(MOZART)

« J'admire *Don Juan*, dit-il, non parce qu'il est de Mozart, mais parce qu'il est sublime. Cette définition de ma foi est un schisme que repousse leur petite église : dans leur *Credo*, ils retournent ma définition et disent : *Don Juan* est sublime parce qu'il est de Mozart.

« C'est un fanatisme *raisonné* que celui qui incline devant « l'opéra des opéras » le front respectueux des savants et des ignorants aux beautés impérissables de la musique. En voici deux témoignages qui viennent de haut et disent plus de choses en deux mots que tout ce qu'on a écrit, que tout ce qu'on écrira sur *Don Juan*.

« Un de mes amis causait un matin avec Rossini ; le maître était en pantoufles, en robe de chambre et en franchise. Il donnait son opinion sur toutes choses, — y compris la musique et *sa* musique.

« Après un long circuit à travers toutes les écoles

et tous les chefs-d'œuvre, mon ami ramena la conversation à l'éternelle question que la curiosité des contemporains pose depuis trente-quatre ans au plus insouciant des hommes de génie : « Pourquoi, cher maître, vous être condamné au silence, quand votre inspiration venait de franchir les cimes les plus élevées de l'art ? Votre paresse a fait ce que ferait la balle d'un montagnard, frappant mortellement un aigle dont l'envergure toucherait à deux nuages. »

« A cette critique entourée dans du *papier enchanté*, Rossini se dirigea vers le piano, l'ouvrit, posa les deux mains sur l'ivoire, et se tournant vers le questionneur, tout en attaquant les premières mesures du sextuor de *Don Juan :* « Mon cher ami, lui dit-il, composer de la musique après celle que je vous fais entendre, c'est porter de l'eau à la rivière. » En prononçant ces paroles, Rossini était devenu tout à fait sérieux et même un peu triste.

« Meyerbeer est le héros de ma seconde histoire.

« L'auteur de *Robert le Diable* dînait avec quelques amis. Une discussion fort vive s'était engagée au dessert, touchant la prééminence de Mozart sur les musiciens de son siècle et du nôtre. Un convive, qui avait la franchise d'être de son temps, poussé à bout par la contradiction, se risqua à dire que de certaines beautés de forme avaient vieilli chez Mozart. « Je vous défie, s'écria-t-il, d'entendre *Don Juan* après le quatrième acte des *Huguenots*... »

« — Tant pis pour le quatrième acte des *Huguenots*... » s'écria Meyerbeer, bondissant à ce sacrilége, comme un *pur sang* arabe sous l'éperon de son cavalier.

« La discussion ne dépassait pas un petit cercle d'intimes ; j'incline à croire que, devant un public de journalistes, le musicien eût hésité à se suicider avec cette brutalité ! »

* * *

Jouvin ne s'en tint pas là, et il est curieux de voir dans la collection du *Figaro* avec quelle suite de respect et d'admiration il parle de Mozart, toutes les fois qu'il s'agit de la reprise ou d'une nouvelle interprétation de ses ouvrages.

Il puise à toutes les sources, consulte ses livres (et c'est un véritable travail) et ne se met en campagne pour défendre ses dieux que muni de tous les renseignements.

L'admiration de Rossini pour Mozart n'a pas peu contribué à augmenter celle que Jouvin avait vouée à l'auteur du *Barbier de Séville*. Je trouve dans un compte rendu cette anecdote relative à Rossini et à

Aimé Maillart. Son avis était absolument celui de Jouvin :

« Je me souviens, dit-il, que rencontrant un soir Aimé Maillart à la sortie de l'Opéra, l'auteur des *Dragons* se mit à formuler son admiration avec une naïveté originale que je n'ai jamais oubliée depuis.

« Le bon Dieu, entendez-vous bien ? le bon Dieu vient sur la terre et se dit : A propos, si je faisais de la musique ? Bon, le voici installé à son piano, avec une plume, une écritoire et du *papier réglé*. Il rêve, il cherche, il trouve : voilà sa partition faite, et j'accorde que l'Opéra ne le fait pas trop attendre pour recevoir l'ouvrage et le mettre en répétition ; mais on est arrêté dès les premières mesures, et l'on s'aperçoit que le *divin* compositeur, au lieu d'inventer, s'est souvenu, et désespérant de faire mieux, a écrit de mémoire la partition de *Guillaume Tell !* »

*

Je pourrais multiplier à l'infini les preuves du respect profond qu'ont toujours inspiré à Jouvin les grands artistes, ceux qui travaillent plus pour leur conscience que pour le succès. Je me rappelle lui avoir entendu résumer, à propos d'un ouvrage de Victor Massé, ses impressions sur le devoir de ceux que la nature a faits créateurs, qu'ils tiennent une plume, un ciseau ou un pinceau ; qu'on aime ou qu'on n'aime pas ses tendances, on ne pourra jamais reprocher à Jouvin de n'avoir pas tout fait dans la mesure de ses forces pour maintenir l'art à une hauteur d'où il est trop souvent tombé.

Voici ce qu'il disait à ce sujet :

« Par une tradition patriarcale, quand nos aïeux se mettaient à table, ils avaient coutume de garder une part et de réserver une place au repas qui réunissait la famille : c'était la part du bon Dieu, c'était le couvert du pauvre.

« Dans ces banquets de l'intelligence, où la foule vient goûter en commun les œuvres de l'esprit, il y a aussi une part à faire, une place à réserver. Le siége attend un convive bien loin de nous : la postérité ; c'est vous dire s'il doit rester vide plus souvent qu'à son tour !

« Quant à la part du festin à laquelle les invités ne touchent pas, c'est la ciselure du détail, c'est le fini de la forme, c'est le tour exquis du style. L'artiste, se réglant sur le père de famille, doit faire son devoir, mettre le couvert, et attendre que Dieu lui envoie son pauvre, qui morde à belles dents dans cette portion du chef-d'œuvre mise de côté. »

Il est bien évident que de pareilles professions de foi n'étaient pas faites pour encourager les *Femmes à barbe* ni les œuvres plus ou moins populaires qui ont fondu sur nous depuis vingt ans, et qui nous ont amenés où nous sommes.

Aimant avant tout le grand art, ce n'est qu'avec un certain respect qu'il touche à ceux qui le desservent, alors même que leur façon de le comprendre n'est pas la même que la sienne.

Certes, Berlioz n'était guère fait pour charmer des oreilles françaises, toujours désireuses d'entendre et de comprendre les mélodies qu'on leur sert.

Quelque bonne volonté qu'y aient mise les amis de l'auteur des *Troyens*, ils n'ont pu contester que cet opéra aride et monotone n'ait absolument sombré devant le public qui fait les succès, celui qui se compose de ceux que Roqueplan appelait dédaigneusement : *les Payants*.

Eh bien! voyez avec quelles précautions, Jouvin, d'habitude si résolu, aborde le terrible Berlioz.

(BERLIOZ)

« Je n'ai plus, dit-il, dans un second article, à résumer mon opinion sur *les Troyens à Carthage*. Loin d'user, en l'exprimant, de réticences sans courage, je l'ai formulée avec une franchise que je devais au lecteur, que je me devais à moi-même, mais qui m'a coûté beaucoup et qui m'afflige encore plus.

« On n'approche pas un lutteur tel que Berlioz sans lui devenir sur-le-champ sympathique. On a beau protester contre certaines tendances de l'œuvre, l'artiste courageux, convaincu, intraitable, vous attire et vous conquiert. Et je confesse ici mes défaillances de critique. Si Berlioz n'eût pas écrit les deux belles pages qui sont véritablement de la musique, et de la grande musique, peut-être eussé-je gardé un lâche silence sur cette déroute des *Troyens!*

« Je ne puis, en conscience, louer l'exécution des interprètes de l'ouvrage; je n'ai pas non plus à en signaler les faiblesses. Énée et Didon n'ont dans la pièce ni plus ni moins d'importance que le second hautbois ou le troisième cor. Berlioz et ceux de son école exigent beaucoup des chanteurs en ne leur sacrifiant rien; ce sont des chefs qui conduisent leurs soldats à la boucherie et ne s'inquiètent point d'en faire des généraux et des maréchaux. Ils n'ont point de gloire à espérer : ils serviront et ils mourront simples soldats! »

Et remarquez que, malgré toutes les atténuations dont il a rempli la première partie de son article, il n'en exprime pas moins toute sa pensée sur l'école que représentait Berlioz, qu'il a si bien défini le jour où il a dit :

« Richard Wagner est le Marat de la musique dont Hector Berlioz est le Robespierre. Vous jugez par là si ces deux hommes se détestent cordialement. »

Ce qui était l'exacte vérité, car le plus grand reproche que Berlioz ait pu faire à Wagner était de n'être point mélodiste. Je me rappelle à ce sujet que lorsque madame Tedesco devait chanter dans le *Tannhœuser*, je crois, Berlioz qui avait des nouvelles des répétitions de cet ouvrage à l'Opéra, dit à un de mes amis : — « Cette pauvre Tedesco perd la tête avec cette musique-là, elle ne sait où donner de la voix ! »

Du reste, l'enthousiasme de Jouvin pour Richard Wagner n'était guère plus grand que celui de Berlioz. Dès qu'il apprit l'arrivée du compositeur allemand dans nos murs, il l'annonça en ces termes :

(WAGNER)

« Une nouvelle qui a traversé Paris et ému certaines églises musicales, c'est l'arrivée prochaine d'un grand révolutionnaire, Richard Wagner, le *messie de la musique de l'avenir* (c'est le nom modeste qu'il prend et que lui donnent ses amis), l'auteur d'opéras allemands dont je me déclare absolument incapable de prononcer et d'écrire les titres. »

Quant à la musique de celui qui s'est intitulé

« compositeur de l'avenir » un peu par rancune pour le présent, voici comment Jouvin la définit; les infortunés qui ont été condamnés à l'entendre constateront s'il a dit juste :

« Richard Wagner, au dire de ses critiques, proscrit le chant de ses opéras.

« De l'ouverture à l'accord final de la partition, la phrase du compositeur se déroule comme un macaroni qui *file* et ne se rompt jamais. Il faut avaler cette mélopée gluante sans reprendre haleine et sans étouffer. On n'est *wagnériste* qu'à ce prix.

« Plus d'un l'a tenté qui n'a pu parvenir qu'à avaler sa langue . . . .

« Voici deux jugements contradictoires sur le célèbre révolutionnaire de l'Allemagne musicale. Un compositeur homme d'esprit, — les deux qualités ne se supposent pas toujours, — auquel on demandait son opinion sur l'auteur du *Tannhæuser*, répondit, après avoir cherché quelque temps une définition :

« — Que vous dirai-je ? M. Richard Wagner, c'est Berlioz, moins la mélodie ! »

« Charles Gounod, subitement converti au *wagnérisme*, s'est écrié au contraire : « Cet homme trace son chemin comme un sillon de feu ! »

« M. Charles Gounod me fait l'effet d'un financier

gêné qui, vivant dans un pays où le numéraire est rare, saluerait l'art comme une Providence, et donnerait la préférence au papier-monnaie sur l'or. »

Je voudrais bien ne pas faire l'éloge de mon gendre, mais il faut reconnaître que Jouvin avait deviné juste.

Malgré sa propension à la critique dure, il s'est toujours efforcé d'être impartial ; se relisant souvent, contrôlant ses impressions, il lui est souvent arrivé de pousser la bonne foi jusqu'à se déjuger dans un second article.

Ceux qui font de la critique savent qu'il faut un certain courage pour dire au public : Je me suis trompé tel jour. En résumé, il fait bien, et au lieu de mettre les lecteurs en défiance contre la sûreté de ses jugements, il leur impose plus profondément ses opinions, puisqu'on sait qu'elles sont toujours revues et corrigées par sa conscience.

Longtemps il a fait la guerre à Halévy à qui, selon moi, il ne rendait pas complétement justice. Il lui a lancé des traits fort aigus, et ne l'a pas placé immédiatement à l'échelon artistique qu'il méritait.

Peu à peu cependant il revint sur ses préventions ; je n'en veux pour témoin que cette touchante étude sur l'illustre auteur de la *Juive*; ses derniers moments y sont racontés d'après le récit d'un témoin oculaire.

(HALÉVY)

« Jamais grand artiste ne fut plus sincèrement modeste et avec moins d'affectation de le paraître. Après tant de succès si populaires et si mérités, il avait conservé les défiances et même les défaillances d'un débutant.

« Il eut beaucoup à souffrir de la critique dans ses commencements, dans tout l'éclat de ses succès, dans la maturité sereine d'une gloire légitimement acquise. Il supporta dignement, discrètement les coups d'aiguillon et jusqu'aux coups de poignard. Il n'était pas de ceux qui étalent volontiers leurs plaies en public.

« Touché au cœur, il savait faire bon visage. Il me disait un jour avec son doux sourire un peu triste :
« Je ne figure pas dans l'almanach avec vos saints ;
« mais vous m'avez mis de bonne heure au nombre
« de vos martyrs ! »

« Je l'ai connu tard, trop tard et je l'ai souvent regretté, car l'artiste gagnait à être vu de près, et il n'était pas indifférent de l'aimer pour l'admirer davantage.

« C'était une grande intelligence, un homme d'un réel savoir et de beaucoup d'esprit, avec des manières simples et affables. Il causait bien, mais il ne causait pas volontiers, ni avec tout le monde ; il lui fallait le tête-à-tête. Il mettait quelque façon avant de se livrer ; mais lorsqu'il n'était ni trop gêné, ni trop en vue, il racontait ses plus jolies histoires, et à demi voix.

« Sa bouche sévère devenait sardonique, son œil s'allumait sous le verre de ses besicles. Il savait trouver l'anecdote, lancer le trait avec bonhomie, sans enfoncer plus loin que l'épiderme.

« Rien ne le désignait d'abord à l'attention ; il avait la face large, le nez fort et légèrement aplati, la bouche grande et empâtée ; le front seul décelait l'homme supérieur : ce front était harmonieux et beau.

« La destinée l'avait fait musicien, la vocation aidant, la gloire ne se fit pas attendre. Mais si la fortune l'eût poussé d'un autre côté, il aurait été aussi bien un grand mathématicien ou un écrivain remarquable ; son intelligence lui eût ouvert d'autres carrières avec le même succès.

« Il se sentait frappé et il se voyait mourir ; mais, en homme fait à la lutte, il se roidissait contre sa faiblesse qui augmentait chaque jour, afin de donner le change à sa famille inquiète.

« La veille de sa mort, il avait parcouru et apprécié avec une rare lucidité d'esprit le dernier volume de M. Prévost-Paradol, qui, dans un essai sur les lettres et sur les arts, venait de consacrer quelques pages à l'auteur de la *Juive*. Une heure avant de s'éteindre, il appelle d'un signe son neveu. « Je suis mal, très-mal
« sur ce canapé, lui dit-il, je voudrais me coucher
« comme une gamme, tu comprends bien : *do, ré,*
« *mi, fa*. Mais, non, tu ne peux pas comprendre, tu
« n'es pas musicien, toi, fais venir ta cousine. » —
« Écoute-moi bien, fait-il en s'adressant à sa fille,
« dont il tient la main, je veux me coucher comme
« une gamme : *do, ré, mi, fa,* as-tu saisi ? »

« On se prête à cette fantaisie du délire ; on transporte le mourant sur son lit ; on dispose sur ce lit plusieurs oreillers. Il les compte : « Une, deux, trois,
« *do, ré, mi*. C'est cela. Eh bien ! non, ce n'est pas
« cela ! reprend-il d'un ton de voix dépité ; vous ne
« comprenez pas, et moi je ne peux pas ! C'est pour-
« tant bien simple, une gamme : *do, ré, mi, fa !* »

« Sa tête s'affaisse, sa voix s'éteint ; il respire avec plus de difficulté : c'est l'agonie qui commence :
« De l'air..., dit-il ; ouvrez la fenêtre !... Otez-moi
« ça !... » Une pause, point de souffrance, un léger soupir, tout est fini. »

※

Il ne faut pas croire que parce qu'il défend les intérêts de ce que nous appelons le grand art, Jouvin soit dogmatique ou prétentieux ; la plupart de ses meilleures critiques sont de petits chefs-d'œuvre de bonne humeur. On y trouve bien toujours l'aiguillon qui pique, mais il est si bien dissimulé, il fait si vite et si légèrement sa besogne que c'est à peine si l'on a le temps de crier : Aïe !

Voici, par exemple, comment il rendait compte de la représentation d'*Ondine,* une pièce échouée sur les sables mouvants de l'ancien Théâtre-Lyrique ; je n'en cite que quelques lignes :

« M. Rodolphe arrive en dépit de l'orage, frais, pimpant, avec un pourpoint gaufré de troubadour d'opéra-comique ; son costume est intact ; sa voix seule a un peu souffert de ce voyage fantastique par une pluie torrentielle. Où se trouve-t-il ? Il n'en sait rien. Il s'amuse à interroger l'écho, mais il l'interroge si mal que l'écho, qui a pris malicieusement la voix de Bataille, lui répond au fond d'un chapeau.

« Rodolphe, en attendant sa femme Ondine, chante sa cousine Bertha. Mais à peine a-t-il entrevu, à travers l'huis du pêcheur, une mèche blonde de la première, qu'il oublie les serments qu'il a faits aux cheveux noirs de la seconde. Le décor change ; nous voici dans un bois sombre, transformé par le conseil municipal des Sylphes, en salle de la mairie. Les filles de l'air assistent au mariage d'Ondine avec le prince, une jambe en l'air et le corps en équilibre sur le gros orteil de l'autre : attitude qui témoigne de la pudeur des vierges dans ce pays-là.

« Frais-Ondin, qui est entré dans sa belle robe de chambre, lit aux époux les articles du Code civil, et M. Cabel et mademoiselle Girard, malgré un embonpoint raisonnable, suivent les gens de la noce au fil du ruisseau, flottant, amoureusement groupés, sur une feuille de figuier.

« Vous allez voir que ce mariage, bien que tombé dans l'eau, unit légitimement Ondine à Rodolphe. »

. . . .

Voilà pour les auteurs du poëme. J'extrais ces trois ou quatre phrases, que je trouve, à l'adresse des interprètes :

(BATTAILLE)

« Battaille souligne, avec une conscience fatigante, chaque effet minuscule du rôle de Frais-Ondin. Il pèche par trop bien faire. Les auteurs lui donnent-ils un cheveu, il en fait une poutre. C'est l'école démodée du vieux Bouffé, école qui consiste à présenter au public, non pas des *caractères* dans une comédie, mais des *écorchés*. »

Dans l'ordre léger, je trouve aussi cette amusante remarque faite pendant l'acte du *Prophète* :

« Dans le délicieux ballet des patineurs, on a remplacé mademoiselle Plunkett par mademoiselle Robert ; mais, par inadvertance sans doute, on a oublié de remplacer le corsage, qu'elles ont endossé tour à tour, et ce corsage qui transpire la gloire après tant de pirouettes, a été blessé sous l'aile ! »

* *

J'ai parlé du talent d'emporte-pièce qui caractérise Jouvin ; dans le numéro où se trouvent les quelques lignes que je viens de citer, je rencontre cette boutade à l'adresse d'un de ces journaux qu'on ne nomme pas et dont les pauvres diables de rédacteurs ne pourraient écrire trois mots, si le *Figaro* n'existait plus.

« Une feuille de laquelle il faut dire ce que disait La Bruyère du *Mercure de France*, qu'elle est immédiatement au-dessous de rien, meurt d'envie d'engager une polémique avec le *Figaro*. Nous comprenons que l'obscurité lui pèse, mais comme elle n'a pas eu le talent jusqu'ici de mettre le public dans sa confidence, ne voit-elle pas que lui donner la réplique, ce serait faire un marché de dupe et nous condamner au monologue à perpétuité ! »

Peu de critiques ont dans leurs comptes rendus étudié aussi consciencieusement l'interprétation des ouvrages. A chaque nouvelle création, Jouvin discute le talent d'un artiste, constate ce qu'il a gagné ou perdu et le lui dit toujours avec une redoutable franchise. Les lecteurs du *Figaro* ont pu maintes fois constater que Jouvin, prenant un élève aux concours du Conservatoire, avait l'habitude de le suivre dans sa carrière dramatique, lui rappelant tel ou tel défaut dans la façon dont il avait dit le morceau qui lui avait valu le prix.

Je voudrais bien donner quelques-uns des portraits d'artistes qu'il a écrits autrefois pour le *Figaro* ; leur quantité m'arrête, et je me contente de transcrire celui de Levasseur qui renferme une anecdote assez curieuse.

(LEVASSEUR)

« Levasseur créa trois grands rôles sans modifier sensiblement son style de chanteur italien : *Moïse*, le *Comte Ory* et *Guillaume Tell*. C'est de *Robert le Diable* seulement et de la création de Bertram, que datent l'originalité et la popularité de l'artiste.

« D'une modestie et d'une timidité excessives, Levasseur s'était borné jusque-là à suivre de loin les grands virtuoses de la scène italienne. Son maître, l'art sensuel de Rossini, ne lui avait pas enseigné d'autre école ; et, d'ailleurs, l'élévation à laquelle il venait d'atteindre en chantant *Moïse* eût contenté l'artiste le plus exigeant. Le hasard voulut que le rôle de Bertram, d'un poids trop lourd à l'insuffisance de Dabbadie, fût offert par les auteurs à la première basse de l'Opéra.

« Devinez dans quelles conditions !

« L'ange déchu, le séducteur de Berthe avait été pourvu par M. Scribe d'un appendice postérieur dont jouissent quelques familles de singes, et de deux magnifiques cornes de bélier.

« — Mais, monsieur Scribe, fit le malheureux Levasseur, si je me présente sur la scène, le chef ainsi attourné, le public parisien, qui est toujours heureux de sacrifier la meilleure musique à un méchant lazzi, dira tout haut que le diable a eu des malheurs en ménage, et il me rira au nez ! Quant à la queue dont vous me gratifiez, c'est chose plus rare encore : que je la tienne par l'extrémité, comme cela, afin de me donner une certaine contenance, ou qu'un page la porte élégamment derrière moi, il faudra que mon fils Robert soit un fameux benêt pour ajourner jusqu'au cinquième acte cette question : *Qui donc es-tu ?* Sans compter que mon final devient inutile ; au lieu de chanter pendant une heure, j'aurais plus tôt fait de me retourner et de dire au duc de Normandie : « Regarde ! »

« Ces raisons étaient sans réplique ; en homme d'esprit, M. Scribe se contenta de répondre :

« Mon cher Levasseur, le rôle est à vous ; faites comme il vous plaira. »

Je viens de citer une anecdote, et, comme je les aime beaucoup, je ne puis résister au plaisir de la faire suivre d'une autre relative à la *Dame Blanche*.

(BOIELDIEU)

« Boïeldieu avait deux élèves chéris, Adolphe Adam et Théodore Labarre. Il les traitait comme Raphaël faisait de Jules Romain, les associant parfois, dans une certaine mesure, à ses travaux et à ses succès. Théodore Labarre lui avait rapporté d'Angleterre trois motifs qui trouvèrent leur place dans la *Dame Blanche*; ce sont le thème si coloré du troisième acte : *Chantez, refrain d'amour et de guerre ! Chez les montagnards écossais, l'hospitalité se donne* et *Vous me verrez le verre en main*. La touche du grand artiste, bien entendu, en taillant ces trois pierres, devait en faire trois diamants.

« Mais l'ouverture de la *Dame Blanche*, cette ouverture populaire et classique dans le monde entier, est une macédoine, une mosaïque musicale dont Boïeldieu ne fit que l'introduction.

« On allait donner l'ouvrage, et le compositeur, brisé par le travail des répétitions, n'avait pas encore songé à cette préface obligée d'une œuvre capitale. « Mes enfants, dit-il à Adam et à Labarre, je suis un « homme perdu, si vous m'abandonnez ! » Il n'y avait pas un moment à perdre ; après avoir choisi les motifs qui devaient entrer dans l'ouverture, on se distribua la besogne.

« Le maître se chargea de l'*andante*, les élèves instrumentèrent le reste, et le tout fut achevé à quatre heures du matin, livré à la copie, étudié, pendant que Boïeldieu, à bout de forces, s'était laissé tomber sur son lit, en quelque sorte foudroyé par la fatigue.

« La situation capitale de la *Dame Blanche*, celle dans laquelle Julien d'Avenel, frappé par le chant des bardes, s'éveille à la vie du passé dans ce château qui est le sien, cette situation ne se trouvait pas dans le poëme.

« M. Scribe avait amené à ce moment-là des montagnards qui, répétant leur cri de l'acte précédent, saluaient le sous-lieutenant d'un *Vive monseigneur !* en lançant leurs chapeaux en l'air.

« — Que diable! fit Boïeldieu, ces braves gens ne peuvent pourtant pas faire sauter leurs chapeaux pendant un quart d'heure? Ce serait une scène de jongleurs indiens que j'aurais là, et non un chœur de vassaux joyeux et reconnaissants! »

« Il demanda alors à M. Scribe de substituer à ces braillards Georges Brown ému par le chant des chevaliers d'Avenel, et retrouvant les souvenirs confus de son enfance dans l'air que sa mémoire épelle d'abord et finit par reconstruire tout entier.

« M. Scribe, hors de lui, s'écria :
« — Je comprends, assez! j'ai mon troisième acte! »

En continuant à parcourir la galerie de ces portraits d'artistes, je trouve celui de madame Gueymard ; voilà comment Jouvin définit son talent :

(MADAME GUEYMARD)

« Deux jours après la rentrée de madame Tedesco à l'Opéra, madame Gueymard y jouait pour la première fois Léonor de la *Favorite — celle-ci* dépouillant *celle-là,* dirait un disciple de M. Victor Hugo. Je me hâte d'ajouter que madame Gueymard n'avait nullement sollicité ce changement d'emploi ; elle subissait avec une sorte de terreur, au contraire, une épreuve à laquelle ses créations précédentes ne l'avaient point préparée.

« La voix de la cantatrice est un mezzo-soprano très-riche et très-étendu, dont les cordes élevées ont un timbre de cristal de l'effet le plus délicieux et les notes de poitrine une sonorité veloutée qui charme alors même qu'elle n'émeut pas.

« Cette voix, très-dramatique dans de certains rôles, ne cesse jamais d'être *élégante*, et c'est ce qui la distingue du soprano plus robuste et plus métallique de mademoiselle Sasse.

« Une virtuose qui, montant ou descendant à son gré les échelons de la gramme, peut jouer dans la même semaine le *Trouvère*, les *Huguenots* et la *Favorite*, possède assurément un organe exceptionnel et d'incontestables qualités de talent et d'inspiration ; mais il faudrait prendre garde à une chose : ces voix ambitieuses, bornées d'un côté par le contralto, de l'autre par le soprano, et faisant sur leurs voisins des excursions qu'elles transforment en conquête d'abord faciles, ont presque toujours le sort des souverains trop guerroyants ; elles portent toutes leurs ressources sur les pays envahis par leur ambition en dégarnissant d'autant leur propre royaume, si bien qu'au jour des revanches de la fortune, elles perdent avec ce qui leur appartenait ce qu'elles pensaient avoir glorieusement et définitivement conquis. »

On peut voir par les lignes qui suivent que l'impression de Jouvin n'a pas changé ; je retrouve cette dernière appréciation qui confirme absolument la première :

« Voici ce que j'écrivais, à cette même place, le 15 octobre 1854, après avoir entendu madame Lauters dans le *Billet de Marguerite*. Le ton est celui de l'enthousiasme, mais c'est aussi une prophétie que l'événement a réalisée :

« ..... Cette grande merveille est une toute petite femme, au visage un peu court, comme celui des Flamandes, à la physionomie intelligente et gracieuse, avec de beaux yeux et de belles dents. Elle se nomme madame Deligne-Lauters. Le rôle de Marguerite est sa première tentative au théâtre ; mais, comme toutes les natures franches, madame Deligne-Lauters devait trouver sa voix sans tâtonnement. Elle jouera fort bien la comédie et sera une cantatrice de premier ordre, — sans avoir appris à jouer ni à chanter, et peut-être sans le savoir.

« Tout son art consiste à sentir vivement et à exprimer de même. Quant à la beauté de sa voix, elle est incomparable. Ce timbre d'or, même dépourvu d'expression et sans le secours de la mélodie, serait à lui seul un enchantement. Mais lorsque cette voix, — qui, de la douceur infinie peut s'élever jusqu'à l'extrême puissance, sans effort, sans fatigue, — est aux prises avec une phrase passionnée (celle du final, par exemple), vous lui appartenez corps et âme, et vous vous sentez vibrer à l'unisson du sentiment qu'elle traduit... »

*
* *

Impossible, quelque envie que j'en aie, de tout reproduire de cette curieuse collection qui obtiendra (je l'ai dit souvent à Jouvin) un grand succès le jour où elle sera réunie en volumes.

Quelques lignes extraites de l'étude de Rachel :

(RACHEL)

« Mademoiselle Rachel a payé bien cher une carrière de triomphes ; il n'en est pas un seul qui ne l'ait conduite un peu plus près de la tombe où la voici arrivée. Le théâtre comme le Shylock de Shakespeare, ne consentit à lui vendre le succès et la fortune qu'au prix, chaque fois, d'un quartier de chair humaine ; de sorte que, le jour où elle fut riche et célèbre, plus rien ne respirait et ne vivait dans sa poitrine labourée par le juif impitoyable.

« La gloire tue aussi sûrement que la faim, et il était dans la destinée de mademoiselle Rachel de sortir de la vie fatalement par l'une ou l'autre de ces deux issues :

« Grande artiste par la gloire ; petite chanteuse de café par la faim ! »

*
* *

Et madame Dorval, cette célébrité, dont le souvenir s'efface un peu plus chaque jour, me semble-t-il pas qu'on la voie revivre avec ses grands défauts et ses immenses qualités ?

Le portrait est, je le garantis, frappant de ressemblance :

(MADAME DORVAL)

« Madame Dorval avait la physionomie douce, mais sans distinction, le nez gros, la voix pénétrante, quoique désagréablement éraillée, le corps plié en deux, quelque chose enfin de languissant dans toute sa personne, qui semblait accuser le dépérissement de la santé, autant pour le moins que l'affaissement moral.

« Elle avait joué la comédie de bonne heure, et, ainsi qu'il arrive à toutes les organisations prodiges surmenées par l'exploitation et déflorées par la fatigue, elle portait sur son front ce masque des souffrances passées, à travers lequel il semble qu'on voit les cicatrices de l'âme.

« Dieu lui avait donné la passion ; mais, comme les élans de cette passion ne pouvaient rayonner directement de l'actrice au spectateur, par le regard qui était sans éclair, par la voix qui était sans jeunesse, il n'y avait pas d'effet sublime chez madame Dorval qui ne fût le résultat d'un violent effort : de là un jeu désordonné et sans mesure.

« Le génie de l'artiste était en dedans et ne pouvait pas toujours sortir. Avant que l'explosion passionnée se fît jour, on assistait au travail souterrain du volcan, et l'inspiration, de même que le volcan, lançait parfois au dehors plus de cendres que de flammes.

« Dans la même soirée, il arrivait à madame Dorval d'être, tour à tour, une cataleptique, une convulsionnaire, une folle à jeter au cabanon, une artiste sublime à enterrer sous les fleurs. Il n'y avait pas d'autre alternative avec elle; les spectateurs étaient toujours sur le point de lui lancer des pommes ou de jeter des couronnes à ses pieds.

« Il y a tel rôle à travers lequel elle marchait dans les ténèbres durant cinq actes; on la croyait éteinte et finie ; elle lançait un éclair au dénoûment, et cet éclair suffisait pour illuminer le rôle et embraser la salle.

« Singulier talent que celui-là ! Un composé de choses disparates et mal reliées entre elles ! La plus exquise sensibilité servie par des organes grossiers ; une musique divine s'exhalant d'un instrument fêlé ; une créature qui commençait par un ange et finissait par une écaillère ; une actrice qui avait plus de défauts que de qualités, mais qui avait les qualités plus grandes que les défauts, une héroïne de drame qui était venue à son heure et qui ne pouvait être une comédienne hors ligne que dans le genre faux dont elle fut l'interprète inspirée. »

* * *

La biographie de Lablache est trop connue pour que je la reproduise dans ces Mémoires. J'en détacherai cependant une anecdote relative à ces beaux grands cheveux blancs, que connaissaient si bien les abonnés des Italiens et les promeneurs du boulevard.

Ce pauvre Lablache, ce grand artiste, homme d'esprit et d'un tel embonpoint que Fiorentino, ayant appris qu'un cabriolet avait failli le heurter sur le boulevard, s'écria : Voilà un cabriolet qui l'a échappé belle !

Je m'arrête; je sens que si je me laissais aller, je prendrais la parole et remplirais le journal de tout ce que je sais sur ce chanteur à jamais regrettable.

Je fais place à l'anecdote de Jouvin :

(LABLACHE)

« Lablache n'avait que trente-cinq ans lorsqu'il vint en France; il paraissait beaucoup plus âgé. Sa tête chenue et son abdomen développé semblaient s'entendre pour donner un démenti sur ce point à son acte de naissance.

« Les cheveux de l'artiste avaient blanchi de bonne heure, à vingt-deux ans, et voici par suite de quelle circonstance :

« Il y avait gala à San Carlo. On y représentait un intermède mythologique dans lequel Lablache remplissait le rôle de Jupiter.

« Au moment où le dieu assis sur son nuage et armé de sa foudre descendait majestueusement des frises à grand renfort de fils de fer, un cri d'angoisse de la foule s'éleva du parterre jusqu'au cintre. Jupiter, persuadé que c'est son nuage qui fait des siennes, ferme les yeux en recommandant, tout païen qu'il est, son âme au Dieu des chrétiens. Les clameurs de la salle continuaient de plus belle, et l'infortuné Jupiter, toujours paupières closes, et comptant machinalement les secondes, était tout surpris de ne se sentir ni descendre ni monter.

« On ne fait jamais de plus longues réflexions que dans les accidents qui ont la rapidité de l'éclair. Lorsqu'il eut suffisamment attendu et réfléchi, Lablache se décida à ouvrir les yeux. Le nuage était immobile à égale distance du sol et des frises, mais un malheureux machiniste, le bras engagé dans les poulies qui faisaient mouvoir la machine, flottait dans le vide au-dessus de la tête du chanteur.

« Comment et par qui il fut délivré, on ne me l'a pas dit, et cela ne fait rien à l'affaire.

« Lablache, quitte pour la peur, descendit sain et sauf, chanta son grand air et le chanta supérieurement; seulement, en s'éveillant le lendemain, il s'aperçut que sa chevelure avait passé du noir d'ébène au blanc de colombe. »

*
* *

J'ai parlé plus haut de l'habitude qu'avait Jouvin d'assister aux pénibles concours du Conservatoire et d'y puiser des notes pour l'avenir.

Le Conservatoire a toujours appelé son attention ; il ne lui a jamais semblé qu'on donnât assez de soins à cette pépinière où doivent se former nos chanteurs et nos comédiens; je crois que ceux qui s'intéressent aux questions d'art liront avec plaisir cette courte étude qui est, hélas! le procès-verbal exact de ce qui se passait, de ce qui se passe encore peut-être dans la fabrique d'artistes du faubourg Poissonnière.

C'est justement à l'occasion d'un concours du Conservatoire que Jouvin a fait cette sortie.

(LE CONSERVATOIRE)

. . . .

« Les jeunes gens expédiés à Paris, comme un colis, par une des succursales de la métropole — le Conservatoire de Toulouse, par exemple — sont arrachés brusquement à un état manuel.

« Avant d'apprendre l'art auquel ils se destinent, ils auraient grand besoin d'apprendre les premiers éléments de la langue qu'ils doivent parler et déclamer en public. Ils n'y songent point et personne n'y songe pour eux. Les plus avancés ont l'orthographe du maréchal de Richelieu, sans avoir son esprit.

« Quelques-uns sont sur la limite de la trentaine, d'autres l'ont dépassée. Il faudrait que, en trois années de Conservatoire, ils apprissent, outre un peu de grammaire et d'habitude du monde, le solfége, la vocalisation, le chant et l'art du comédien.

« Les plus fortes constitutions, les plus robustes intelligences ne pourraient résister aux fatigues de cette éducation en serre chaude. Aux époques de splendeur de l'école italienne, un élève passait dix ans avec son professeur avant de s'essayer en public.

« Si le jeune Gilbert n'avait pas sucé, à l'école de Choron, la moelle des vieux maîtres, à l'âge où tout gamin joue aux billes, pensez-vous que le public de 1847 eût assisté au miracle du tenorino Duprez, transformé en Raoul, en Arnold, en Eléazar ? Assurément non.

« L'inspiration dans les arts ressemble à l'étincelle qui, pour allumer un incendie, doit tomber sur des matières inflammables. Le feu sacré chez l'artiste, dont l'enthousiasme n'est point réglé par de fortes études, c'est l'étincelle divine s'éteignant dans un lac ou sur un roc sans végétation ; le savoir est le prosaïque fagot d'où la flamme s'élance vers les cieux. Or, tout est obstacle, de nos jours, à la sage lenteur d'une bonne éducation vocale.

« A l'exception d'un seul professeur que je ne nommerai point, les hommes de bonne volonté, chargés d'enseigner le chant au Conservatoire, sont des routiniers ou des systématiques usant de procédés empiriques et presque toujours dangereux. D'un autre côté, l'émission de la voix ayant uniquement pour objet, aujourd'hui, la puissance et la vibration excessives du son, il devient urgent d'utiliser le plus vite possible au théâtre de jeunes artistes dont l'organe surmené et quelquefois fabriqué dans la classe, ne doit pas résister plus de dix années aux fatigues du répertoire et de la scène.

« Autrefois, un chanteur durait trente ans. L'*ut* de poitrine a changé tout cela.

« C'est encore un fait démontré par la triste expérience des concours, que les belles voix se fatiguent avant la sortie du Conservatoire.

« Cet affaiblissement passager ou chronique de l'organe tient parfois à une autre cause que celle des tâtonnements du professeur. Il n'en faut pas moins arriver à cette conclusion déplorable que l'élève chanteur borne son ambition à étudier en perroquet l'air ou la scène qui doit lui valoir un prix au concours.

« Ce premier échelon franchi, le lauréat s'élance en s'écriant : « Assez de gloire comme cela, il me faut des piccaillons ! » (le mot est historique). Il enjambe la scène sans s'y être préparé autrement que par une sorte d'apprentissage mécanique et routinier des rôles de l'emploi auquel sa voix le destine.

« C'est une affaire de métier où l'art n'a rien à voir, où la mémoire est seule en jeu. L'essentiel est de s'entendre pour l'heure avec son accompagnateur ; tout est là, et l'on apprend à travailler un rôle comme on apprend à faire des bottes. »

* *

On pourrait s'étonner de ne pas trouver dans cette suite d'études de portraits une seule fois le nom de notre grand compositeur Auber.

Jouvin adorait son talent et le trouvait tellement incontestable qu'il n'a pas fait d'étude spéciale sur lui, craignant de tomber dans des redites.

A part les comptes rendus de ses opéras et la constatation de ses succès, je ne trouve de Jouvin que ces deux paragraphes à propos de l'auteur de tant de chefs-d'œuvre.

Il s'agit d'un outrage fait par un des hommes du 4 septembre à la mémoire du grand Auber.

(AUBER)

« M. Jules Simon, simple particulier, a certes bien le droit de mépriser le petit art d'Auber. Chacun est maître, après avoir fermé sa porte, de déraisonner tout son saoûl. Le rhéteur Gorgias se vante dans Platon de parler avec éloquence sur tous les sujets et de faire triompher à son choix toutes les causes. M. Jules Simon, qui se laisse louer volontiers d'avoir travaillé au *Platon* de son maître M. Cousin, est donc parfaitement libre s'inspirant de Gorgias, de croire et de dire que M. Auber, malgré un demi-siècle de labeur glorieux, n'a rien fait qui vaille en musique, et que s'il n'était *pas un ignorant, quoi qu'on l'ait dit* — ce dont M. Simon ne voudrait pas répondre après tout — *il fallait qu'il sût sans avoir appris,* car *il était certain qu'il n'avait jamais travaillé.*

« Il y a vingt-cinq ans environ — et vous devez vous rappeler cette histoire, cher maître — il s'est rencontré un écrivain paradoxal, M. Maurel, qui soutint la gageure, contre M. Fétis dans la *France musicale*, de prouver que Mozart était un compositeur médiocre et au second rang dans toutes les parties de son art, le théâtre, la symphonie, la musique de chambre. Outre que M. Maurel n'engageait que lui en soutenant jusqu'au bout et brillamment une choquante absurdité, ce contempteur du génie de Mozart avait beaucoup d'esprit ; par là, il évita de se noyer dans le ridicule. Il est fâcheux qu'il n'ait pas légué son excuse à ceux qui pouvaient être tentés de s'égarer à son exemple ! »

* *
*

Bien qu'il se soit occupé avec passion de tout ce qui touche à la musique, Jouvin n'en est pas moins resté un fin lettré, dont le plus grand bonheur est de se retirer dans sa bibliothèque pour y vivre avec les grands écrivains.

J'ajouterai qu'il possède une remarquable collection de livres pour laquelle il nourrit un amour qui peut aller jusqu'à la férocité.

Personne ne peut entrer dans sa bibliothèque, et, bien que doué d'une remarquable myopie, il sait immédiatement, en rentrant chez lui, si quelqu'un a porté la main sur un de ses livres, l'eût-on remis en place avec le plus grand soin.

Il a pour tout ce qui les concerne un flair qui rappelle celui du chien de chasse pour le gibier.

Jamais, on le pense bien, avec de tels instincts, il n'a prêté un seul livre; il professe un rare dédain pour ceux qui n'ont pas soin des leurs.

A ce point que Lachaud, lui ayant confié les Mémoires de madame Lafarge et ne les lui ayant jamais réclamés, il s'écria un soir avec indignation, et en parlant de lui :

— Ah! celui-là, qu'il ne s'avise jamais de me demander un livre!

Sa passion pour la lecture est telle qu'il ne se couche pas sans apporter à son chevet sept ou huit volumes qu'il parcourt les uns après les autres avant de s'endormir.

S'il lui en faut d'autres, il va les chercher sans lumière, et sa main tombe toujours juste sur le livre qu'il veut; tant il a la mémoire de la place qu'ils occupent dans sa bibliothèque.

Une autre particularité du caractère de Jouvin est l'horreur profonde que lui inspirent les lettres qu'on lui adresse. Quand son domestique lui en apporte une, il se recule instinctivement comme si on lui présentait le canon d'un pistolet ou la pointe d'une épée :

— Qu'est-ce que c'est que cela?
— Une lettre, monsieur.
— Ah! et (sans la prendre) qu'est-ce qu'il y a là-dedans?
— Je ne sais pas, monsieur.
— Ah!... eh bien, posez-la... ou plutôt non, portez-la à madame...

Cette scène se reproduit invariablement chaque jour.

Quelquefois, cependant, il consent à les prendre, les tourne et les retourne, regarde l'adresse, le cachet, les flaire et résolûment finit presque toujours par les jeter au panier sans les ouvrir.

J'ai dit plus haut que Jouvin était doué d'une rare

myopie ; c'est ici ou jamais l'occasion de l'excuser auprès de ceux qui, le connaissant peu, l'ont cru impoli parce qu'il ne répondait pas à leurs coups de chapeau.

Sa vue est basse à ce point qu'un jour, passant devant la Bourse et voulant régler sa montre sur son horloge, il resta net une heure et demie sur le bord du trottoir de la rue Vivienne ; ne pouvant pas distinguer l'horloge, il s'était décidé à l'écouter ; elle avait sonné midi et demie, une heure et enfin une heure et demie.

C'est ce jour-là que Lambert Thiboust, avec qui il était extrêmement lié, et qui le rendait fou de joie en lui faisant des imitations d'acteurs, exécuta à son bénéfice la plaisanterie suivante :

Voyant Jouvin immobile et l'oreille tendue vers la Bourse, il se précipita à deux genoux à ses pieds, en lui disant : « Grand écrivain, donne-moi ta bénédiction ou je ne me relève pas de ma vie ! Vois l'art dramatique aux genoux de la critique ! » Étonnement de Jouvin qui ne reconnaît pas Thiboust, d'autant plus qu'il imitait, en disant cela, la voix de Grassot. Le monde s'attroupe autour d'eux ; Thiboust insiste en imitant Gil-Pérès.

— Mais qui diable êtes-vous? demande Jouvin impatienté.

— Je suis Lambert, dit Thiboust en reprenant sa voix naturelle, et il est une heure trente-cinq !

Et les assistants stupéfaits les virent tous deux s'éloigner en riant bras dessus bras dessous.

*
* *

Revenons au Jouvin lettré.

Il est certain que si le *Figaro* eût été un journal à allures plus sérieuses, Jouvin eût toujours su être à sa hauteur. C'est pour moi une des grandes qualités de son talent que cette souplesse qui lui a permis de prendre une forme légère, tout en restant un écrivain soigneux et soucieux de sa réputation.

On le sent tout heureux quand, abandonnant pour un instant nos petits grands hommes d'aujourd'hui, il lui est permis de parler de ses dieux, de Diderot, par exemple :

« Je crains bien, dit-il, que Diderot ne soit jamais un homme de génie que pour un petit nombre de fidèles, lettrés ou artistes. Et pourtant, quel écrivain aura laissé, à défaut d'œuvres, un plus grand nombre de pages admirables, d'une rare éloquence, d'un relief métallique, d'une couleur saisissante, alliant à l'éclat, à la profondeur, à l'abondance, à l'honnêteté des idées, le sentiment, la passion, un tour original qui frappe et captive, et une hardiesse, une nouveauté d'expressions qui n'est qu'à lui? Il faut, lorsqu'il écrit, que la pensée jaillisse de la phrase, au risque de la tuer. C'est un accoucheur sans pitié qui sacrifie la mère pour sauver l'enfant; c'est un apôtre enthousiaste qui ne recule jamais devant la nécessité de faire violence à la langue, s'il doit lui arracher un cri sublime.

« Peintre (il l'est dans ses admirables Salons), artiste, penseur, écrivain, journaliste, Diderot s'est mêlé, au premier rang, à l'activité d'un siècle, et c'est à peine si son nom doit vivre dans la mémoire et l'admiration d'un petit cercle de lettrés. Semblable à l'Eternel de Moïse qui se manifestait au peuple juif et lui dérobait son visage, l'ami de Grimm et de d'Alembert aura traversé son époque sous le symbole de *buisson ardent*, éclairant les esprits, embrasant les cœurs, mais séparé de la foule par un nuage. »

* * *

Malheureusement pour Jouvin le *Figaro* a toujours été la gazette du jour, de l'heure, et c'est à ses études sur le vif qu'il a dû surtout son succès.

Je ne crois pas que rien de plus juste ait été dit sur la trinité de poëtes qui a illustré la première moitié de notre siècle, sur Lamartine, Victor Hugo et

Musset, que ce qu'il a écrit sur eux il y a quelques années.

Voici d'abord pour Lamartine :

(LAMARTINE)

« Il faut à la muse de M. de Lamartine la solitude des régions sereines. Unicorde et uniforme, elle a la couleur et l'infini des cieux. On y voudrait plus de mouvement et de vie, on n'y rêve pas plus d'élévation. A la longue, il est vrai, cet azur devient fatigant et monotone, et l'on se prend à désirer que ces deux ailes blanches qui montent, qui montent toujours, soient un parachute à l'aide duquel on puisse retomber sur la terre, dût-on rouler au fond d'un bourbier. »

Quant à Victor Hugo, il l'a étudié bien des fois, et voici le résumé de ses observations sur cet astre parfois ridicule, mais certainement de première grandeur :

(VICTOR HUGO)

« Ouvrier en vers et praticien consommé en fait de rimes et de rhythmes, Victor Hugo, tout grand poëte qu'il soit, est moins un poëte qu'un artiste en poésie.

« Derrière l'écrivain et le styliste, vous êtes tout surpris de découvrir le statuaire, le peintre et le joaillier. C'est un maître qui a transporté l'atelier dans le sanctuaire . . . .

« Le poëte se croit et se dit un penseur, il se trompe : il n'est qu'un artisan de génie qui *fait* dans la pensée. . . . .

« Renouvelant en le dépassant, les enfantillages de Ptolémée, qui avait imaginé des cieux de cristal, ne vient-il pas, dans les *Contemplations* même et dans la pièce adressée à madame de Girardin, de faire du firmament un plafond criblé de trous en guise d'étoiles, d'où filtre jusqu'à nous la lumière du monde supérieur? L'image serait charmante, si elle n'avait le tort d'être ridicule, en nous montrant le bon Dieu prenant le frais dans son jardin du *Zodiaque* et se promenant armé d'une vrille, gravement occupé à perforer des *Constellations*.

. . . .

« Son style est un vêtement étincelant de pierreries d'un côté, et bariolé de l'autre de pièces ridicules; toute beauté, toute grâce y est doublée d'une difformité ou d'une guenille; et faisant par entêtement ce que le bon Dagobert ne faisait que par distraction, le poëte pense être original en mettant son talent à l'envers. »

Puis venait le tour d'Alfred de Musset.

(ALFRED DE MUSSET)

« Le plus jeune et le dernier venu des trois est parti le premier. L'imagination s'est éteinte, la voix a cessé, la coupe s'est tarie, le poëte a replié ses ailes. — Quelle ivresse pourtant valait son délire? — Assez mesquinement enterré à l'Institut, les morts de l'endroit se sont cotisés pour lui faire les honneurs d'un convoi de troisième classe. L'homme seul est resté pour se regarder lentement survivre...

« Juger, c'est choisir, et choisir, c'est aimer, à mon sens.

« Mais je ne suis pas médiocrement embarrassé, au moment de décerner la pomme à l'un des trois poëtes. Je ne suis pas, à beaucoup près, aussi séduisant que le berger Pâris, et, d'un côté, M. de Lamartine, — la plus femme des trois muses, — ne me tente pas à l'égal de Vénus. Tout compte fait, je coupe la pomme en trois, mais je n'égalise pas les morceaux.

« Lamartine est le cantique de la poésie, Hugo en est la *Marseillaise*, et Musset la chanson. Le premier est plus pur, le second est plus grand, mais le dernier est plus humain. Je préfère Musset. »

Et la chose me paraît bien jugée.

On voit que Jouvin a su, pour apprécier Victor Hugo, le dégager de la politique grotesque dont il a si sottement embarrassé sa vie, et passé l'éponge sur les dévouements multicolores dont il a peinturluré son auréole.

Ce qui ne l'empêche pas pourtant de trouver, quand il le faut, un grain de sel gaulois lorsqu'il s'agit de faire goûter au public les opinions personnelles de M. Victor Hugo, sur son propre compte ; par exemple :

« Dans le livre rempli d'un doux intérêt : *Victor Hugo raconté par un témoin de sa vie,* on lit un fort joli chapitre, — le vingt-huitième ; — il a pour titre : *Les bêtises que faisait M. Victor Hugo avant sa naissance.* — Le chapitre a été continué et démesurément allongé pendant et après la gloire du poëte. »

C'est là, je crois, la plus juste et la plus douce critique qu'on ait pu faire de ce patriarche en délire qui, pour prouver que le talent tenait lieu de bien des choses, a poussé le dédain de ses contemporains jusqu'à poser un pacifique et ridicule képi de garde national sur les lauriers que lui avaient décernés les muses.

※

Mais je n'ai pas entrepris de faire ici un recueil des drôleries de cet homme de génie et je retourne à mon *Figaro* pour y voir comment mon critique traite un autre homme de grand talent, M. Dumas fils.

Je résume deux ou trois études de Jouvin sur l'auteur de la *Dame aux camélias*, et j'en extrais ce qui suit :

(A. DUMAS FILS)

« M. Dumas fils a arrangé sa vie de fort bonne heure, et jusque dans les moindres détails. Il est doué à un degré très-énergique de deux qualités qui font les caractères : la réflexion et la volonté.

« Quand il a réfléchi sur une chose, qu'il en a mesuré les inconvénients et soumis les avantages au creuset de la froide raison, qu'il a dit enfin : « Cela sera! » cela est.

« Il était tout jeune et il habitait chez son père, à Monte-Christo. La compagnie était nombreuse et vivait à l'orientale, mangeant, dormant ou fumant, tandis que le maître de la maison, courbé sur sa table de travail, en manches de chemise, laissait courir sa plume sur trois ou quatre manuscrits, et faisait partir, dans trois ou quatre directions, des estafettes chargées de porter aux *Débats*, au *Siècle* et à la *Presse*, des contes bien autrement intéressants que ceux de Scheerazade, et sans lesquels Paris, en s'éveillant le lendemain, n'aurait déjeuné ni de bonne humeur ni de bon appétit.

« En ce temps-là, le fils du grand Alexandre ouvrit par désœuvrement un livre de médecine; ses yeux tombèrent sur un chapitre consacré *ex-professo* à l'empoisonnement par la nicotine, et traitant accessoirement des troubles graves introduits dans l'économie du corps humain, non-seulement par l'excès, mais rien que par l'usage du tabac à fumer.

« Le jeune Dumas ferma tranquillement le livre, jeta le cigare qu'il venait d'allumer (c'était le quinzième de la journée, et il était midi à peine), et depuis cette époque il n'a jamais cédé à la tentation de charbonner une cigarette.

« Qu'en dites-vous? ce cigare allumé et jeté, affirme-t-il, oui ou non, un caractère? C'est avec cette décision prompte et sans retour que l'auteur du *Demi-Monde* a rompu avec les entraînements de la jeunesse.

« L'historien si bien renseigné des mœurs des courtisanes du dix-neuvième siècle mène la vie régulière et exemplaire d'un honnête bourgeois; il est couché à neuf heures du soir et levé à cinq heures du matin. Tous les instants de sa journée sont ponctuellement consacrés à une fonction de l'esprit et du corps qui doit fortifier l'un et l'autre sans les surmener. C'est de la gymnastique en partie double.

« Point d'émotions trop fortes, point de passions déréglées : travail ou repos, l'âme commande et la bête obéit. Quand la première a crié : halte ! le cœur, le cerveau, l'estomac s'arrêtent comme une horloge dont on immobiliserait le balancier avec la main. »

On pense bien que Jouvin en a écrit plus long que je n'en cite sur un homme aussi considérable que M. Alexandre Dumas fils; à défaut de la totalité, je crois avoir donné le résumé de ses opinions sur cet écrivain, qui restera comme une des physionomies les plus intéressantes de notre époque.

J'ai dit que Jouvin était bien loin d'être tolérant, et je n'ai dit que la moitié de la vérité ; ce qu'il ne comprend pas, il l'attaque, le discute jusqu'à ce qu'il l'ait éclairci. Sans contester à Théophile Gautier la place importante qu'il a conquise à la pointe de sa plume, il s'en faut qu'il admette tout de ce talent d'une étrangeté plus souvent cherchée que naturelle et qui sacrifie la vérité à l'effet d'un mot, d'une image ou d'une sonorité.

Je ne juge pas, du reste, je cite :

(THÉOPHILE GAUTIER)

« Proconsul de Victor Hugo dans une province importante, celle du feuilleton dramatique, M. Théophile Gautier s'efforce d'adoucir autant qu'il est en lui, par la modération d'esprit et la bienveillance de caractère de l'homme privé, l'accomplissement des ordres rigoureux que la difficulté des temps ou les instructions précises du souverain imposent à l'homme public.

« Représentant du parti vainqueur, qu'il est tenu de faire aimer et respecter, il rédigera en beau style d'admirables circulaires officielles pour célébrer comme il convient la naissance du prince royal *Ruy Blas*, dans son palais de Ventadour ; il déploiera toute la magie de son pinceau pour transformer en victoire, dans son bulletin de la grande armée romantique, la défaite des *Burgraves*; mais, sa tâche accomplie, il s'empressera de redevenir un homme d'esprit, un homme aimable, tolérant, accueillant, léger et même un peu sceptique, qu'ennuie et que lasse profondément l'obligation de faire au public les honneurs de sa vice-royauté. . . . .
. . . .

« Le procédé de M. Théophile Gautier comme écrivain et chef d'école, consiste à donner un corps à l'idée abstraite, et, par contre-coup, une âme à la matière en lui imprimant la vie et le mouvement.

« Je me souviens d'avoir lu de lui une description en vers du Printemps — une délicieuse extravagance à froid — dans laquelle, dramatisant et matérialisant le réveil de la terre, il faisait de cette saison de l'année tantôt un perruquier occupé à *poudrer à frimas* les pommiers en fleurs, tantôt une femme de chambre cousant dans le jardin, aux premières rougeurs de l'aube matinale, *pour lacer les boutons de rose dans leur corset de velours vert!*

« C'était en même temps très-poétique et très-absurde. »

Et plus loin :
« M. Gautier veut-il me permettre, pour lui faire embrasser d'un coup d'œil tout le ridicule des gigantesques puérilités qu'il affectionne, d'employer un argument que les rhéteurs appellent : *ad hominem?*

« Supposons que je sois un peintre célèbre, et que le chef de l'école des *Rutilants* me fasse l'honneur de venir poser dans mon atelier, au bénéfice de la postérité. Je m'empresse de garnir ma palette, de saisir mes pinceaux et de peindre, — au lieu du front puissant de M. Gautier, — ce front d'or d'où il tire de si belles choses! — un couvercle de marmite doré; — une forêt vierge pour remplacer sa luxuriante chevelure; — sous l'arcade sourcilière droite, le puits où Rébecca venait puiser de l'eau pour le chamelier fatigué; — sous l'arcade sourcilière gauche, la citerne au fond de laquelle les fils de Jacob plongèrent leur jeune frère; — en guise de nez, un obélisque couché à plat ventre le long du visage; — un cratère fumant pour simuler la bouche; — un œuf à la coque occupant la saillie du menton; — un jardin à l'anglaise dessinant capricieusement des moustaches et une royale; — le tout placé sur un fond de culotte couleur nankin, afin d'obtenir une superbe carnation titianesque.

« Eh bien! M. Théophile Gautier, — qui s'efforce de peindre lorsqu'il faudrait écrire, — en est arrivé à réaliser en littérature l'hypothèse magnifiquement absurde que je viens de poser. Veut-il dessiner le Caucase? Il fabrique une montre. Veut-il créer un homme? Il fait un rocher.

« Mais il lui arrive de rencontrer parfois, pour l'enfantement de ces horreurs chastiques, la ligne d'Ingres, la couleur de Delacroix et la facilité d'Horace Vernet. »

*
* *

Dans son défilé littéraire, Jouvin s'est bien gardé

d'oublier George Sand, l'individualité la plus curieuse de la pléiade de 1830 ; bien que ses idées soient absolument opposées aux siennes, il s'en faut que Jouvin se montre aussi sévère pour madame Sand que pour bien d'autres ; la forme l'a séduit, la pureté de l'écrivain l'a charmé, et il ne peut s'empêcher de le constater, alors même qu'il s'agit de le critiquer. Voyez plutôt :

(GEORGE SAND)

« Ce qui frappe chez George Sand, ce qui est la marque toute virile, toute spontanée d'un talent original et puissant (indépendamment d'une jeunesse, d'une fécondité d'imagination dont on reste confondu, et que n'épuisent ni l'âge ni le labeur sans trêve de la production), c'est la beauté, c'est la solidité de la forme, toujours grande avec sobriété, toujours éloquente avec simplicité.

« Cette forme a atteint son point de perfection le jour où le romancier a dit son premier mot.

« La plume qui a écrit le *Marquis de Villemer* semble ne point avoir été retaillée depuis *Indiana*.

« George Sand parle la langue de Jean-Jacques, moins la raideur genevoise, plus le vieil accent français, qui est un don et non pas une recherche de sa riche et facile nature. Et puis me voilà sur les bords de ce lac où venait rêver enfant le chimérique amant de la philosophe Julie ; j'y reste pour achever ma comparaison.

« Notre Rhône se frayant un passage à travers le Léman pour aller se fiancer à la Méditerranée, toujours reconnaissable à sa crinière d'argent au beau milieu des eaux endormies qu'il laisse à droite et à gauche, telle est l'allure du style de George Sand. Comme un flot puissant, généreux et limpide, il a laissé leur limon aux mares du romantisme, qu'il fut condamné à traverser, de 1832 à 1836, et il s'est creusé un lit entre deux rives enchantées, toutes peuplées des histoires du cœur et des chimères du conte, — le conte parfois plus vrai et plus humain que les histoires. »

La galerie littéraire de Jouvin devait garder un cadre à tous les personnages importants, toutes les individualités de l'époque. A ce titre, M. Emile de Girardin, le premier journaliste contemporain, devait y trouver une belle place.

On a beaucoup écrit sur cet homme, qui, à mes yeux, représente l'activité intelligente au suprême degré ; mais je ne crois pas qu'on l'ait mieux peint qu'en ces quelques paragraphes que je vais citer.

Ceux qui connaissent M. de Girardin (et qui ne le connaît pas en France?) reconnaîtront la véracité du biographe, quand il dit, en parlant du célèbre fondateur de la *Presse* :

(ÉMILE DE GIRARDIN)

« M. de Girardin est journaliste, de la botte vernie jusqu'à la mèche des cheveux, de l'épiderme jusqu'aux moelles, et (soit dit sans l'offenser) par son tempérament encore plus que par ses convictions.

« Son esprit, flexible aux évolutions, abondant en ressources, vif à l'attaque, prompt à la riposte, est une lame d'acier polie, froide, et frappant l'idée avec une sonorité métallique, stridente et parfois désagréable ; mais vienne le frottement de luttes quotidiennes, et l'acier s'échauffera et vous échauffera.

« L'homme, la plume à la main, pense vite et écrit vite : c'est la sage-femme des faits qui s'affirment et des questions qui se posent ; il les reçoit dans ses bras avant la mère, la nourrice et le parrain.

« Il a jeté dans la circulation beaucoup d'idées à lui, mais beaucoup plus d'idées qu'il a faites siennes ; les unes étaient bien constituées, elles ont fait leur chemin toutes seules ; les autres étaient de faible complexion, et, par tendresse, par faiblesse paternelle, il les a traitées comme ces enfants gâtés auxquels on passe toutes leurs fantaisies.

« Quand il trouve une bonne vérité sur son chemin (et la rencontre n'est point rare), le journaliste lui donne l'allure d'un paradoxe ; et quand sa plume fait lever un paradoxe, il chasse ce gibier-là avec l'ardeur qu'on lui voit mettre à la poursuite de la vérité. Cela décrédite parfois son œuvre sans attiédir jamais son zèle, et déconcerte au dernier point ce flot d'amis inconnus et de clients fidèles qu'il traîne après soi de la *Presse* à la *Liberté*, et qui, tour à tour ravis et irrités, le donnent à Dieu ou au diable !

« On a fait grand bruit de ces voyages d'un camp à l'autre ; on a voulu appliquer à M. de Girardin ce vers que des citations multipliées ont rendu ironiquement célèbre :

L'homme absurde est celui qui ne change jamais

« Qu'y a-t-il de sérieux au fond de cette raillerie ?

« Tandis que ses confrères se sont disciplinés, étiquetés, numérotés dans le carton des partis, M. de Girardin, depuis trente ans, joue parmi eux le rôle du cosaque Platow dans les armées coalisées en 1814 : moins fidèle au drapeau qu'au coup de sabre, se battant bien, se battant toujours, mais se battant surtout pour son propre compte. »

⁂

Je trouve dans la collection un crayon de M. Edmond About, que je ne veux pas alourdir en en soulignant le dessin ; le trait en est fin, les ombres à peine indiquées, mais on y sent partout le sentiment de l'ensemble et de la vérité.

(EDMOND ABOUT)

« M. About conte clairement et rapidement, mais il conte sèchement. L'imagination ne fleurit pas dans cette langue toute en surface, que ne désaltèrent ni la rosée tombant du nuage ni les sources généreuses et profondes. L'attention s'attache d'abord à cette petite phrase qui frétille et sautille comme les tronçons d'un serpent s'efforçant de se rejoindre. Elle s'aperçoit bien vite que la vivacité qui la charmait et l'attirait a quelque chose de factice et de nerveux, et se trouve dans les mots bien plus que dans les idées.

« Ce style, d'une sobriété aisée et coulante, finit par paraître ce qu'il est en effet : indigent et vide. Une page de M. About, c'est un champ de la Beauce. Mais l'écrivain rachète en partie ses défauts, son insuffisance et sa suffisance, avec une qualité vraiment française : le naturel. J'estime plus ce don rare, et qui semblait perdu, que son esprit trop loué et généralement surfait. Pour de l'esprit, il en a ; mais point de goût, point de tact, point de mesure. Le goût est à l'esprit ce que le sens moral est à la probité : un frein et une lumière. De là des intempérances de plume chez un écrivain si bien doué. Il les a expiées trop douloureusement pour qu'il y ait du courage à les lui reprocher aujourd'hui. »

Des écrivains faciles, des hommes de métier (ceci soit dit sans dédain pour le talent de journaliste de M. Ed. About), le critique du *Figaro* arrive aux véritables artistes, à ceux qui se recueillent pendant des années et qui font et refont un poëme, un roman jusqu'à ce que leur plume difficile n'y trouve plus un mot à ajouter ni à retrancher.

De ce nombre est Gustave Flaubert qui, du fond de la Normandie, envoie aux amateurs de belles études des livres comme *Madame Bovary* et, j'oserai le dire, comme *Salammbô* ; non pas que ce roman carthaginois m'ait mis personnellement en gaîté, mais j'y sens, malgré l'aridité du sujet, une belle et intelligente restauration de l'antiquité qui, à elle seule, vaut une création.

Le portrait de M. Gustave Flaubert n'est pas flatté, mais il est largement brossé, et je suis certain que le modèle lui-même s'y est bien reconnu.

(GUSTAVE FLAUBERT)

« M. Gustave Flaubert, dit Jouvin, s'est créé une palette plutôt qu'un style pour couvrir les grandes toiles de son roman historique ; il a cherché la couleur avant la ligne (je ne l'en blâme pas) : il y a réussi ; mais il est presque aussitôt tombé dans un excès où l'énergie de son talent et sa phrase tout en saillie devaient l'entraîner plus loin qu'un autre.

« Peignant toujours de grandes multitudes : dans les jardins de Mégara, sous les murs de Sicca, dans les plaines de Macar, au siége de Carthage, outre que son procédé ne varie point, il se pique d'être aussi précis dans le détail que dans l'ensemble.

« La loi de la perspective est complétement supprimée ; tout frappe également les yeux, de près comme de loin, dans ses tableaux.

« Le sable violet qui poudre les cheveux de Salammbô est accusé avec le même relief que les quatre étages en terrasse du palais d'Hamilcar, bâti en marbre numidique tacheté de jaune.

« M. Flaubert a plutôt achevé la peinture d'un camp de barbares qu'il n'a décrit les pièces du vêtement de Mâthô.

« L'inventaire des richesses enfouies dans les salles basses du Suffète Ibanielcar n'occupent pas moins de place dans l'un des chapitres du roman que le tableau des opérations stratégiques de la bataille de Macar et l'énumération des combattants : les diamants y paraissent plus gros que les hommes. De là un défaut de proportion extrêmement choquant dans ces peintures si savantes et si consciencieuses d'ailleurs, de là surtout une insupportable monotonie.

« Les scènes les plus imprévues, les situations les plus contrastées, traitées par un procédé unique, ne sont jamais que des *recommencements*.

« M. Flaubert a décrit, il décrit ou il va décrire : abîmes du ciel et de la terre, effets du soir ou du matin, plaines fertiles, déserts de sable, paysages, intérieurs, camps, cités, nuages rayant le ciel en feu, rides sillonnant un front courbé vers la terre ; il aura pour tout cela des mots *lumineux* qui éclateront comme une rangée de pétards le long des 471 pages de son livre. L'attention du lecteur aura beau se cabrer, ainsi qu'un cheval entre les jambes duquel on viendrait à tirer un feu d'artifice, l'implacable *coloriste* ne tiendra compte ni de sa fatigue ni de ses éblouissements. »

***

Nous arrivons à un portrait fait déjà bien des fois et auquel chaque jour apporte un changement, un nouveau trait; il s'agit de M. Thiers.

Voici ce qu'en disait Jouvin à propos de la dernière partie du beau livre qui s'appelle : *Histoire du Consulat et de l'Empire*.

(M. THIERS)

« Figurez-vous un peintre amoureux de son modèle,

se promenant dans le musée où il l'a exposé, en compagnie de jolies femmes de la ville : notre artiste ne verra, ne cherchera qu'une toile parmi toutes ces toiles, chef-d'œuvre de son pinceau. Tel est M. Thiers en face du grand capitaine, du grand législateur, du grand chef d'empire, dont il est jaloux de conserver les traits à la postérité.

« Il a peint son modèle de face, de profil, en pied, à cheval, au centre d'un tableau de bataille, sur son trône, en exil.

« Les grands événements de ce règne fabuleux ne sont le plus souvent sous son pinceau amoureux, qu'un vaste décor sur lequel se détache fortement la figure destinée à dominer l'ensemble. L'artiste ne semble préoccupé que du soin d'adoucir les tons de bistre qui feraient grimacer ce visage lumineux, et d'en écarter les grandes ombres que projette sur lui l'édifice d'un empire qui s'écroule.

« Quant aux imperfections trop criantes du livre de la *Seconde abdication*, il faudrait, pour les dénoncer et en faire justice, me placer sur un terrain où il ne m'est pas permis de mettre le pied. S'obstinant à reporter souvent son regard sur les deux points extrêmes de la carrière de son héros, — son apparition merveilleuse et le coup de tonnerre de sa chute,

— M. Thiers n'en voit bien que deux choses qui lui paraissent également grandes, également sacrées : son génie et son malheur.

« La vérité se fait petite pour tenir entre les deux. De là, dans cette histoire qui est restée la biographie d'un grand homme, en s'efforçant d'être les annales d'un grand peuple, des contradictions et des déjugements sans nombre, une idolâtrie professée en vingt volumes et condamnée en vingt pages ; de là je ne sais quelle atmosphère de panégyrique flottant au-dessus des tableaux les plus complets et les plus fidèles et les exposant à un jour blessant pour la conscience.

« Mais dans ce livre, qui ne sera jamais ni assez lu ni assez critiqué, qui vivra malgré ses défauts, et ses tendances pires que ses défauts, je dois louer, et louer sans restriction, les quatre-vingt-dix pages qui le résument. C'est une histoire à vol d'oiseau dans l'histoire générale. M. Thiers trace rapidement, mais de haut et avec la sûreté de main d'un maître, deux esquisses d'une vivacité sans pareille, se faisant pendant toutes deux et se complétant l'une par l'autre.

« La première est le résumé à coups pressés, quoique substantiel, des progrès de l'art de la guerre ; la seconde, une étude des grands capitaines de tous les temps.

« On pourra discuter les opinions de l'auteur, faire la part des prédilections personnelles, changer les bustes de place dans ce panthéon des demi-dieux de la guerre, rabaisser ceux qu'il élève et relever ceux qu'il abaisse : on restera frappé de la touche ferme et solide de ce beau morceau de philosophie historique. Largeur de vues, élévation d'idées, art de traiter un sujet, éloquence, mouvement, style. C'est une page complète. Historien prodigieux et plein de ressources dans les vingt volumes du *Consulat et de l'Empire*, M. Thiers se montre dans cette page unique avec la qualité qu'on lui a le plus contestée dans tous les temps, celle de grand écrivain. »

On peut voir que les opinions de Jouvin n'ont guère changé, car voici ce qu'il écrivait il y a quelques semaines en partant de M. Thiers comme orateur :

« L'art d'élever la causerie jusqu'à l'éloquence constitue chez M. Thiers un procédé oratoire qu'il a créé et auquel, à chaque miracle de sa parole, il ajoute en le perfectionnant. Ce talent, inépuisable en finesse et en finesses, tombe sous l'une des deux définitions de l'orateur par Cicéron. M. Thiers — si habile à dire d'une façon si transparente jusqu'aux choses qu'un autre que lui ne réussirait point à montrer impunément sous le voile — est bien, selon Cicéron, le *vir in dicendo clarus*, en entendant *clarus* dans ses deux sens : lumineux et célèbre.

« Sa phrase court rapidement au but, lors même

qu'elle affecte de suspendre en chemin l'idée principale par des incidences. Ces incidences, jetées à profusion, forment un *coude* qui, arrêtant un moment la pensée, la fait jaillir en étincelles.

« Lorsque, feignant de demander grâce à son auditeur pour une phrase parasite, l'orateur s'écrie : « Je supplie qu'on me passe ce mot, cette expression, « ce tour peut-être un peu vulgaire, » ne vous fiez qu'à demi à son humilité traîtresse ! Sa contrebande d'idées est certaine d'avance de déjouer la surveillance des douaniers et de franchir la frontière. Il faut bien laisser circuler ce qu'on n'est plus en mesure d'arrêter au passage. »

Autant qu'il m'a été possible d'apprécier le caractère de M. Thiers, je suis convaincu que, si ce passage lui tombe sous les yeux, il ne pourra dire autre chose que ceci : « Ah ! par exemple, voilà qui est bien vrai ! »

J'arrête un instant le cours de mes citations ; chemin faisant, je rencontre dans le *Figaro* l'histoire d'un porteur d'eau qui, parvenu à la fortune, n'avait pu abandonner sans regret sa modeste profession et ne pouvait s'empêcher, quand ses domestiques étaient sortis, de descendre chercher une voie d'eau qu'il montait au troisième étage de son hôtel, et vidait mélancoliquement dans le plomb.

Ce porteur d'eau me rappelle celui de Jouvin, qui mérite bien un souvenir.

Jouvin demeurait alors rue de Douai, à l'étage le plus élevé de la maison. Doué d'une rare insouciance pour tout ce qui concernait son ménage de garçon, il ne s'était jamais préoccupé de savoir comment on fait pour se procurer de l'eau. Il en trouvait régulièrement tous les jours dans sa fontaine, et eût pensé commettre la plus grave indiscrétion en demandant d'où elle pouvait lui venir.

J'allais quelquefois visiter Jouvin, et ce mystère me frappait d'étonnement. Enfin je découvris que chaque matin, à la même heure, un Auvergnat venait doucement verser deux seaux d'eau dans sa fontaine, et se retirait sur la pointe du pied, de peur de réveiller mon rédacteur.

— Combien payez-vous votre porteur d'eau ? demandai-je à Jouvin.
— Moi, je ne le paye pas ! voilà deux ans qu'il vient comme cela tous les matins et il ne m'a jamais réclamé un sou.

Je n'insistai point, prévoyant une facture très-salée pour cette fourniture d'eau douce..

Jouvin déménagea et ni lui ni moi ne pensâmes plus au porteur d'eau, qui ne se manifesta jamais.

Le hasard, qui invente tous les jours quelque chose de nouveau, m'a fait connaître le mot de l'énigme.

Le porteur d'eau que j'avais vu fonctionner n'était autre chose qu'un négociant très-malin ; désireux de vendre son fonds à quelque autre Auvergnat, il lui avait fallu se créer une clientèle ; il avait porté Jouvin sur la liste de ceux qu'il fournissait, se gardant bien de lui rien demander dans la crainte d'être congédié. Son successeur, qui ne prenait le fonds que pour le revendre, avait agi comme lui. Et, sans qu'il s'en fût douté, Jouvin avait changé peut-être quinze fois de porteurs d'eau, qui l'avaient tous fourni gratis.

— Je suis si myope, me disait-il, que j'ai toujours cru que c'était le même !

. . .

Douce chose que la myopie pour Jouvin ! elle lui permet de voir ceux qu'il lui serait désagréable ou inutile de rencontrer, et son instinct, son flair le font presque toujours aller droit à ceux avec qui il aime à se trouver. Demandez plutôt à Regnier, qu'il ne peut plus quitter quand le hasard le place près de lui au théâtre.

Pour moi, la faiblesse de sa vue est toujours devenue problématique quand je me suis trouvé à table avec lui. J'adore le hareng mariné, par exemple, Jouvin l'adore aussi ; ce que j'aime le mieux de ce poisson c'est la laite, Jouvin partage absolument mon goût. On lui présente ce hors d'œuvre, il pique au hasard ; toujours sa fourchette tombe sur notre morceau favori sans s'égarer sur les filets qui l'environnent !

Qu'il ne dise pas non ! J'ai constaté cent fois le fait et j'ai eu le bon goût de ne pas me plaindre !

Je ne lui garde cependant pas rancune de sa gourmandise ; c'est un défaut qu'il partageait avec son dieu Rossini, l'homme d'esprit par excellence.

Puisque j'ai ouvert une parenthèse, je ne sais pas pourquoi je n'en ouvrirais pas deux, surtout pour rapporter un mot inédit de l'auteur de *Guillaume Tell.*

Meyerbeer venait de mourir. Son neveu, M. Jules Beer, un musicien fort distingué, mais dont les compositions ne faisaient point oublier celles du grand Giacomo, écrivit une marche funèbre en l'honneur de son oncle.

La marche funèbre était réussie, de l'avis des amis de l'auteur. Aussi M. Jules Beer, qui était fort lié avec Rossini, se rendit-il chez lui pour la lui faire entendre.

Rossini s'empresse d'ouvrir son piano ; le compositeur attaque le morceau ; Rossini écoute très-attentivement et donne de fréquentes marques d'approbation ; le morceau terminé, il applaudit, et, prenant la parole :

— C'est bien ! c'est très-bien ! mais il eût peut-être été préférable que ce soit vous qui fussiez mort et que la marche funèbre eût été de votre oncle !

*
* *

J'ai commencé à raconter des anecdotes et je suis un peu sorti de mon sujet. J'y rentre en citant celle-ci qui est personnelle à Jouvin.

Un soir qu'il assistait, aux fauteuils d'orchestre, à une représentation de débuts aux Italiens, deux spectateurs, qui le connaissaient et qui étaient placés devant lui, applaudissaient à tout rompre ; le ténor, d'un talent douteux, leur avait donné des places et ils le remerciaient de toutes leurs forces.

Le lendemain, curieux de voir l'effet que le ténor avait produit sur leur voisin, nos deux compères achètent le *Figaro*.

Jouvin y rendait compte de l'exécution générale de la pièce ; au bout de quelques paragraphes, il constatait l'effet produit.

— Nous y voilà, se dirent les deux amis.

Et ils lurent :

« Le hasard m'avait placé, hier soir, derrière deux

ânes bâtés qui avaient sans doute laissé leurs oreilles au vestiaire, car, etc., etc. »

Ils s'arrêtèrent là ; justice était faite !

Rentrons dans la littérature proprement dite. On dit que les loups ne se mangent pas ; il n'en est pas de même des critiques, et il fut un temps où un homme d'un talent incontestable, notre ami maintenant, M. Jules Janin, le roi du feuilleton, a pu s'en apercevoir.

Nous étions alors en guerre.

Je ne raconterai pas nos escarmouches, mais je me rappelle qu'ayant à définir le talent du rédacteur du *Journal des Débats,* Jouvin disait :

« Figurez-vous une mouche décapitée, dont le corps va frapper à droite et à gauche sans savoir où il dirige son vol ; tel est Janin quand il fait son feuilleton du lundi. »

Et, plus loin, je retrouve un petit chapitre commençant ainsi :

(LE CRITIQUE FAUX-BONHOMME)

« Le critique *faux-bonhomme* est d'épaisse encolure, affable, familier, se donnant tout à tous, et vous croiriez à la sincérité de son rire à pleines dents n'était un petit œil froid, incertain, terne, qui proteste à demi. »

Je m'arrête ; à quoi bon rappeler ces piqûres d'épingle, si ce n'est pour se souvenir des poignées de main amicales qui les ont suivies.

Je passe à un autre feuilletoniste, à M. Paul de Saint-Victor ; le voici tout entier en quelques alinéas :

(PAUL DE SAINT-VICTOR)

« M. Paul de Saint-Victor a des défauts aussi grands que ses qualités et l'on ne saurait le louer ou le critiquer avec trop de force. Il n'est jamais l'égal de lui-même et il ne tient qu'à un cheveu que ses pages les plus charmantes ne soient du galimatias. Voici la raison du phénomène qui me rend ce jeune feuilletoniste du *Pays* tour à tour insupportable et sympathique :

« M. Paul de Saint-Victor est un écrivain excessivement remarquable dans un genre faux. Il écrit comme Boucher peignait. Je ne sais personne qui soit joli avec plus de fadeur, ni contrefait avec plus de grâce ; personne qui ait perfectionné à ce point le mauvais goût et donné aux délicatesses du langage la transparence diaphane de l'étisie. Ce n'est pas une plume, c'est un tampon qu'il tient à la main, un tampon roulé dans le blanc d'Espagne, le carmin et le cobalt, et qui lui sert à donner à sa phrase, cambrée jusqu'à la dislocation, la carnation criarde d'un trumeau.

« Le travers qui a égaré M. de Saint-Victor, et bien d'autres avec lui, consiste à vouloir faire jaillir l'idée de la sonorité syllabique; à croire qu'on est styliste, parce que, selon une expression fort juste de M. Leroux, « on va déranger inutilement et sans motif une foule de mots qui faisaient doucement la sieste dans le dictionnaire. »

« Avec ce procédé, on peut être un mosaïste fort ingénieux, on ne sera jamais un écrivain. Essayez de soumettre au crible de la pensée ce style fabriqué avec des couleurs reposant sur un nuage, votre entendement ne saisira que le vide.

« Ecrire ainsi est un passe-temps d'enfant ou de dupe : autant vaudrait puiser de l'eau dans une rivière avec une passoire ! »

.*.

Il n'est pas d'album où, à côté de figures aimables et intéressantes, on ne trouve une page consacrée aux grotesques, à la caricature.

Il est tout naturel qu'après avoir parlé de Victor Hugo, on s'entretienne un peu de ses mamelucks, de ceux qui, dignes enfants de M. Prudhomme, ont cru devoir s'armer d'un sabre pour défendre la gloire de leur maître et pour l'attaquer au besoin.

Voici le croquis :

(PAUL MEURICE)

« Immobilisé dans son admiration pour l'esprit vigoureux qu'il a nommé son maître, M. Paul Meurice est le Campistron de Victor Hugo, comme Campistron fut de son temps le Paul Meurice de Racine. Ce n'est pas un reproche que je lui adresse et qui lui soit personnel, mais un fait que j'ai le droit de constater. Son cas est celui de tout novateur : iconoclaste chez les autres, et chez lui adorateur de fétiches. Son histoire est l'histoire de toutes les révolutions, de tous les schismes : on commence par être hérésiarque, on finit par rentrer dans la règle et dans l'intolérance. On arbore la littérature indépendante, on bafoue les classiques serviles, on traite leur chef de *pas grand'-chose*, et après tant de révoltes insensées, et, qui pis est, inutiles, on entre en condition chez un homme de génie, et l'on porte la queue de ses *alexandrins!*

. . . .

« ... Est-ce là le cas des sectateurs de Victor Hugo? Vous savez bien que non. Ils sont copistes et non pas disciples! Ils se servent des hémistiches du maître, absolument comme certains pâtissiers nomades se servent d'un *moule à gaufres*, dans lequel ils versent un horrible mélange de farine, de mélasse et de fleur d'oranger. Dans l'impossibilité de se donner la fière allure de l'homme, ils emboîtent timidement son pas. Au lieu de s'inspirer de sa manière, de s'échauffer à son foyer, ils prennent froidement une paire de ciseaux et le *patron à antithèses*, et se mettent bravement à découper. S'ils imitent quelque chose, croyez-bien que ce sera un défaut énorme, un tic insupportable, l'apparence du dieu et jamais le dieu lui-même. Aperçoivent-ils sur un mur son ombre devenue grimaçante par quelque accident de lumière ? Pour eux, cette grimace est la vie et la réalité. Ils s'empressent de fixer sur le mur, à l'aide d'un charbon, cette ombre disproportionnée ; et, la montrant aux passants, ils s'écrient : « Voyez comme cet homme est grand ! » Mais le poëte marche, l'ombre chemine avec lui, l'art est ailleurs : il ne reste rien qu'une odieuse caricature et quelques badauds attroupés par leurs cris, qui consentent à prendre ce charbonnage pour la silhouette d'un autre Shakespeare. »

*
* *

Pour qui a pris la peine de lire ou de voir les pièces de M. Paul Meurice, je ne crois pas qu'il y ait un trait à effacer de ce portrait.

Eh bien ! voyez ce que c'est que la faiblesse humaine, je parierais ma tête, et cependant j'ai la faiblesse d'y tenir, que jamais il ne sera reproduit dans le *Rappel*.

Revenons à la galerie des gens d'esprit : après MM. Henri Meilhac, d'Ennery, Barrière ; je trouve ce portrait-carte de l'auteur des *Faux-Bonshommes :*

(THÉODORE BARRIÈRE)

« Il y a du poëte et du sous-lieutenant dans Théodore Barrière. Le front est vaste et bombé ; l'étincelle part d'un regard profondément abrité ; les lèvres se contractent sous une moustache toujours en mouvement ; l'expression du visage est sérieuse, inquiète et farouche ; la main a des étreintes nerveuses. Mais tous ces *hérissements* sont à la surface : le dramaturge est à *surprises* et s'élance de sa boîte, mû par un ressort ; mais le dramaturge cache un homme, et l'homme est excellent. »

*
* *

Bien que Jouvin soit avant tout un critique d'art, il ne pouvait pas, avec son amour du beau, du juste et du vrai, s'isoler de la politique et ne pas prendre part aux discussions qui agitent aujourd'hui notre malheureux pays.

C'est d'abord le portrait d'un homme politique,

l'examen de ses œuvres, la discussion de ses principes, puis la constatation de son point de départ qui trop généralement ne laisse pas toujours prévoir son point d'arrivée. Tel qui se lève libéral... mais je m'arrête.

Je trouve quelques lignes qui me paraissent merveilleusement définir Prévost-Paradol, et qui valent mieux que tout ce que je pourrais dire :

(PRÉVOST-PARADOL)

« Prenant d'assaut chaque matin une muraille derrière laquelle il n'y avait rien, l'ardent polémiste eût volontiers poussé le cri désespéré de Machiavel aux Médicis ! « Donnez-moi un emploi, fût-ce celui de casseur de pierres ! » M. Prévost-Paradol, lui, cassait de petits cailloux et les lançait dans les vitres des Tuileries. Son tempérament d'écrivain, son affiliation au parti des parlementaires, lui avaient façonné un rôle, une attitude en face du pouvoir : il lui devenait de jour en jour plus difficile de désapprendre l'un et modifier l'autre. Il ne le voulait pas, il ne le pouvait pas.

« On le proclamait un lutteur imcomparable dans la petite guerre des épigrammes finement aiguisées, des allusions et des sous-entendus masqués et musqués. Il les lançait d'une main sûre, gantée de fin chevreau.

« On ne pouvait saisir l'imperceptible mouvement de cette main agile; mais une goutte de sang vermeil se frayant passage à travers l'imperceptible piqûre marquait la place où le trait avait touché... »

Et plus loin :

« Ce qui a manqué à Prévost-Paradol, esprit charmant, plume nette, conception vive, ce sont des obstacles à cette renommée si aisément conquise. Les obstacles se changent en forteresses pour qui les a franchis; après avoir barré le talent, ils l'abritent. Les gloires faites en un jour se défont de même. L'intelligence est une valeur, le succès un escompteur : plus il donne, plus il reprend. Hélas! cet impitoyable usurier a mis la main sur la gloire de Prévost-Paradol; il n'est plus, elle n'est plus ! »

*
* *

L'amour du vrai et du beau qui a toujours guidé Jouvin ne devait pas lui rendre bien sympathiques les héros des sottises et des folies qui ont peut-être perdu à tout jamais notre pays. Quelque indignation qu'ils lui inspirent, il ne va cependant pas jusqu'à les combattre par des personnalités ; c'est l'œuvre toujours, l'homme rarement qu'il aime à juger. Voyez plutôt ce portrait achevé de Mᵉ Gambetta :

(M. GAMBETTA)

« Il y a dans ce Gascon greffé sur l'Italien (M. Gambetta, l'homme politique, bien entendu) du saltimbanque, du commis voyageur, du jacobin et du Bonaparte, à doses variées et mêlées, selon la *formule* des circonstances. Il fait en ballon son entrée dans les affaires publiques, aux applaudissements d'une foule idolâtre. Dans de belles harangues, où la partie de grosse caisse est facile à noter, il promet d'arracher *sans douleur* le territoire à l'invasion prussienne.

« Représentant de la *Maison Danton et compagnie*, il voyage avec les échantillons de sa république, ne se jetant à bas d'un wagon que pour escalader une locomotive. Il s'entoure de généraux, il les place, il les remplace, il les fait, il les défait. Saint-Just, il surveille ; Carnot, il organise ; Bonaparte, il exécute. Il est tout et partout à la fois.

« Il dit : *Mes armées, mes soldats, mes victoires,* — et sur ce dernier point, ce dernier point seulement ! il ne ment pas, puisque ces victoires, il les fabrique — comme au 2 décembre — à coups de télégrammes ! Il recommence Louis XIV après Napoléon, et écartant le suffrage universel suspect à ses yeux de royalisme, il s'écrie : « L'élection, c'est *nous*, le pays, c'est *moi*. » Lui, simple délégué du gouverment siégeant à Paris, il met dans sa poche les ordres qu'il en reçoit en disant : *Je verrai, j'aviserai, je déciderai.*

« Roi de la populace de Bordeaux, il a ses courtisans, ses prétoriens, ses policiers ; et ces hauts ou bas fonctionnaires sont les joyeux compagnons de l'ambition oisive de sa jeunesse. L'Henri V de Shakespeare, élevé sans transition des tavernes de Londres au trône d'Angleterre, renia Falstaff et ses amis.

« M. Gambetta ne s'est pas rendu coupable d'un pareil acte de noire ingratitude. Falstaff et ses amis, culotteurs de pipes, buveurs de bière, étouffeurs de *perroquets* au café de Madrid, avaient suivi à Bordeaux Henri V et sa fortune.

« Ils ne sacrifièrent aux devoirs publics dont ils s'étaient revêtus ni la pipe, ni le bock, ni surtout les *perroquets* : loin de là ; ils élevèrent au contraire ces fonctions familières à la hauteur des dignités républicaines ; on les vit passer, avec un égal succès, de la table à la nappe blanche où l'on dîne à la table au tapis vert où l'on délibère.

« Fox et Sheridan, hommes de plaisir et joyeux compères, furent des « buveurs très illustres » autant que grands politiques et orateurs sublimes. Mais la carte à payer ne s'éleva pas, à la Chambre des communes, aux cinq milliards supplémentaires que nous aura coûtés la continuation d'une guerre enragée, poursuivie à travers des désastres prévus et des défaites inévitables. »

*
* *

Le dégoût le prend, par exemple, pour la canaille de bas étage, pour les Pyat, les Raoul Rigault et ce qui touche à la fange sanglante de la stupide démocratie ; ces malfaiteurs-là relèvent pour lui de la police, il ne leur fait pas l'honneur d'y toucher du bout de sa plume ; il lui faut des gens de conviction, fussent-ils d'une opinion diamétralement opposée à la sienne, cette opinion fût-elle voisine de la monomanie ou de la folie.

M. Ranc, par exemple, ne lui paraît pas à dédaigner. Il est bon, je crois, de prendre note de la prédiction de Jouvin sur cet homme, qui paraît être appelé à jouer un rôle dans nos premiers troubles.

(M. RANC)

« M. Ranc, demande Jouvin, a-t-il été un loup de la Commune ? Le gouvernement s'obstine à le traiter comme si le préfet de police à Bordeaux du citoyen Gambetta eût été un chien de garde : il ferme les yeux et le laisse dans la *bergerie* municipale. Du reste ne faisons pas de confusion fâcheuse. En dépit de ses attaches babouvistes, M. Ranc n'est point un communeux ; c'est un jacobin. Sa conviction est ardente autant qu'elle est sincère, et s'il peut un jour faire guillotiner ses adversaires politiques, interpellants et interpellés, — il n'y manquera pas. »

Voilà qui est rassurant, n'est-ce pas ?

N'accusons pas du reste M. Ranc plus qu'un autre ; l'intolérance jusqu'à la mort (celle de leurs adversaires bien entendu), a toujours été la marque distinctive de ceux qui écrivent chez nous Liberté sur leur drapeau.

Ce beau mot de Liberté est comme le morceau de chair fraîche qu'on met sur les trappes à renard ; les pauvres bêtes viennent pour y goûter, l'appât disparaît et ils tombent dans le piége qui leur coupe le cou.

C'est l'histoire de la France depuis que les Républiques et la libre-pensée se sont abattues sur elle.

*
* *

Les lecteurs qui ne connaissent pas le *Figaro* depuis sa naissance, n'ont encore après tous ces extraits qu'une idée incomplète de la nature de Jouvin. Le côté agressif et spirituel est généralement celui qui paraît dominer ; malgré de beaux élans que j'ai signalés, on se demande involontairement s'il est possible qu'un critique ait du cœur. Il semble que ces gens-là n'aient que l'idée de pourfendre, et que jusque dans leurs rêves ils ne voient dans leurs contemporains que des petits saint Sébastien à percer de leurs flèches.

Je ne sais pas si la chose est vraie pour d'autres, mais je suis sûr du contraire pour Jouvin.

Je trouve, perdue dans le *Figaro*, une petite page tout intime qui répondra elle-même à l'objection qu'on a pu se faire. Ce n'est pas une œuvre d'art exécutée pour produire un effet de sensibilité, c'est une rêverie qu'il a racontée d'une plume nonchalante et dans laquelle on trouve aisément l'homme de la famille et le chrétien.
J'en détache deux alinéas :

« Lorsque je quittai ma province pour venir apprendre à Paris le rude métier des lettres, décembre fouettait de son haleine de givre les vitres de la modeste chambre où je campais. J'étais loin des miens, j'avais brusquement rompu avec le passé, et il me fallait bâtir l'avenir sur le présent, qui chancelait sous mes pieds.

« Pour la première fois, la nuit de Noël, si joyeuse jusque-là, allait me trouver assis à une petite table, en tête à tête avec quelques bouquins.

« Ma dernière bûche avait cessé de jaser dans les

cendres du foyer. Alors, jetant un regard attristé autour de ma solitude :

« Il ne sera pas dit, m'écriai-je en lançant un défi
« à la destinée, que j'aurai manqué au rendez-vous
« du pieux anniversaire ! Si je suis seul ici, rien ne
« m'empêche, du moins, de me trouver en pensée
« auprès de mes parents et de mes amis qui saluent
« Noël dans un gai réveillon. »

« Une fois décidé à souper avec mes souvenirs, je voulus prendre ma montre et la placer sur la table, afin de suivre du regard les aiguilles qui cheminaient vers minuit.

« Je fis une réflexion, je me ravisai, je soupirai... Il était écrit là-haut que, cette année-là, je ne chômerais point les fêtes de Noël ! »

Je ne sais rien de plus touchant que ce simple récit.

C'est que, comme je l'ai dit au commencement de cette notice, Jouvin est né d'une famille honnête et chrétienne, et qu'il est des impressions que l'enfant reçoit pour toute sa vie.

Aussi ne faut-il parler devant lui qu'avec respect de tout ce qui touche à la famille ou à la religion. Le Christ a pris pour lui une physionomie arrêtée qu'il ne veut pas voir modifier, serait-ce pour l'embellir, si c'était possible.

Écoutez plutôt ce qu'il pense du fameux Jésus à l'eau de rose de M. Renan :

(M. RENAN)

« Le Christ ainsi mis, par M. Renan, à la portée de tous les cœurs, les plus novices et les plus ravagés, est blond comme l'Oswald de madame de Staël, rêveur comme le Werther de Gœthe, et joli garçon comme le Don Juan de Byron.

« Ces jeunes Galiléennes, qui se rendent à la source, la cruche sur l'épaule, et font, en le voyant passer, le doux rêve des fiançailles de Rebecca et d'Isaac, sont des Parisiennes. Elles vont loin des bosquets de Mabille et de la Closerie des Lilas, chercher un horizon champêtre, des cerises et des ânes à Montmorency. Ce jeune philosophe parle la langue de René ; les boucles dorées et lisses de sa chevelure doivent leur reflet à la pommade et leur solidité au cosmétique ; il étouffe à regret dans la poitrine d'un Dieu l'ardeur des passions humaines, en détournant son visage radieux de ces charmants visages.

« C'est le fils du charpentier ; pour le peindre et le faire ressemblant, M. Renan a trempé ses pinceaux les plus délicats dans ses couleurs les plus tendres ; mais j'en crois plus volontiers la sincère émotion et les involontaires distractions des aimables lectrices de ce chapitre vraiment aimable. Quoi qu'en puisse dire le livre, à leurs yeux, ce blondin pardonnant à Madeleine prosternée à ses pieds, c'est Didier ouvrant ses bras à Marion Delorme et lui refaisant une virginité.

« Quant à ce paysage oriental baigné par les eaux du Jourdain, chef-d'œuvre de la palette d'un écrivain artiste, il est situé, j'en réponds, sur les bords fleuris qu'arrose la Seine. Si ce n'est Chatou, c'est Asnières. »

Ceux qui ont lu le livre de M. Renan ne contrediront point Jouvin.

***

Naturellement, le terrible athlète qui s'appelle Louis Veuillot, et qui défend la religion avec toute la vigueur et l'éloquence d'un Père de l'Église, devait être sympathique à Jouvin. Son admiration pour lui est sans borne, mais son énergie l'épouvante quelque peu ; il trouve parfois ses mesures un peu trop radicales, et y voudrait introduire quelques tempéraments.

(VEUILLOT)

« ..... Sans doute, dit-il, grâce à son énergie cet

homme obtiendrait qu'on lui fît place, mais au prix de quelles injures, et justement méritées? Quand on est mêlé à la cohue d'une époque dont on croit avoir le droit de fustiger les erreurs et les vices, il faut bien prendre garde, dans ce rôle de redresseur de torts qu'on revendique ou qu'on accepte, de ne pas confondre avec la cause éternelle du bon Dieu, la cause passagère d'une irritation toute personnelle, et de ne pas damner, même un maroufle, parce que ce maroufle vous aura marché sur le pied!...

. . . .

« Chrétien et écrivain orthodoxe, je comparerai M. Veuillot à ces matrones acariâtres qui, faisant blanc de leurs vertus domestiques, sont fidèles au mari qu'elle doivent un jour faire mourir de chagrin. C'est une turbulence analogue que le rédacteur de l'*Univers* apporte dans son mariage avec la foi catholique ; il semble que sa fidélité à l'Église doive lui tenir lieu de toutes les autres vertus chrétiennes et absoudre, à ses yeux, les mauvais penchants de sa plume. Mon Dieu ! à la rigueur, il existe des chrétiens selon l'Évangile, comme il est des honnêtes gens selon le code. L'essentiel c'est de n'être ni pendu dans ce monde ni damné dans l'autre. . . . .

« Mais M. Veuillot a beau s'écrier qu'il est soumis ; au frémissement de son style, je sens bien qu'il n'est qu'attaché et qu'il se révolte encore de toute la longueur de sa chaîne. »

* * *

Qu'on n'aille pas croire, à la vigueur de cette critique, que Jouvin ne rende pas justice à M. Veuillot. Je viens de citer en quelques lignes tout ce qu'il a dit de sévère sur ce savant publiciste; si j'entreprenais de dire le bien qu'il en a écrit et qu'il en pense, il me faudrait écrire des volumes.

C'est que tous deux ont combattu pour la même cause, celle d'une religion que les libres penseurs repoussent et qui n'a pas cours parmi les esprits éclairés qui ont cru bien utile au salut de l'humanité de remplacer la foi, l'espérance et la charité par la liberté, l'égalité, et la fraternité. J'aurais là-dessus bien des choses à dire; on les devine. J'aime mieux passer la parole à Jouvin et montrer à mes lecteurs jusqu'où peut aller l'éloquence quand on défend une belle cause.

Voici la moitié d'un article écrit de verve à propos de je ne sais quelle feuille radicale indignée contre ce qu'elle appelle le fanatisme de l'époque.

« L'impiété n'a jamais été une preuve d'esprit, » écrivait sous le règne de Voltaire, et à l'adresse des singes de Voltaire, un homme fort spirituel et assez mauvais chrétien, l'historiographe Duclos. . . . . . .

. . . .

« Un journal du soir ameutait ces jours-ci contre toute une classe de citoyens les dix-huit mille lecteurs qu'il racole sur le trottoir de nos boulevards. Il n'épargnait personne dans ses dénonciations et ses violences : l'âge, le sexe, la faiblesse, tout était bon à son facile courage. Il attachait de vieux prêtres et de pauvres religieuses à ce pilori vermoulu auquel le *Constitutionnel* de la Restauration avait coutume de lier les *jésuites* aux grandes échéances de l'abonnement.

« Prêtres et religieuses étaient traités par cette belle de nuit des kiosques parisiens, de *recéleurs* et impliqués dans un procès déplorable, terminé depuis quelques jours, mais que l'entente de la mise en scène, très grande chez la feuille en question, avait l'art de prolonger.

« Elle servait ce compte rendu plein de souillures par tranches très-minces à ses abonnés, affamés et friands de chair de *calotin*. Je n'ai pas besoin de vous dire dans quelle langue était rédigé ce vertueux réquisitoire ! Quand on pense d'une certaine façon et qu'on écrit pour une certaine classe, on est condamné fatalement à la platitude et à l'enflure.

« Ah ! c'est que la langue française est une grande dame, une *aristocrate*. On n'est point reçu chez elle sans être de bonne maison : il y faut du savoir et des idées ; il y faut apporter l'horreur du faux, du banal et du convenu, et surtout, et avant tout, le dédain des vulgaires embrassades de la foule. On a beau être un « niveleur farouche, » on ne rase point sa maison !

« On a beau frapper à sa porte en se disant « Français ! » et porter avec soi son certificat de *Civisme* (bien des gens l'ont fait : MM. Jourdan et La Bédollière ne font que cela tous les jours), elle vous repousse plus loin et plus bas que son antichambre, dans la rue et même dans le ruisseau ! Demandez aux grands hommes de notre première Révolution, qui ont tant griffonné après avoir tant parlé ! Certes, on pouvait compter parmi eux — et je parle des plus violents — des caractères.

« L'inspiration, la passion du moment, les éleva parfois très haut, si elle les poussa toujours trop loin ! Les plus coupables étaient des hommes ; les plus convaincus ne furent jamais des écrivains. Discours, mémoires, livres, tout ce qu'ils ont laissé, tout ce qu'ils ont écrit est du fumier, qui ne devait pas même être l'engrais de la littérature du dix-neuvième siècle ! La langue française, la seule supériorité qu'ils ne pussent atteindre et confisquer, et qui allait survivre à tant de ruines, sembla leur dire :

« Vous recréerez une France à votre image, vous
« ferez trembler l'Europe, vous serez terribles dans
« l'histoire ; mais vous ne serez pas grands dans les
« lettres ! Je vous punirai dans votre orgueil auquel
« je crois mieux qu'en votre patriotisme. Votre crime,
« à mes yeux, c'est d'avoir moins aimé le peuple
« que la canaille ; et je suis avec le peuple, celui de
« Rabelais, d'Amyot, de Molière, de La Bruyère ! Vous
« avez voulu m'outrager : je me venge et vous sup-
« prime ; car, j'ai aussi mon couperet de 93 : c'est
« le mépris des futures générations littéraires ! »

*
* *

Je m'arrêterai là.

J'ai dit de Jouvin tout ce qu'il m'était permis d'en
dire. Des éloges de lui dans ma bouche ne pourraient
qu'être suspects.

Ce que je puis ajouter, c'est que tout ce qu'il écrit
il le pense, et que la facilité de sa plume, son talent,
ne l'ont jamais conduit qu'où il voulait aller, ne lui
ont jamais fait dire autre chose que ce que pensait sa
conscience.

On croira facilement ce que j'avance, on ne doutera
pas de la sincérité du dernier article que je viens de

citer, quand on saura qu'un soir que j'étais entré dans la bibliothèque de Jouvin, qui donne dans sa chambre à coucher, je le trouvai agenouillé au pied de son lit. Je ne pus, je l'avoue, maîtriser mon émotion.

La vue de milliers de fidèles réunis pour entendre célébrer les offices ne m'a jamais tant impressionné que celle d'un homme seul, agenouillé sur les marches de quelque chapelle. La faible créature perdue dans la grandeur et le silence du temple, et prosternée aux pieds du Créateur, me semble le spectacle le plus émouvant que puisse m'offrir une église.

Aussi j'eus bien garde de troubler le recueillement de celui qui priait.

Je me retirai doucement.

Il ne me vit pas, et je garantis que, quand il apprendra ma découverte en lisant ces lignes, le bibliophile surtout deviendra rêveur et se demandera : « Quel livre mon beau-père est-il donc venu prendre dans ma bibliothèque ? »

LE DUC DE MORNY.

Mon intention n'est pas d'écrire une biographie du duc de Morny; mais, comme je rencontre fréquemment son nom dans le voyage que j'ai entrepris à travers le *Figaro*, je veux du moins fixer sur le papier les souvenirs qu'il éveille dans mon esprit.

Comme le *Figaro* a de tout temps flagellé de son mieux tout ce qui était bête et lâche, il a eu l'honneur de posséder, dès le lendemain de sa naissance, un actif de profondes haines; joignez à cela l'envie bien naturelle de confrères jaloux de son succès, et mettant sur le dos de la politique des antipathies qui n'avaient d'autre point de départ qu'un chiffre de tirage.

On remarquera que mon journal était simplement littéraire, et que malgré cela, j'étais constamment appelé devant le directeur de la presse ou le ministre de l'intérieur. *Figaro* avait pour ennemis ceux dont on parlait et ceux qui avaient peur qu'on parlât d'eux. — J'ai eu beaucoup à me louer de mes excellentes relations avec MM. Billault, de la Guéronnière, Collet-Mégret, Petit, Boittelle.

M. le marquis de La Vallette, homme d'excellentes

manières, me faisait souvent venir à l'époque où Rochefort était mon chroniqueur, et je lui disais :.

— Vous verrez Rochefort dès qu'il sera livré à lui-même ! Vous devriez me savoir gré de le maintenir dans un journal littéraire !

Qu'on y regarde bien, aujourd'hui encore le *Figaro* n'a contre lui que son succès, et, s'il lui était possible de faire croire, un beau matin, qu'il ne se vend qu'à deux cents exemplaires, il aurait pour amis dévoués jusqu'aux radicaux eux-mêmes.

Quelque flatteuse que soit cette perspective, on peut être assuré cependant qu'il ne fera jamais rien pour la mériter.

Donc, le *Figaro* a possédé des envieux dès qu'il a commencé à parler. Comme il avait, dans la limite de ce qui lui était permis, dit leurs vérités à la plupart des hommes de l'Empire, il n'était pas bien difficile de lui nuire en haut lieu, et Fiorentino, à qui il avait administré quelques coups de plume assez acérés, était trop habile pour négliger ce moyen de se venger.

Aujourd'hui qu'il n'est plus, je ne veux pas remettre au jour la nature des griefs qu'il pouvait avoir contre nous ; ceux qui l'ont connu savent la déplorable réputation qu'il s'était faite malgré l'immense valeur de critique que tout le monde lui reconnaissait ; comme bien d'autres, avec moins de ménagements peut-être, nous avions parlé de ses faiblesses, et il nous en avait gardé une rancune de Corse.

Certaine histoire authentique d'une chaîne de montre avait surtout eu le don d'exciter autrefois sa colère ; la voici en deux mots :

Roger, le très-spirituel ténor, revenant de Londres, avait jugé à propos d'offrir une montre à Fiorentino ; celui-ci l'avait acceptée, mais sans enthousiasme ; quelques jours après, il vint dîner chez Roger, porteur du chronomètre qu'il avait attaché à une de ces cordes rouges qui entourent les paquets de plumes et qu'il s'était amusé à tresser.

Roger comprit l'éloquence de ce cordon ; ne l'eût-il pas devinée que Fiorentino la lui eût soulignée lorsqu'il s'écria, comme par hasard : — Quand z'aurai de l'arzent, il faudra que ze m'achète une chaîne !

Peu de jours après qu'il était revenu chez Roger, madame Roger lui dit qu'elle s'était procuré une chaîne à son intention ; remercîments affectueux de Fiorentino. Madame Roger va chercher la chaîne ; la chercher oui, mais non la trouver ; impossible de savoir où était passé le bijou. On dîna ; Fiorentino était extrêmement soucieux.

Enfin, on passa au salon pour prendre le café, et, par hasard, sous une tasse se trouva la maudite chaîne qui avait failli brouiller un ténor avec un critique qui ne plaisantait pas avec les objets de bijouterie.

Cette anecdote m'avait paru si plaisante, que non content de la raconter en prose, je l'avais rapportée en forme de fable dans le *Figaro*. Cette fable était d'Alphonse Daudet.

Elle était intitulée :

LA CHAINE ET LA MONTRE.

Conte chinois.

et commençait ainsi :

> . . . . Et donc vivait en Chine
> Un critique noir et malin,
> Très-fin et très-souple d'échine,
> Et qui, mi-renard, mi-carlin,
> Sans jamais se faire de bile,
> Conduisit son petit moulin
> En meunier un peu trop habile...
> Bref, il était très-redouté,
> Très-lu, très-prôné, très-vanté,
> Et, quoiqu'au fond très-détesté,
> Son nom jouissait dans la ville
> D'une certaine autorité.

La moralité de la fable était contenue dans ces quatre vers :

> Coupe-bourses et tire-laine,
> Gens de raccroc et de hasard.
> Ne courez pas après la chaîne.
> — Elle vous attend tôt ou tard !

Cette simple histoire faillit faire supprimer le journal.

Le critique blessé jura de se venger tôt ou tard ; ce fut quelque temps après.

Fort étroitement lié avec M. Achille Fould, le ministre tout-puissant du moment, Fiorentino fit si bien un jour qu'il dut croire que c'en était fait du *Figaro*.

Heureusement que j'avais eu vent de ses démarches ; le lendemain matin je me rendis chez M. de Morny.

Je fus introduit chez lui, dans sa chambre à coucher.

Le duc était près de sa fenêtre, occupé à se faire la barbe comme un simple mortel ; je remarquai qu'il se rasait de fort loin et avec une grande facilité de mouvements. La chambre dans laquelle il me recevait, et qui était fort grande, lui servait à la fois de chambre à coucher, de cabinet de travail et de toilette. Elle était tendue en damas rouge ; au fond était le lit, qui disparaissait quand on tirait les grands rideaux. Un bureau était placé au milieu de la pièce. Là, peu d'objets d'art. Un portrait de la duchesse par Winterhalter et ceux de ses enfants. Près de la fenêtre, sur une chaise, en pleine lumière, quelque tableau nouvellement offert ou acheté.

Il me fit signe de m'asseoir, et je commençai l'exposé de mes appréhensions.

— Je viens, lui dis-je, vous demander grâce pour un crime que je n'ai pas commis; je suis sur le point de partir pour Nice, et je voudrais laisser le *Figaro* sans craindre de le trouver supprimé à mon retour; vous voyez de quelle haine me poursuit Fiorentino; je m'en moquerais s'il ne s'agissait que de lui; mais il est tout-puissant sur l'esprit du ministre, et je voudrais bien qu'un pouvoir aussi étendu que le vôtre pût contrebalancer le sien.

M. de Morny s'empressa de me rassurer, me fit comprendre, de la façon la plus aimable, qu'un gouvernement y regardait toujours à deux fois avant de toucher à un journal qui défendait l'ordre et la morale; car, malgré sa forme légère, le *Figaro* n'était dangereux alors comme aujourd'hui, que pour ceux qui, travaillant dans l'ombre, ont toujours peur d'être démasqués et mis au grand jour.

— J'ai toujours aimé, ajouta M. de Morny, les journaux littéraires. Leur succès est toujours de bon augure. Pendant que l'on s'occupe des nouvelles artistiques, que l'on redit le dernier bon mot, qu'on apprécie le dernier vaudeville ou discute le dernier roman, la politique de raccroc chôme; et c'est autant de gagné pour le gouvernement.

J'étais enchanté de la tournure que prenait la conversation et, voyant que la partie était gagnée, j'expliquai nettement les causes de la haine de Fiorentino.

Je me rappelle que je lui racontai, à l'appui de ce que j'avançais, l'anecdote suivante : MM. de Rovigo et de Coëtlogon avaient été chargés par la Société des gens de lettres de se livrer à une enquête sur les faits reprochés à Fiorentino, faits qui ont été relatés dans le mémoire qui a été rédigé à cette époque.

Arrivés chez Nestor Roqueplan, ils lui demandèrent s'il était vrai, ainsi qu'on le prétendait, qu'il eût donné de l'argent au célèbre critique, qui assistait à cette enquête.

— Oui, messieurs, répondit immédiatement Roqueplan, et j'ai eu le tort de le donner à monsieur avec la main, j'eusse dû le lui remettre au bout d'une pincette !

Continuant leurs recherches, MM. de Rovigo et de Coëtlogon se rendirent chez une chanteuse italienne, mademoiselle d'Angri, qui était plus que soupçonnée d'avoir *influencé* la critique de Fiorentino.

Quand ils vinrent chez elle, la cantatrice était absente ; elle était, du reste, imparfaitement remplacée par sa mère, une vieille Italienne fort décolletée, aux appas flottants, et qui comprenait assez difficilement le français.

— Est-il à votre connaissance, lui fut-il demandé, que mademoiselle votre fille ait donné de l'argent à M. Fiorentino ?

La bonne femme, qui n'avait compris dans toute la

phrase qu'un seul mot, le nom de Fiorentino, se leva subitement, et, avec le feu des natures méridionales, s'écria :

— Oh non ! ze ne veux plous rien dounner à mossiou Fiorentino !

Impossible de la faire sortir de cette protestation, suffisamment compromettante du reste.

Enfin, à force d'explications, elle finit par apporter un petit livret bien graisseux.

C'était un livre de cuisine, sur lequel était fidèlement écrite la dépense de chaque jour ; au milieu des pain, lait, viande, œufs, beurre, légumes, on voyait apparaître cette singulière mention : *per regalare il Fiorentino :* 500 francs.

L'historiette eut le don de faire rire M. de Morny, à ce point qu'en le voyant agiter son rasoir tout de travers, je ne pus m'empêcher de lui dire :

— Ne riez pas si fort ! vous vous couperez, et comme j'ai beaucoup d'ennemis, on m'accusera d'avoir fait couler votre sang.

Nous causâmes de différentes choses, de théâtre, de musique, etc. Il me parla de Rochefort, et me dit : « Il a beaucoup d'esprit ; je regrette qu'il soit de mes ennemis. » Il ne le connaissait point, même de vue, et c'est moi qui le lui montrai un jour dans une loge de théâtre.

Pendant qu'il finissait sa toilette, je constatai combien sa ressemblance avec l'Empereur — en beaucoup mieux — était frappante : même taille, mêmes traits, même sourire ; je ne pus m'empêcher de me rappeler en le regardant cette plaisanterie qui venait d'être faite sur lui je ne sais plus par qui : Comme il ressemble à l'Empereur !... c'est à tirer dessus !

Dès qu'il eut passé une petite veste en velours bleu, je me levai pour partir. Il insista gracieusement pour causer encore ; je lui demandai la permission de lui envoyer de Monaco, où j'allais, une caisse d'oranges de mon jardin.

— Envoyez ! me dit-il, envoyez ! cela me fera peut être du bien.

— Êtes-vous donc souffrant ? lui demandai-je.

— Mieux que cela, fit-il en secouant la tête, je me crois, je me sens très-mal ; j'éprouve depuis quelque temps une vive douleur, ici, au côté.

— Ce n'est rien, dis-je pour le rassurer, j'ai consulté un médecin pour la même chose, il m'a dit que c'était simplement nerveux, et la preuve, c'est que je calmais ma douleur rien qu'en appuyant ma main dessus.

— Oui ! fit M. de Morny, c'est bien cela ; mais qu'avez-vous fait ?

— Eh bien ! un jour Laborie, celui qui est mort d'une piqûre anatomique, m'a soigné en me faisant porter une ceinture de flanelle très-serrée ; je n'éprouve plus maintenant aucun mal.

M. de Morny secoua la tête et me dit en me tendant la main et avec une sorte de demi-sourire plein de douceur, que je vois encore :

— Oh ! c'est plus dangereux que cela.

Je partis.

Quelques jours plus tard j'étais à Nice, et vingt jours après cet entretien, ma caisse d'oranges arrivant chez M. de Morny se croisait presque avec son cercueil.

Pour beaucoup de gens qui ne veulent être renseignés que par les journaux radicaux du temps de l'Empire, M. de Morny passait sa vie en débauches et en spéculations ; le fameux : *Morny est dans l'affaire*, a fait le tour du monde, et si grande est la crédulité parisienne qu'il ne se formait pas une petite société financière, un journal, un théâtre, qu'il ne s'ouvrait pas un magasin d'un peu d'importance sans qu'on s'empressât de faire circuler le : *Morny est dans l'affaire*, pour allécher les actionnaires.

Ce qu'on ne sait pas, et ce que peuvent certifier les gens qui l'ont approché, c'est que peu d'hommes ont autant travaillé que lui ; seulement, il le faisait sans bruit, toujours souriant et sans laisser deviner à personne les préoccupations qui devaient l'assiéger !

Qu'on pense que pas une affaire d'État, que pas une séance importante de la Chambre n'a été suivie sans sa participation, et on verra si l'Empire a créé des loisirs à celui de qui on peut dire qu'il l'avait fait.

Rien n'était plus réglé que sa vie, et l'instant de détente, de flânerie sans lequel l'homme ne saurait vivre, était fixé comme le reste.

Jamais homme politique n'a moins dormi. Quelle que fût l'heure à laquelle il rentrât, M. de Morny se mettait au travail. Ceux qu'il avait quittés dans le courant de la nuit, s'ils le revoyaient le matin venu, étaient fort surpris de le trouver édifié sur tous les points qu'il connaissait à peine la veille.

Il commençait dès qu'il était éveillé trois heures de paresse active ; il recevait pêle-mêle ses amis, un ministre, de grands personnages de l'État, etc. Avant tous ces visiteurs, il s'entretenait quelques instants avec son chef de cuisine et discutait sérieusement avec lui le menu du jour.

La présidence était la seule maison officielle où le service fût toujours régulièrement et également soigné. — « Si je suis seul, disait le duc, je n'entends pas manger moins bien que mes hôtes, et, quel que soit le nombre de mes invités, je n'entends pas qu'ils soient moins bien traités que moi. Tant qu'il est à ma table, tout homme, quel qu'il soit, est mon ami. »

C'était, du reste, une nécessité pour lui qui recevait à sa table les gourmets du monde entier. Sans compter les dîneurs intimes : G. Delahaute, A. Bouchet, Roqueplan, L. Halévy, Crémieux, Boittelle, Daru, etc.

Quant à lui, et bien qu'il eût un chef parfait, une excellente cave, il mangeait fort peu ; le matin, il déjeunait dans sa chambre à coucher ; on lui servait, sur une table en forme d'X, un déjeuner composé généralement d'un œuf dans du bouillon, quelquefois une côtelette ou un peu de poisson.

Le soir, il ne mangeait guère plus ; le dîner était pour lui une occasion de causerie ; aussi ne tolérait-il pas de domestiques dans la salle à manger ; il voulait être seul ; on les sonnait pour le service ; ils se retiraient et la conversation recommençait.

Après le dîner, il jouait au piquet à dix sous le point.

Comme tous les hommes qui travaillent beaucoup, il se levait matin ; l'été, il mettait une veste de velours bleu de ciel ; l'hiver, il endossait une robe de chambre de cachemire et passait un pantalon à pieds ; dès qu'il était levé, il essayait sa respiration, allait se regarder à son miroir ; et, sans autre consultation que son caprice, s'administrait telle ou telle drogue. Quand il était mécontent de sa santé, il prenait une de ces *blue-pills*, dont l'usage trop fréquemment répété, lui a, dit-on, produit de mortelles lésions à l'estomac.

A dix heures et demie, ses enfants, dont tous les visiteurs pouvaient voir traîner les jouets dans les antichambres et les salons, venaient lui souhaiter le bonjour ; il les embrassait, causait quelques instants avec eux et les renvoyait en leur donnant à chacun un bonbon.

Comme ils étaient nombreux et d'âges assez rapprochés, on lui demandait un jour s'il ne se trompait pas quelquefois de nom en leur parlant : — C'est à peine si je les sais, répondit-il en plaisantant et d'un air de confidence, mais voici comment je m'y retrouve : ce sont des chiffres pour moi ; je sais par exemple que celui-ci est le numéro 1, celui-là le numéro 3, etc., et cela ne m'empêche pas de les aimer beaucoup, ajoutait-il en les couvrant de caresses.

Les enfants partis, on lui apportait ses résumés de journaux ; tout en les parcourant, il parlait avec ses visiteurs de la pièce de la veille, des soirées, de l'ordre du jour de la séance ; il s'occupait volontiers de courses, de ses écuries ; il se connaissait, du reste, admirablement en chevaux : il en changeait peu, et les Parisiens des Champs-Élysées et du bois de Boulogne doivent se rappeler l'attelage de son phaéton, composé d'un cheval noir et d'un cheval blanc, qu'il a gardés si longtemps.

Malgré son expérience de sportman, il perdait presque toujours aux courses, et jamais ses écuries ne produisirent plus que quand on les vendit ; elles étaient, il faut le dire, peuplées de remarquables coureurs, entre autres *Lélio*, qui fut vendu 50,000 francs à son nouveau propriétaire. Son haras de Viroflay, assez médiocre au début, fut, dans les derniers temps de sa vie, merveilleusement réorganisé par Jennings, un entraîneur de race, et remonté par *West-Australian* un étalon du sang le plus pur, enlevé à l'Angleterre au prix de 95,000 francs.

Bien que né grand seigneur, M. de Morny savait assez bien mener ses affaires et constatait que, même à Paris, avec de l'ordre, il était difficile de dépenser 400,000 francs par an.

Était-il sincère en soutenant cette thèse ? je ne sais ; toujours est-il que l'ordre n'était pas précisément le côté saillant de sa nature et que si, au lieu de placer sa fortune dans cinquante opérations qu'il trouvait toujours merveilleuses et qui n'étaient que ruineuses, il avait voulu se laisser guider par un financier expérimenté, il eût été colossalement riche.

Les habitués de ses causeries intimes du matin étaient généralement MM. Monguyon, Charles Daugny, Valette, secrétaire général de la présidence, Jacques Offenbach, Crémieux, Halévy, et ses deux secrétaires : Ernest l'Épine et Demètre.

Les appartements de l'hôtel de la présidence étaient de véritables chefs-d'œuvre d'élégance et de goût personnel.

Il me semble voir encore ce merveilleux salon chinois, terrain neutre encombré de richesses, et dans lequel donnaient, à gauche, l'appartement de la duchesse, à droite celui du président. Là étaient entassés des meubles orientaux incrustés de pierres de lard et de fleurs en burgau, des bronzes niellés d'or et d'argent, des marbres, des porphyres, des émaux cloisonnés, des porcelaines de Chine craquelées, ou en céladon vert d'eau, ou au fond bleu d'empois; des laques burgautées, des bijoux, des boîtes, des ivoires, des jades, des armes..... Et l'on se promenait à travers ce musée digne d'une capitale, dans un fauteuil à roulettes, au milieu des paravents et des palanquins !

Au rez-de-chaussée, au fond de la salle à manger des jours officiels, dans une cage énorme, gambadait une amusante collection de singes; il les appelait Glais-Bizoin, à tour de rôle, et les excellents animaux ne se fâchaient pas.

Le préféré était un capucin à la taille bien prise, au visage intelligent, aux dents blanches. Il vivait libre auprès de ses camarades prisonniers. Souvent *Yorick* s'échappait, grimpait le long des conduits d'eau ou des fils des paratonnerres, jusqu'aux gouttières. Il entrait dans les mansardes, prodiguait à leurs habitants ses plus aimables grimaces et poussait la condescendance jusqu'à accepter quelques menues friandises. Sa tournée aérienne achevée, il rentrait, soupait légèrement, se faufilait dans sa logette et jusqu'au lendemain disparaissait sous les couvertures et la ouate. Toujours, à la suite de ces innocentes escapades, arrivaient d'interminables listes d'objets cassés dont on réclamait le remboursement. Il ne se brisait rien dans la présidence sans que Yorick y fût pour quelque chose. N'a-t-on pas réclamé un jour le prix d'un ressort de montre? *Poor Yorick!* Le boule-dogue d'un questeur t'a étranglé, peu de jours après la mort de ton maître! Tu n'étais plus qu'un intrus à la présidence, aussi ne s'est-on pas même excusé auprès de la duchesse! *Poor Yorick! Poor Questor!*

Dans l'antichambre se dressait un ours empaillé; un ours bon enfant, — depuis la paille. Il portait à bras tendus les chapeaux de MM. les valets de pied et même la hallebarde du suisse.

C'est en 1867 qu'il était mort; à 16 verstes de Saint-Pétersbourg, un jour de chasse impériale. Poussé par les traqueurs, harcelé par les chiens, il arriva bravement sur le groupe principal et, en bête de goût, fit choix de son souverain. Celui-ci fit feu et tua son chien favori, un magnifique lévrier de l'Ukraine. M. de Morny, auquel revenait l'honneur du second coup de fusil, laissa approcher l'ours et, à cinq pas, lui perça le crâne.

Aussi, le soir même, lorsqu'il rentra à l'ambassade, le comte trouva-t-il, au milieu du salon, étendu devant le feu, le cadavre de sa victime orné de cette étiquette commémorative :

Tué par l'Empereur Alexandre II
Et offert par lui
à
S. E. l'ambassadeur de France
Comte de Morny.

Voilà comment on fait écrire l'histoire aux souverains !

Cet ours d'antichambre n'est pas le seul qu'ait rapporté l'ambassadeur. Deux oursons, deux jumeaux, vécurent libres à la présidence sous la garde de M. l'Épine, au secrétariat. Ils dormaient d'ordinaire sous le bureau, cachés par le tapis. Lorsqu'une audience se prolongeait outre mesure, un coup de pied donné à propos provoquait un grognement peu rassurant. Une tête apparaissait qui déconcertait le visiteur trop tenace. Si l'on avait affaire à un crâne, si cette première épreuve ne suffisait pas, un second coup de pied faisait sortir la réserve, qui délogeait toujours l'ennemi.

J'étais là le jour où *Machka*, la femelle, prise de

gaîté, partit au galop et se mit, dans la rue de l'Université, à la poursuite de l'omnibus de l'Alma. La bête grimpa sur le marchepied abandonné, glaçant d'épouvante les voyageurs et le conducteur, plus serrés que harengs en caque, dans le fond de la voiture.

Dix minutes après elle rentrait ravie de son escapade. Le soir, elle et son compagnon couchaient au Jardin des Plantes. Ils y sont morts de la poitrine !

Au bout de la salle à manger, on apercevait une magnifique galerie éclairée par le haut ; c'était la collection de tableaux.

Aujourd'hui qu'elle est éparpillée au souffle des commissaires-priseurs, il est bien difficile de s'en rendre compte ; chose regrettable que cette dispersion, car chacun de ces tableaux concourait à un ensemble bien précieux et bien rare.

Je me rappelle y avoir vu *le Doreur* de Rembrand, vendu après la mort du Président 155,000 francs. Qui ne doublerait pas aujourd'hui le prix de *la Pelotonneuse* de Greuze, de *la Visite à l'accouchée* de Metzu (50,000 francs), des *Moulins* d'Hobbéma (81,000 francs), de *l'Escarpolette* de Fragonard (30,200 francs) et des Meissonnier ? *Les Bravi* se sont vendus 28,700, *La Halte*, 36,000 francs, à lord Hertford ; *l'Amateur de dessins* 8,750, et *le Poëte*, un chef-d'œuvre ! 11,800 !!

La veille du jour où mourait le maître de toutes

ces merveilles, mourait celui qui l'avait aidé à les réunir : Meffre, un brave homme, un honnête garçon, un type perdu que M. de Morny aimait beaucoup. Ancien emballeur, Meffre s'était pris d'enthousiasme pour les tableaux et, depuis, était devenu chasseur habile de chefs-d'œuvre, trappeur de collections cachées, déterreur de joyaux enfouis. Le bonhomme est parti devant, vingt-quatre heures d'avance. Le duc a dû le retrouver le lendemain, quelque toile à la main, l'attendant derrière quelque nuage.

Rarement ceux qui n'étaient pas *intimes* dans la maison rencontraient la duchesse de Morny, une femme charmante, très-gaie, un peu bizarre comme toutes les étrangères qui commencent à s'acclimater en France.

Contrairement aux désirs de son mari, elle avait horreur de la représentation, et son plus grand plaisir aux jours des réceptions officielles était de traverser les salons pour aller chercher *son monde*, à qui elle disait : « — Venez donc là-haut! » Elle partait toujours la première avec ses élus et laissait le duc tout seul, livré aux devoirs de l'hospitalité.

J'ai dit que M. de Morny *semblait* se plaire aux réceptions officielles et j'ai bien dit ; il semblait, mais il semblait seulement, et son plus grand bonheur était de se trouver au milieu d'un petit cercle d'amis où l'étiquette ne pouvait se faire sentir.

Rien ne l'amusait plus que les gamineries parisiennes ; une caricature, une chansonnette, une imitation d'acteurs, le rendaient tout joyeux.

C'est ainsi qu'il lui est arrivé bien des fois, en tenue de président de la Chambre, couvert de ses plaques, pendant qu'on lui passait son grand cordon de la Légion d'honneur sous son habit et alors que les tambours battaient aux champs pour son entrée à l'Assemblée, de finir de chanter un refrain d'opérette, un : *Bu qui s'avance,* riant comme un enfant avec ses amis.

Qu'on ne lui jette pas la pierre ! Cinq minutes après il était aux affaires de l'État, et s'en tirait si bien que ceux qui seront justes avoueront que si son intelligente personnalité eût survécu, bien des écroulements, bien des malheurs eussent pu être conjurés !

Le 4 septembre ne se serait probablement pas passé de la même manière, s'il eût été là pour prendre en main la direction des affaires. La Prusse se fût assurément trouvée dans un étau franco-russe, s'il eût été de ce monde, lui, le fervent promoteur de l'alliance slave. Je crois aussi... Mais à quoi bon croire ou ne pas croire ces choses aujourd'hui ?

On pourra certainement lui reprocher, à propos de sa prédilection pour les opérettes, de n'avoir pas encouragé le grand art ; mais comme il le disait lui-même, il ne pouvait, eu égard à l'activité de sa vie, chercher dans la musique, par exemple, qu'une courte distraction que les grandes œuvres de Mozart et Beethoven ne pouvaient lui donner.

Il n'en faut pas conclure que M. de Morny n'aimait pas la musique : il était au contraire très-bien doué et analysait à merveille ses impressions musicales ; un de ses amis me racontait l'avoir entendu parler de la reine Hortense, sa mère, et émettre d'excellents jugements sur sa valeur musicale. — Elle avait selon lui, une petite voix, disait à merveille, un peu dans le genre de Darcier.

Il avait conservé d'elle un souvenir inaltérable et pleurait en entendant ses mélodies ; il parlait aussi avec beaucoup d'affection de madame de Souza, sa grand'mère, auprès de qui il avait été élevé.

Quand il n'y avait pas de séance à la Chambre, il était impossible de savoir ce qu'il était devenu ; il disparaissait littéralement d'une heure à trois.

Une fois assis dans le fauteuil de la présidence, M. de Morny était un tout autre homme que celui que ses amis venaient de voir à son hôtel ; malgré sa politesse exquise, malgré ses sourires, son extrême bienveillance, on ne pouvait se soustraire à son autorité.

Les membres de la droite et de la gauche l'ont pu

constater bien souvent : il était impossible de faire autre chose que ce que voulait cet homme ; lui seul savait apaiser, concilier les exagérés de tous les partis, et il avait trouvé moyen, malgré son intimité avec l'Empereur, d'être aussi également sympathique aux gens de l'extrême gauche qu'à ceux de l'extrême droite. Je me rappelle avoir entendu dire par un député, qui avait été se plaindre à lui de l'inexactitude d'un compte rendu de la Chambre :

— Je ne sais pas comment fait ce diable d'homme pour vous ensorceler ; il n'accorde jamais rien et vous renvoie toujours content. Il a les qualités viriles d'un homme, et en même temps le charme d'une femme.

Quand M. de Morny parlait à MM. Pelletan et Glais-Bizoin, ceux-ci buvaient littéralement ses paroles.

M. Glais-Bizoin a dit quelque part :

— Je faisais trembler M. de Morny par la fougue de mon opposition.

Rectifions :

M. Glais-Bizoin le faisait tout simplement rire.

Il lui suffisait pour cela d'apporter au président du Corps législatif ses deux comédies si connues *le Cas pendable* et *la Foi bretonne*, et la gaîté ne pouvait tarir pendant une grande heure.

— C'étaient les bonnes soirées, on riait entre amis ! disait M. de Morny en rappelant les lectures qu'on avait faites chez lui de ces aimables opuscules.

M. Latour du Moulin avait tout particulièrement le don d'entretenir sa bonne humeur et celle de tous ceux qui l'entouraient.

Vivement impressionné par l'air grand seigneur du duc, M. Latour du Moulin n'avait plus qu'un but : lui ressembler autant que possible. Peu à peu il se fit accepter dans son intimité et étudia de plus près son modèle ; il se figurait, d'un autre côté, lui rendre des services, et n'a guère été bon qu'à lui amener Émile Ollivier ; triste service s'il en fut jamais.

Comme M. de Morny montait à cheval, M. Latour du Moulin s'empressa de se livrer à l'équitation ; il s'exerçait toute la journée sur un cheval plus blanc qu'élégant ; sans perdre un instant de vue son objectif il cherchait par tous les moyens possibles à réaliser ce rêve : avoir chez lui M. de Morny à dîner.

Il l'avait, dit-on, promis à madame Latour du Moulin, en même temps que de devenir un grand homme politique. Espérons pour lui qu'il n'a manqué qu'à l'une de ces deux promesses et que le duc a été s'asseoir à sa table.

Le lendemain d'un jour où il avait trotté et galopé plus que de coutume, et qu'il était satisfait de lui-même, M. Latour du Moulin, qui avait aperçu M. de Morny au bois, monte au fauteuil de la présidence.

— Eh parbleu! lui dit M. de Morny, je vous ai aperçu hier.

Ici, Latour du Moulin se rengorge.

— Oui, je vous ai vu, monté sur une véritable rosse. Où diable trouvez-vous des chevaux comme cela? on ne sort pas avec une pareille bête, quand on se respecte un peu; et autres plaisanteries du même genre.

Il fallut bien descendre du fauteuil.

M. Latour du Moulin en descendit rêveur.

De bonne heure, le lendemain matin, on vint annoncer à M. de Morny, qui était couché, que M. Latour du Moulin demandait à lui parler.

On introduisit le député.

— Eh! mon cher ami, fit le duc, quelle bonne fortune ou quel accident vous amène chez moi si matin?

— J'ai un conseil à vous demander.

— Et lequel?

— Hier, quand je suis monté à votre fauteuil, vous m'avez fait remarquer avec juste raison que le cheval blanc sur lequel vous m'aviez vu au bois n'était pas absolument assorti à ma position; j'ai beaucoup réfléchi à cette observation toute bienveillante, et je suis décidé à en acheter un autre dès aujourd'hui même.

— A la bonne heure! fit M. de Morny en étouffant une forte envie de rire.

— Mais quel cheval faut-il que je prenne? voyons,

monsieur le duc, c'est le moment de me donner le bon conseil que je viens chercher.

— Eh bien! prenez un cheval de sang, un cheval bien doublé, quelque chose de cossu ; vous avez dû aller à Londres, à Hyde-Park... voir les hommes d'État à cheval.

— Ah! fit M. Latour du Moulin, je comprends ce qu'il me faut.

Et il partit précipitamment, comme un homme qui va mettre un grave projet à exécution.

Deux ou trois jours après cette conversation, M. Latour du Moulin reparaissait dans la chambre à coucher du duc.

— Je viens, lui dit-il, vous demander de mettre le comble à votre bienveillance en vous priant de vouloir bien examiner le cheval que je viens d'acheter.

— Mais où est-il, ce cheval?

— Il est en bas, dans la cour.

— Fort bien! Descendons, messieurs, dit M. de Morny à ceux de ses amis qui se trouvaient là.

Puis il mit sa veste bleue, un petit bonnet anglais, alluma une cigarette et descendit sur le perron de l'hôtel.

M. Latour du Moulin monta sur son cheval et regarda M. de Morny avec inquiétude.

Celui-ci, par malice, affecta un long silence, puis enfin, entre deux bouffées de tabac, lança un : « Fort bien ! » qui alla droit au cœur du cavalier.

— Voyons, dit M. de Morny, faites-le trotter ! c'est bien ; faites-le un peu galoper ! arrêtez-le ! parfait ! à la bonne heure ! voilà un véritable cheval d'homme d'État, un *cheval politique !* Je suis très-satisfait ; je passerai aujourd'hui au bois pour vous y voir.

M. Latour du Moulin, radieux, se confondit en salutations, se retira, et le jour même caracolait dans l'avenue de l'Impératrice sous les yeux de M. de Morny, qui riait aux larmes en pensant à cette invention toute moderne : le cheval politique !

* * *

Le talent de M. de Morny était de cacher sous cette apparente légèreté le sérieux que les hommes d'État affectent d'ordinaire de porter sur leur physionomie ; il était doué d'une rare fermeté qui bien souvent allait jusqu'à l'entêtement ; il n'était pas de ceux dont on *sait jouer ;* c'est lui qui jouait les autres, et c'est bien à tort que M. Émile Ollivier a avancé qu'il avait ouvert les yeux de M. de Morny aux idées libérales.

Ce qu'il faut dire, c'est que, fort embarrassé de nommer un rapporteur pour la loi des coalitions (une loi quelque peu socialiste) et désireux de flatter l'opposition, M. de Morny cherchait depuis quelque temps un nom dans le centre gauche.

— Si l'on pouvait avoir Émile Ollivier? dit quelqu'un au président.

— Pourquoi pas? répondit M. de Morny.

Et, dès le lendemain, il faisait, comme on dit, *tâter* M. Émile Ollivier, qui se défendait de pouvoir accepter d'être rapporteur, tout en mourant d'envie de le devenir.

Ce manége dura huit jours; enfin, M. de Morny, qui, selon l'expression de M. Rouher, qui l'exécrait, était le charme même, eut plusieurs conversations avec M. Ollivier, l'*englua* et le tour fut fait.

Si c'est là ce que M. Émile Ollivier appelle avoir ouvert les yeux de M. de Morny aux idées libérales, il a absolument tort, selon moi; on ne pouvait pas avoir si facilement raison d'un homme qui avait exécuté aussi carrément le coup d'État du 2 décembre.

A ce propos, je me rappelle avoir entendu raconter l'anecdote suivante par un des personnages qui ont joué un grand rôle dans cette révolution.

Depuis quelques jours, on ne parlait dans l'intimité du prince que des moyens d'assurer la réussite d'un coup d'État; chacun proposait le sien; Napoléon écoutait tout le monde, recueillait les avis et les examinait avec l'intérêt qu'on devine.

— Que feriez-vous? demanda-t-il à l'un de ses fidèles.

— Prince, j'attendrais que la session de la Chambre fût terminée; les députés seraient éparpillés dans les départements et n'auraient pas le temps de se réunir.

— A votre tour, dit Napoléon à M. de Morny, comment agiriez-vous dans ce cas-là?

— Moi, répondit-il froidement, je demanderais simplement mes passe-ports.

— Pourquoi?

— Un coup d'État boiteux? Allons donc! s'il doit en être fait un, il faut qu'il soit fait en grand et en présence de l'ennemi.

Son opinion prévalut, comme l'ont démontré les événements.

Le Morny du coup d'État est tout entier dans le trait suivant :

C'était le 2 décembre. Parmi les représentants conduits à Mazas, il s'en trouva un pour lequel M. de Morny avait la plus vive affection et la plus grande estime. Convaincu toutefois de la nécessité de l'écarter de la lutte, il lui envoya un de ses secrétaires.

— Je viens de la part de M. le ministre de l'intérieur, lui dit-il. Son Excellence vous envoie sa voiture pour vous conduire à Vincennes.

— J'accepte, mon cher monsieur, répondit le prisonnier qui se trouvait être un homme d'esprit, les destins et les flots sont changeants. A l'occasion M. de Morny peut compter sur ma voiture. Mais qu'il se résigne d'avance à la médiocrité; il perdra au change. Je ne vais qu'en fiacre.

La prédiction ne s'est pas réalisée, le corbillard a devancé le fiacre!

*
* *

Au milieu de toutes les agitations de la vie politique et de la vie mondaine, la santé de M. de Morny, naturellement délicate, s'était progressivement affaiblie; bien que son esprit n'eût rien perdu de son énergie, on voyait qu'il n'avait plus le même empire sur son corps, qui ne pouvait plus résister aux fatigues de la présidence de la Chambre; on lui trouvait le visage parfois livide, parfois boursoufflé; on sentait, malgré ses sourires, sa bonne humeur apparente, que ce n'était que par la force de la volonté qu'il parvenait à surmonter les atteintes d'un mal indéfini.

Il prononça cependant son discours pour la première séance de la session (17 février 1865); le lendemain il lui fut impossible de présider et M. Schneider le remplaça au fauteuil.

— Quel grand seigneur que M. de Morny, dit alors un député, il est malade et se fait remplacer par son tailleur! faisant allusion par ce mauvais calembour au scandale occasionné par le volume de certain basbleu contre M. Tailleur (en allemand *Schneider*).

Une chose fort piquante à observer ce jour-là, c'était l'embarras de M. Ollivier, que sa nouvelle attitude politique avait brouillé avec ses amis de la gauche; il avait dû abandonner sa place entre MM. Jules Favre et Garnier-Pagès; ne sachant où se poser, il rôdait dans la salle comme une âme en peine, insuffisamment distrait par les conversations et les assiduités de M. Latour du Moulin.

Le 25 février, M. de Morny, qui se portait beaucoup mieux, vint présider la séance; il était fort gai et répondait très-librement à ceux qui venaient le complimenter; il traita divers sujets et dit que l'Empereur lui avait envoyé le matin le premier volume de la *Vie de César* avec ces mots sur la première page : *Souvenir d'amitié. — Napoléon.*

Ce fut, je crois, la dernière séance de la Chambre à laquelle il assista.

Un de mes amis, qui se trouvait à Paris, m'écrivit qu'il regardait M. de Morny comme très-malade. Il dormait mal, perdait l'appétit et tombait le soir, après son dîner, dans une sorte d'engourdissement.

— Je suis malade, disait-il souvent, très-malade, je vous assure.

Cependant personne autour de lui ne songeait à s'inquiéter, et chacun de ses amis se récria lorsqu'il leur dit qu'il avait grande envie de donner sa démission, afin de vivre tranquille au milieu des siens.

On lui parla de son rôle si important dans les affaires publiques, de la session qui allait s'ouvrir.

— C'est précisément à cause de cela, répondit-il, je ne pourrais jamais, cette année, supporter les fatigues de la présidence.

Cependant il continuait à mener à peu près sa vie ordinaire, allant au club et au théâtre, assistant à toutes les premières représentations ; c'était son plus grand plaisir. Vers le 10 février, il se sentit plus souffrant ; ce fut d'abord un malaise vague, indéfinissable, dans lequel les médecins, les docteurs Trousseau, Ricord, Voillemier, Oliffe, ne virent la menace d'aucune maladie grave. M. de Morny se plaignait de souffrir dans la région du foie. Les médecins l'auscultèrent et ne trouvèrent de ce côté ni lésion ni engorgement. Ils lui dirent qu'ils ne voyaient là qu'un malaise névralgique.

L'événement leur donna raison, car vers le 15 février, M. de Morny fut pris de violents accès de névralgie pendant quelques jours. Le 23 février, il était presque rétabli, et resta jusqu'à une heure dans le salon chinois. C'était un jeudi (madame de Morny recevait le jeudi), quelques personnes vinrent, qui trouvèrent M. de Morny très-changé. Il était fort gai.

— Je suis presque bien, ce soir, disait-il.

Ce mieux se fit sentir jusqu'au 28 février, qui était le mardi gras.

Ce jour-là, la personne qui m'a donné ces renseignements alla le voir de grand matin, vers huit heures et demie; ses premières paroles furent : — Ah! je me sens vraiment bien ; j'ai dormi et je me réveille facilement.

Il se leva et se promena pendant une demi-heure dans le billard et dans le salon chinois. Plusieurs personnes arrivèrent. Tout le monde conseilla à M. de Morny de sortir. Le temps était très-doux.

M. de Morny sortit en voiture avec mademoiselle de Flahaut; il rentra très-fatigué ; il avait, disait-il, le feu dans la gorge.

Le lendemain (le mercredi des cendres), à trois heures, pendant que le comte de Flahaut se trouvait avec lui, on lui amena ses enfants affublés de costumes de carnaval; l'un d'eux était en Amour avec de grandes ailes et une grosse couronne de roses; il avait là-dessous un air sérieux et empesé qui amusa beaucoup M. de Morny.

Le jeudi une bronchite se déclara, très-légère, et qui ne causa aucune inquiétude. Jusqu'au mardi suivant, cette bronchite eut son cours sans présenter de symptômes alarmants. Le mardi 17 mars, l'oppression augmenta; il ressentit une grande faiblesse et beaucoup de fièvre. On fit venir le docteur Rayer.

— Il faut attendre, dit-il; dans quinze jours nous verrons l'état du malade; ce sera long.

La nuit du mardi au mercredi fut mauvaise; agitée,

sans sommeil, remplie de cauchemars, d'un peu de délire.

Le mercredi soir, à minuit, M. de Morny voulut se lever, s'habiller; il s'évanouit; revenu à lui, il fut pris d'un délire très-violent. La fièvre était ardente.

Alors seulement on vit le danger.

Le lendemain matin, à neuf heures, le docteur Rayer déclara qu'il y avait *peu d'espoir!*

Quant à la maladie, les médecins ne la connaissaient pas; ils ne l'ont véritablement connue que par l'autopsie, qui a fait découvrir la nature précise de sa maladie.

Qu'on me permette de faire ici un peu de médecine; mais je garantis les renseignements que je vais donner.

Ce fut en effet l'autopsie qui permit de reconnaître une lésion du pancréas, laquelle lésion avait interrompu les fonctions digestives.

Le pancréas est un organe placé en avant de l'épine dorsale, entre le foie et l'estomac, dont le fonctionnement longtemps inconnu a été expliqué par Claude Bernard. Sa mission est de servir à la digestion des substances grasses qui entrent dans l'alimentation. Toute altération de la sécrétion du pancréas produit des troubles profonds dans le travail digestif et entraîne une modification fâcheuse dans la nutrition.

Le délire continua jusqu'à quatre heures de l'après-midi. La gorge était entièrement fermée; rien ne passait plus; les forces diminuaient.

La mort venait!

Tout d'un coup, le délire cessa. M. de Morny était en ce moment-là seul avec Henri, son valet de chambre; celui-ci voulut essayer de faire prendre à son maître une cuillerée de potion.

— Henri, lui dit très-doucement M. de Morny, il faut maintenant me laisser tranquille... C'est la fin qui arrive... Je n'ai plus que peu de temps : il faut que je m'occupe de mon *départ*.

Henri essaya de le rassurer.

— Non, non, répondit M. de Morny, c'est la fin... c'est la fin... il faut que je m'occupe de mon *départ*.

Jamais il ne prononça le mot *mort*, et c'est le mot *départ* qui, dans ses dernières heures, revint constamment sur ses lèvres.

Ici vient se placer cet étrange épisode que j'ai entendu raconter plusieurs fois, qu'ignorant sa fin prochaine, trompé par ses amis et ses médecins, il fit venir auprès de lui son ami le plus intime et lui demanda où il en était.

— Perdu, mon pauvre Auguste! lui aurait répondu cet effroyable ami de la vérité.

Ce qui est certain, c'est qu'il fit appeler ses deux

secrétaires, MM. l'Épine et Demêtre, et passa une demi-heure avec chacun d'eux.

Il demanda ensuite la duchesse et resta une heure seul avec elle; puis, ses quatre petits enfants... il les embrassa, et, quand ils sortirent, leur dit :

— Adieu! adieu!

Tout cela avec le plus grand calme et la plus grande simplicité.

— Mes amis! dit ensuite M. de Morny, qu'on m'amène mes amis!

On fit alors entrer MM. Daru, Nestor Roqueplan, Daugny, Crémieux, Ludovic Halévy, dans la chambre où se trouvaient déjà MM. de Flahaut, Rouher et La Valette.

M. de Morny reconnut tout le monde, serra la main à chacun et dit : adieu!

Il était à la fois attendri et ferme.

Au bout d'un instant de silence, il dit très-distinctement à ceux qui l'entouraient : — Hein! comme cela vient vite!

Puis il ajouta :

— Que dit-on de cela dans Paris?

Le délire recommença. M. de Morny avait fait tout ce qu'il avait à faire et mis tout en état pour *son départ*.

L'archevêque de Paris, Mgr Darboy, se présenta vers sept heures du soir à l'hôtel de la présidence.

On dit à M. de Morny :

— L'archevêque est là ! voulez-vous le voir ?

— Oui, certainement, répondit-il, qu'il vienne !

Mgr Darboy entra, s'approcha du lit ; M. de Morny lui tendit la main. Il y eut une courte conversation à voix basse. Tout le monde se tenait à l'écart.

L'Empereur et l'Impératrice arrivèrent à neuf heures.

Quand ils entrèrent dans la chambre, M. de Morny délirait et disait à haute voix des paroles sans suite.

L'Empereur était très-ému. Il s'approcha du lit, prit la main de M. de Morny. Celui-ci regarda l'Empereur sans le reconnaître et continua de délirer. L'Impératrice s'était jetée à genoux au pied du lit et priait. Ils restèrent là tous deux une demi-heure, puis sortirent. Ils s'arrêtèrent dans un petit salon à côté de la chambre.

M. de Flahaut dit alors à M. de Morny :

— L'Empereur est venu vous voir, il était là tout à l'heure.

— L'Empereur ? dit M. de Morny, j'espère qu'il ne doute pas de mes sentiments pour lui !

— Il est encore là, dit M. de Flahaut ; voulez-vous qu'il revienne ?

— Oui ! oui ! qu'il revienne !

L'Empereur rentra.

Quelques paroles furent échangées à voix basse, derniers efforts d'intelligence et de raison.

Les idées se troublèrent bientôt. Le délire reprit. L'Empereur s'éloigna. Il pleurait en sortant de la chambre.

A une heure du matin, on crut que l'agonie commençait. On alla chercher l'archevêque; il revint et dit les dernières prières.

A sept heures et demie du matin, le docteur Rayer entra dans la chambre.

— M. le duc est bien mal, dit Henri, le valet de chambre, je crois qu'il va mourir.

— Pas encore, répondit M. Rayer, il ne mourra pas avant midi; il faudrait seulement lui retirer ce vésicatoire qui le fait souffrir inutilement.

On souleva M. de Morny. Il eut une syncope et poussa un léger soupir.

Il était mort.

Le lendemain, celui qu'on appelle aujourd'hui Napoléon IV écrivait à Charles de Morny :

« Mon petit Charlot,

« Je suis très-affligé de la perte que tu viens de
« faire. Quand je serai grand, je serai pour toi ce
« que mon père a été pour le tien. »

Si j'ai tenu à raconter avec tant de détails la mort

de M. de Morny, c'est que j'ai cru qu'ils pouvaient servir à faire connaître quel était cet homme dont les intérêts et les passions de la politique ont si souvent dénaturé le caractère.

C'est ainsi que mes lecteurs viennent de le voir, qu'est sorti de la vie celui à qui elle avait tant donné; heureusement pour lui, il est mort à temps, sans voir le déclin ni la chute du système qu'il avait tant contribué à créer. Si sa vie s'était prolongée, aurait-il pu arrêter les événements qui se sont précipités depuis sa mort? J'en suis convaincu.

On s'est souvent demandé si ce n'a pas été une faute qu'a commise M. de Morny, de donner à Émile Ollivier une importance dangereuse.

Tant qu'a vécu le président, Émile Ollivier n'a été et ne pouvait être qu'un bon chef d'attaque dans l'orchestre parlementaire. M. de Morny n'était pas disposé à lâcher le bâton de commandement. La mort le lui a fait tomber des mains. Le comte Walewski l'a ramassé, mais il n'était pas de force à le porter.

L'homme fatal a eu plusieurs présidents tués sous lui, avant d'arriver au ministère. M. de Morny vivant, Émile Ollivier n'eût jamais été que le trompette du régiment.

Ce qui est certain, c'est qu'au jour de nos grands désastres, au 4 septembre, un homme de l'intelligence de M. de Morny eût facilement réussi à grouper autour de lui les hommes de valeur, constituer un gouvernement, et faire que les gens de hasard soient venus trop tard pour accaparer les portefeuilles des ministères et s'enrichir des dernières ressources de la France.

Après avoir donné l'exemple de la fermeté, de la résolution implacable, M. de Morny, persuadé que la politique d'apaisement est la seule qui convient au vainqueur, a toujours et partout accueilli ceux qui pouvaient le suivre utilement et servir l'Empire dans cette voie. Il eût assurément froncé le sourcil le 13 mars 1865, s'il eût entendu affirmer sur sa tombe, qu'en acceptant la responsabilité du coup d'État, « il s'était chargé de son exécution avec une sorte de *gaîté*. »

M. Villemain, dans ses *Souvenirs contemporains*, rapporte que M. de Narbonne, félicité publiquement par Napoléon Ier de sa *courageuse gaîté* pendant une campagne sanglante, hocha tristement la tête en murmurant :

— L'Empereur peut tout dire, mais « gaîté » est bien fort !

*
* *

J'ai bien peu parlé de la duchesse de Morny dans ces quelques articles qui sont plutôt une conversation qu'une étude sur un des plus grands personnages de l'Empire.

Sa mort fut une si terrible surprise pour la duchesse que ses amis tremblèrent un instant pour sa raison ; on se rappelle ce que rapportèrent les journaux de l'époque : elle coupa ses longs cheveux, qui furent déposés dans la bière de M. de Morny ; chaque jour elle portait sur sa tombe un bouquet de violettes de Parme, sa fleur préférée ; à tous les repas son couvert était mis et on le changeait à chaque service comme s'il eût été encore vivant ; elle ne voulait pas croire qu'il fût mort, et, quand elle devait prendre une décision, demandait aux regards immobiles de son buste de marbre ce qu'elle devait faire.

Ainsi que me le disait un de ses amis, elle devait épuiser toute sa douleur, au risque d'en mourir.

Je ne puis terminer cette notice sans raconter un épisode du veuvage de la duchesse de Morny, qui prouvera jusqu'à quel point le souvenir de son mari était vivace dans son cœur.

On avait déposé le corps du duc dans un caveau provisoire.

Quand le monument définitif fut terminé, on dut procéder à une exhumation pour y transporter les restes de M. de Morny.

Madame de Morny voulut absolument assister à cette funèbre cérémonie ; elle se rendit seule au cimetière : le domestique qui l'accompagnait eut ordre de se tenir à une assez grande distance.

Le cercueil fut sorti du caveau et déposé sur un brancard que portaient des fossoyeurs.

On se mit en marche; la duchesse suffoquait de douleur.

Tout à coup les nuages qui couvraient le ciel s'obscurcirent davantage, il en tomba une pluie fine, serrée et glaciale, dont quelques gouttes perlèrent bientôt sur la bière.

Sans dire un mot, la duchesse, par un mouvement d'exquise tendresse que comprendront tous ceux qui ont aimé, retira son châle et en couvrit le cercueil.

Une mère qui voudrait préserver son enfant du froid n'eût pas fait autrement.

FIN

TABLE

	Pages.
En prison	1
Naissance du *Figaro*	10
Louis Énault	50
La Critique en 1854	61
Léo Lespès	71
Comment on mange à Paris	106
Les restaurants	126
B. Jouvin	228

(Mozart. — Wagner. — Halévy. — Battaille. — Levasseur. Boïeldieu. — Mme Gueymard. — Rachel. — Mme Dorval. — Lablache. — Le Conservatoire. — Auber. — Lamartine. — Victor Hugo. — Alfred de Musset. — A. Dumas fils. — Théophile Gautier. — George Sand. — Émile de Girardin. — Edmond About. — Gustave Flaubert. — M. Thiers. — Le critique faux-bonhomme. — Paul de Saint-Victor. — Paul Meurice. — Théodore Barrière. — Prévost-Paradol. — M. Gambetta. — M. Ranc. — M. Renan. — Veuillot.)

Le duc de Morny 332

FIN DE LA TABLE

CLICHY. — Impr. PAUL DUPONT, rue du Bac-d'Asnières, 12.

www.ingramcontent.com/pod-product-compliance
Lightning Source LLC
Chambersburg PA
CBHW050541170426
43201CB00011B/1513